Die Wiederkehr des Spirituellen

Lieber Hubert!

Ich habe mich
sehr gefreut Dich
wieder zu sehen!

Hans

Juni 1997

Theo Faulhaber

Die Wiederkehr des Spirituellen

Esoterik als Hoffnung

Orac

WIEN • MÜNCHEN • ZÜRICH

ISBN 3-7015-0359-1

Schutzumschlaggestaltung: Katharina Uschan, unter Verwendung eines
Fotos der Agentur Buenos Dias, Wien
Lektorat: Elisabeth Tschachler-Roth
Satz: Zehetner Ges. m. b. H., A-2105 Oberrohrbach
Druck und Bindung: Wiener Verlag, Himberg bei Wien

Gedruckt auf chlorfrei gebleichtem Papier

Inhalt

Vorbemerkungen

Dieses Buch verfolgt mehrere Ziele: Es möchte Ihnen zunächst ein Reiseführer ins weite Land der Spiritualität und Esoterik sein.

Dazu werden wir zuerst einmal Bilanz ziehen. Aktiva und Passiva unserer Zeit lassen wir kurz Revue passieren. Dann werden wir uns einigen Forschungsergebnissen der modernen Naturwissenschaften widmen, von der Relativitäts- bis zur Quantentheorie. Das ist notwendig, um uns unserer Stellung in der Welt, im Kosmos bewußt zu werden.

Wir werden sehen, daß wir die Wirklichkeit nicht genau erkennen können, daß uns Vernunft und Sinne täuschen. Uns wird nur ein Ausschnitt der Realität bewußt, und dieser verzerrt. Deshalb ist es unvernünftig, der Vernunft und unseren Sinnen allzusehr zu vertrauen. Es gibt auch andere, vor allem spirituelle Möglichkeiten der Erkenntnis.

Die moderne Forschung hat uns außerdem gezeigt, daß Materie und Energie, und damit Geistiges, auch Gedankliches, äquivalent sind. Viele Naturwissenschaftler, darunter die bedeutendsten, haben deshalb zu einem geistigen, spirituellen Weltbild zurückgefunden. Wir werden ihren Weg nachvollziehen. Das mag zwar manchmal ein wenig kompliziert und auch mühsam scheinen, ist aber unerläßlich, bevor wir uns dem Hauptthema widmen. Und es ist ein aufregendes geistiges Abenteuer.

Wir werden dann einen Streifzug durch das weite Land der Spiritualität und Esoterik unternehmen. Wir begegnen alten Mythen und Legenden ebenso wie Geheimgesellschaften und mystischen Wegen. Von Atlantis über die Druiden, die Kabbala, die Gnosis, die Sufis bis zu Templern, Freimaurern oder zu Gestalten wie Gurdjieff spannt sich der Bogen. Aber auch Vorstellungen über die Wiedergeburt, außerkörperlichen Erfahrungen oder UFOs werden wir uns widmen. Wenn Sie ins Inhaltsverzeichnis schauen, haben Sie einen Anhaltspunkt, wohin uns diese Reise führt.

Östliche Religionen und Weisheitslehren sind ebenfalls ein wichtiger Teil dieser Reise. Wir verknüpfen deren Weltbild mit Forschungsergebnissen der modernen Naturwissenschaften, vor allem der Physik und Kosmologie.

Auch alten europäischen mystischen Strömungen, die ja nur verdrängt wurden, gilt unsere Aufmerksamkeit. Sie kamen meist zu den gleichen oder zu sehr ähnlichen Erkenntnissen und Anschauungen wie jene des Ostens.

Das spirituell-esoterische Angebot ist groß. Wir werden daher versuchen, Kriterien zu entwickeln, wie wir auf unserer Reise Sackgassen oder Umwege vermeiden können.

Es versteht sich von selbst, daß dieser Reiseführer in die Esoterik niemandem irgendeinen besonderen Weg aufzwingen oder aufschwatzen will. Es sind schon viel zu viele Missionare und Fundamentalisten unterwegs, die die Welt um sich verbessern wollen, anstatt bei sich selbst anzufangen.

Um Ihnen später die Weiterreise zu erleichtern, haben wir oft zitiert und ausführlich Quellen und weiterführende Literatur genannt: als Service Ihnen, den Lesern, gegenüber und auch aus intellektueller Redlichkeit, weil man zu sagen hat, woher man seine Gedanken (zumindest die wesentlichen) bezieht.

Wir werden uns schließlich dafür einsetzen, daß der Mensch seine Mitte wiederfindet, indem er nicht nur seinem Gehirn, sondern auch seinem Herzen Raum gibt. Das setzt voraus, daß Vernunft und Materie nicht mehr vergötzt werden. Beide wurden durch die Forschungen der modernen Naturwissenschaften entzaubert.

Wenn die Ratio dies erkennt, ist das eine neue Aufklärung. Der Weg wäre frei für die so notwendige Wiederkehr des Spirituellen. Das weite Land der Esoterik läßt uns darauf hoffen.

Wir werden uns näher ansehen, wie so ein Weg der Renaissance des Spirituellen aussehen könnte. Dabei wollen wir das nicht nur theoretisch, sondern auch praktisch untersuchen. Erfreulicherweise gibt es viele Konzepte, die zu Optimismus veranlassen können.

Welchen Weg jemand schließlich geht, welche Route er wählt, bleibt jedem selbst überlassen, denn unverfälschte Spiritualität und Transzendenz einerseits und Unfreiheit andererseits wären Widersprüche in sich.

In diesem Sinne sind auch jene Fragen zu verstehen, die hin und wieder, und recht unsystematisch, am Ende mancher Kapitel zu finden sind. Sie wollen die Kluft zwischen Theorie und Praxis überbrücken und anregen, das eigene Weltbild und den eigenen Weg zu überdenken. Sie machen auf verdeckte Zusammenhänge aufmerksam, die uns auf den ersten Blick nicht auffallen, und helfen uns, unser Leben und uns selbst bewußter zu sehen.

In diesem Sinne: Gute Reise ins weite Land der Esoterik!

Allen jenen, die mich während des Verfassens dieses Buches unterstützten, möchte ich an dieser Stelle danken. Zunächst meiner Familie, die mich immer ermutigte. Meinen Kolleg(inn)en, die gefaßt ertrugen, daß ich eine Zeitlang nicht so wie üblich zur Verfügung stand. Jenen freundlichen Menschen, die mich mit Anregungen und Hinweisen versorgten: stellvertretend seien hier nur Johannes Kleemann, Günter K. Kodek, Herbert Krejci, Kurt Markaritzer genannt.

Last, but not least gilt mein Dank den beiden Lektorinnen, Barbara Köszegi und Elisabeth Tschachler-Roth, ebenso wie Leo Mazakarini, der als Verleger erreicht, daß man sich in seinem Haus rational wie emotionell heimisch fühlen kann.

Gewidmet ist das Buch all jenen, die sich auf den Weg machen.

Fortschritt und Unbehagen – eine Bestandsaufnahme

Jeder will leben. Wenige wollen wissen, wie.
Wenn die Menschen sich so sehr von der Arbeit auffressen lassen, daß ihnen keine Zeit mehr bleibt zu andächtigem Gebet oder mystischer Meditation oder metaphysischem Studium, dann machen sie sich der Vergeudung des Lebens schuldig . . .
Die Bedürfnisse des äußeren Lebens haben in gewissen Grenzen ein Anrecht darauf, befriedigt zu werden, aber sie haben kein Anrecht darauf, die Aufmerksamkeit eines Menschen ganz in Beschlag zu nehmen.

Paul Brunton

Bevor wir uns auf die Reise begeben, sollten wir unseren Ausgangspunkt näher betrachten. Wo stehen wir heute? Wie sieht eine Bilanz für uns aus, als einzelne, als Mitglieder im Familien-, Freundes-, Mitarbeiterkreis, als Teil der verschiedensten sozialen Gruppierungen und der Gesellschaft? Eine „Individualbilanz" kann jeder nur für sich selbst erstellen, sinnvollerweise auch nur dann, wenn er das Erreichte mit seinen Zielen vergleicht (so er welche hat). Wir hingegen können versuchen, die allgemeine Situation des Menschen wenigstens in Stichworten zu umreißen.

Beginnen wir mit dem Positiven.

- Da sind zunächst einmal die ungeheuren Errungenschaften von Wissenschaft, Forschung und Technik zu nennen: Wir brauchen keine Fackeln mehr und keinen Waschzuber, wir können fliegen und bewegen uns schneller vorwärts als der Wind.
- Das Fernsehen zeigt uns die entlegensten Winkel der Erde, den Mond und die Planeten im Wohnzimmer, ein Phänomen, das vor dem modernen Menschen wohl nur der sagenhafte Zau-

berer Merlin mit seinen Wunderspiegeln kannte; Computer und die Telekommunikation ermöglichen uns Kontakte mit Menschen auf allen Kontinenten.

Wir könnten Hunderte Seiten mit der Aufzählung und Beschreibung wissenschaftlicher Erkenntnisse und Fortschrittsprodukte auflisten. In der Medizin etwa, durch die sich seit der Antike unsere Lebenserwartung rund verzweieinhalbfachte und deren neue Therapien so manche Geißel der Menschen besiegten; in der Chemie, die mithalf, den Hunger in weiten Landstrichen zu tilgen; in der Physik, die uns eine neue Weltsicht bescherte. Wir wollen deshalb innehalten.

Das sind Binsenweisheiten, werden nun manche mit Recht einwenden, das wissen wir doch alles, keine langweiligen Banalitäten! Dennoch sollte man sich bei einer Bilanz das Selbstverständliche neuerlich bewußtmachen. Auch Längstvertrautes kann wieder faszinieren, wenn man es bewußt sieht, etwa mit den Augen des spielerischen Kindes, als „Homo ludens". Vielleicht lernen wir, wieder zu staunen.

■ Auf der Habenseite ist weiters zweifellos der beispiellose wirtschaftliche Aufstieg nach dem Zweiten Weltkrieg zu verbuchen – allerdings nicht auf dem gesamten Globus, sondern in einem relativ kleinen Teil der Welt.

■ Vergessen wir nicht den Aufbau demokratischer Ordnungen, auch in vielen ehedem totalitären Staaten. Der demokratische Grundgedanke in seiner europäischen Form ist zwar schon zweitausend Jahre alt, aber im alten Athen gab es immerhin noch Sklaven und beileibe kein allgemeines, geheimes und gleiches Wahlrecht – vielfach erst eine Errungenschaft des 20. Jahrhunderts –, das in weiten Teilen der Welt immer noch nicht gilt. Dennoch wurde die Position der Demokratien als „Inseln im Meer der Zeit", wie Henry A. Kissinger sie nannte, vor allem in den neunziger Jahren unseres Jahrhunderts gewaltig gestärkt. „NGOs" (Nicht-Regierungsorganisationen) wie etwa das Internationale Komitee vom Roten Kreuz, Amnesty International, Greenpeace etc. versuchen gleichsam als weltweite Bürgerinitiativen, die Umwelt-, Menschenrechts- und soziale Lage der Menschen auf der Erde zu verbessern.

■ Mit Stolz verweisen Pädagogen und Bildungspolitiker auf das gestiegene Bildungsniveau der Bevölkerung.

Die Habenseite unserer Bilanz, mag sie noch so unvollständig sein, kann sich zweifellos sehen lassen.

Viele der nur als Beispiele zitierten Errungenschaften gelten jedoch nur für einen kleinen Prozentsatz der Menschen, vor allem in den entwickelten Ländern auf der Nordhalbkugel, in der sogenannten „ersten Welt".

Damit wären wir bei der Negativseite unserer Bilanz.

Wer heute die Nachrichten verfolgt, wird sich trotz Technik und Wohlstand eines deutlichen Unbehagens kaum erwehren können:

■ Die Leistungen unserer Volkswirtschaften steigen zwar weiter, gleichzeitig nimmt aber auch die Arbeitslosigkeit zu. Während die drei „Giganten" Europäische Union, USA und Japan trotz aller Probleme des Sparens und sozialer Unrast in Summe ökonomisch sehr erfolgreiche Gesellschaften sind, herrschen in der dritten und vierten Welt vielfach Not und Elend. Etwa 75 Prozent der Menschen verfügen über nur 20 Prozent der Güter. 1,1 Milliarden Menschen haben Mitte der neunziger Jahre nicht ausreichend zu essen, darunter rund 190 Millionen Kinder.[1]

■ Die Zahl der Kriege nimmt nicht ab, sondern zu. Nationalitätenkonflikte führen weltweit zu neuen militärischen Auseinandersetzungen, nicht nur in Asien, Afrika und Südamerika, sondern auch in Europa. Religiöse und nationale Fundamentalisten schüren den Haß zwischen Menschen verschiedenster Glaubensrichtungen und Völker. Nach Angaben der UNICEF starben zwischen 1985 und 1995 etwa zwei Millionen Kinder in kriegerischen Auseinandersetzungen, rund vier Millionen wurden verbrannt, verstümmelt oder verletzt, rund zwölf Millionen Kinder verloren ihre Heimat. Auch der Kontinent der manchen überlegen scheinenden östlichen Religionen und Weisheitslehren bleibt von der Gewalt nicht verschont.

■ Fremdenfeindlichkeit breitet sich aus und wird hie und dort schon salonfähig: In Deutschland brennen Asylantenheime, Rechtspopulisten wie Jean-Marie LePen in Frankreich, Wladimir

Schirinowskij in Rußland und Jörg Haider in Österreich feiern beachtliche Wahlerfolge. Viele Staaten verschärfen ihre Einwanderungsbestimmungen und Fremdengesetzgebung.

Aber nicht nur zwischen Staaten, Völkern und Religionen wird das Klima rauher, sondern auch innerhalb der Gesellschaft:

- Die Gewalt eskaliert: In den USA hat sich die Jugendkriminalität binnen zehn Jahren verdoppelt, Kugeln sind für US-Teenager heute die häufigste Todesursache.[2] Die Täter werden immer jünger, die Aufklärungsrate sinkt. Um Gewalttaten in US-Schulen zu verhindern, sind elektronische Detektoren und Leibesvisitationen an der Tagesordnung.[3] Aber auch in Berlin ist jeder dritte Schüler bereits bewaffnet.[4] Ganz Europa wird immer mehr von mafiosen Verbrechensstrukturen überzogen, die Ostöffnung hat auch auf diesem Sektor zu einer Hochkonjunktur geführt. Die Banden- und auch Drogenkriminalität nimmt besonders in den Metropolen zu, London, Paris, Berlin und Moskau gelten heute in Europa als die Zentren der Auseinandersetzung krimineller Gruppierungen.
- Viele Forscher behaupten, Medien förderten die Gewaltbereitschaft: Bis zum Alter von 18 Jahren hat ein junger nordamerikanischer Mensch 200.000 Gewaltakte und 18.000 simulierte Morde im Fernsehen gesehen.[5] Im Reality-TV einer lokalen Station in Los Angeles bringen nächtliche Berichte über Morde, Über- und Unfälle beste Einschaltquoten: Jay, der „Reporter des Todes", bricht angesichts der nach einer tödlichen Auseinandersetzung übriggebliebenen und nunmehr von ihm gefilmten Leichen in Entzückungsschreie aus, dies bedeute für ihn „soviel wie bares Geld".[6]
- Die Zivilcourage scheint zu sinken: Wegen unterlassener Hilfeleistung wurde in Paris gegen Touristen ermittelt, die am Mont-Saint-Michel eine im Atlantik ertrinkende Frau photographiert und gefilmt hatten, anstatt Alarm zu schlagen oder selbst der Frau zu helfen.[7]
- Aber auch hinter der Fassade der heilen Familie scheint es zu brodeln: Nach Angaben des Deutschen Bundeskriminalamtes werden jedes Jahr etwa vier Millionen Frauen von ihren Män-

nern mißhandelt, Schätzungen über Kindesmißhandlungen schwanken zwischen 20.000 und 50.000 pro Jahr. Rund 10 Prozent der Alten und Kranken erfahren von ihren Angehörigen Gewalt.[8] In Österreich dürften die Verhältnisse ähnlich liegen.

Wir wollen hier nicht weiter ins Detail gehen. Erwähnt sei allerdings noch die Gewalt des einzelnen gegen sich selbst: So schwankt die Zahl der Selbstmorde in Mitteleuropa zwischen rund 15 pro 1000 Einwohnern (Deutschland) und 25 (Österreich). Die weitaus wenigsten Selbstmorde weist Südeuropa auf, etwa Griechenland mit vier pro 1000 Einwohnern.

■ Auf grausam konsequente Weise sind wir nicht nur gegen unsere Artgenossen gewalttätig, sondern auch gegen unseren Planeten und gegen die Lebewesen, die auf ihm existieren. Wir verschmutzen die Gewässer, die Luft und die Erde, wir beuten die Bodenschätze ziemlich rücksichtslos aus – etwa in der „grünen Lunge" der südamerikanischen Amazonas-Regenwälder, aber nicht nur dort –, wir vergiften den Lebensraum unserer tierischen und pflanzlichen Mitbewohner, letztlich auch unseren eigenen. Die indianischen Slogans *Erst wenn der letzte Baum gerodet, der letzte Fluß vergiftet, der letzte Fisch gefangen sein wird, werdet Ihr feststellen, daß man Geld nicht essen kann* der Cree und *Alle Dinge sind miteinander verbunden. Was die Erde befällt, befällt auch die Söhne der Erde, wir sind ein Teil der Erde* aus der Rede des Häuptlings Seattle an den Präsidenten der Vereinigten Staaten klingen mehr als ein Jahrzehnt nach ihrem Aufkommen in Europa zwar schon etwas abgedroschen, sie haben aber keinen Deut ihrer Richtig- und Wichtigkeit verloren.

■ Mittlerweile geht es leider längst nicht mehr allein um die Ausrottung seltener oder exotischer Tierarten wie etwa des Grottenolms, der Wimperfledermaus oder des Quastenflossers, der als Quasifossil -zig Millionen Jahre Evolution überlebte, bis erst die menschenbedingte Ozeandevastierung diesem Meereslebenskünstler den Garaus zu machen vermochte. Heute sind auch schon die beliebtesten mitteleuropäischen Singvögel, Kriech- und Säugetiere, Insekten und Fische bedroht. Dies liest sich dann, auf Deutschlands Tierarten bezogen, so: 47 Prozent aller Säugetier-, 70 Prozent aller Fisch-, 75 Prozent aller Kriechtier- und 38 Prozent der Vogelarten sind entweder schon ausgestorben oder massiv gefährdet.

Wenn wir Lebewesen nicht ausrotten, dann behandeln wir sie schändlich, siehe die Qual vieler jener „Nutz"tiere, die entweder in unseren Käfigen, Aquarien, in unserer Garderobe oder auf unseren Tellern landen und bis dorthin so manchen Leidensweg zurückzulegen haben, in den Legebatterien, auf dem Transport . . .

■ Ähnlich trostlos sehen die Zukunftsaussichten unserer Pflanzenwelt aus.

Pro Tag sterben etwa 60 der rund 1,4 Millionen erfaßten Arten.[9] Wenn es in diesem Tempo weiterginge, wäre die Erde in knapp 65 Jahren so „wüst und leer" wie am Beginn der Schöpfung. Nun wissen wir alle, wie vorsichtig lineare Fortschreibungen zu beurteilen sind; das Artensterben hat sich jedoch in den letzten Jahren beschleunigt – angesichts der Vernetztheit der Ökosysteme durchaus logisch.

Der Mensch wird sich – so er sich nicht vorher selbst ausrottet – bald einsam fühlen auf seinem „Raumschiff Erde", wenn er nicht Museen besucht oder die Formen- und Gestaltenfülle vergangener Zeiten durch Technikprodukte nachahmt und ersetzt. Oder er wird sich eine künstliche „Cyber-Erde" zulegen (müssen), mit allen Digitalschikanen zwar, doch ohne den Charme des Wirk- und Tatsächlichen, denn „Virtual Reality" hat den entscheidenden Nachteil, *eines* eben doch nicht zu besitzen, nämlich Realität . . .

Lassen wir diese traurigen Statistiken. Wenden wir uns möglichen Ursachen zu, und folgen wir dabei zunächst Konrad Lorenz, der „acht Todsünden der zivilisierten Menschheit" für unsere Fehlentwicklungen verantwortlich macht[10]:

1. Die Übervölkerung der Erde und die aus der „Zusammenpferchung" folgende Aggressivität.
2. Die Verwüstung unseres natürlichen Lebensraumes.
3. Den „Wettlauf der Menschheit mit sich selbst".
4. Den „Schwund aller starken Gefühle und Affekte".

5. Den Verfall genetisch verankerter sozialer Verhaltensweisen.
6. Das Abreißen der Tradition.
7. Die Zunahme der Indoktrinierbarkeit des Menschen.
8. Die Aufrüstung mit Kernwaffen.

Nun könnte man die Lorenzschen Zeitdiagnosen da oder dort als verbitterte Lebensbilanz eines enttäuschten grünbewegten Konservativen deuten. Aber der österreichische Nobelpreisträger steht mit vielen seiner Thesen durchaus nicht allein da: Sigmund Freud spricht vom „Unbehagen in der Kultur", Viktor E. Frankl von der „Sinnlehre des modernen Menschen", Peter L. Berger vom „Unbehagen in der Modernität". Alexander Mitscherlich beklagte die „vaterlose Gesellschaft", Erich Fromm versuchte in seiner „Anatomie der menschlichen Destruktivität" Auswege aus unserem Dilemma zu finden. Die deutsche Soziologin Claudia Szczesny-Friedmann konstatiert neben einer neuen Einsamkeit die „Unmöglichkeit der Nähe" in der „kühlen Gesellschaft".[11] Die Namen derer, die in ihren Analysen zu ähnlichen Schlüssen kommen, sind Legion, auch im angelsächsischen und französischen Sprachraum: Vance Packard, Neil Postman, Ivan Illich, Alain Minc, um nur einige wenige zu nennen.

Auf manche(n) der Genannten werden wir im Verlaufe unserer „Reise in die Esoterik" noch zurückkommen. Man kann all ihre Thesen nicht mit dem Hinweis abtun, Kultur- und Zivilisationskritik sei eben eine „Modeerscheinung". Damit machte man es sich zu leicht.

Verschiedene Themen unserer Bilanz verleiten zu mitunter überraschenden Gegenüberstellungen: Wir rotten Tausende Tierarten aus und halten potentielle Opfer unserer Speisekarten in beschämenden (Lege-)Batterien, doch wenn eine Entenfamilie die Wiener Ringstraße überqueren will oder sich eine Katze ins Kirchendach verklettert und dort kläglich miaut, rückt die Feuerwehr aus. Unsere Spenden erreichen Rekordhöhen, aber immer öfter werden einsame alte Menschen erst nach Wochen, ja Monaten tot in ihrer Wohnung gefunden, weil sie vorher niemandem abgegangen sind.

In der Managerwelt besucht man zwar Seminare über Wirtschaftsethik, kauft aber gleichzeitig Ratgeber über Ellenbogentechnik in der Konkurrenzgesellschaft.

Zu Stoßzeiten ersterben die Segnungen der modernen Autotechnik im Dauerstau, und manch erhoffter rascher Ortswechsel wird im Zeitalter der Massenmobilität zum unvermuteten Abenteuerurlaub.

Unsere Medizin eilt von Fortschritt zu Fortschritt, doch immer mehr Menschen mißtrauen der Apparatemedizin in den Mammutspitälern. Die Depression ist *die* (Gemüts-?)Krankheit unserer Zeit.

In Urlaubszeiten steigt die Zahl der in Tierheimen abgegebenen Tiere und der in Seniorenheimen und Spitälern deponierten Alten.

Die Kirchen leeren, dubiose Sektentempel füllen sich.

Die Scheidungsraten wachsen parallel zu den Singlequoten. Materiell zwar sehr wohl-, seelisch hingegen wahrscheinlich unterversorgte Kids einer nicht nur „vaterlosen“, sondern immer öfter auch „mutterlosen Gesellschaft“ (Claudia Szczesny-Friedmann)[12] garnieren ihre Lebenserfahrungen mit Drogenkonsum.

Belassen wir es bei diesen Beispielen einer zunehmend neurotisierten wie auch neurotisierenden Gesellschaft.

Auch wenn man das eine oder andere überzeichnet finden mag, unbestritten bleibt doch: Relativ viele Menschen sind relativ erfolgreich, leben im Wohlstand, besitzen alle Voraussetzungen, um eigentlich glücklich und zufrieden sein zu können – und dennoch leiden sie unter innerer Leere und suchen nach Sinn. In ihrer Orientierungslosigkeit und in ihren Gefühlen des Unglücklichseins flüchten viele Menschen: in ihre Arbeit, in die Jagd nach Geld, in den Konsum, in den Alkohol oder in Drogen, in immer neue und immer oberflächlichere Beziehungen, in Gewalt, in Sekten, in haßerfüllte fanatische Fundamentalismen ...

Aber was hat das alles mit dem Spirituellen, mit Esoterik zu tun?

Nun, die Kernthese dieses „Reiseführers in die Spiritualität und Esoterik“ lautet: Viele unserer bedrohlichen Zeiterscheinungen lassen sich auf einige wenige Hauptfaktoren zurückführen. Da wären zu nennen:

- der Verlust an Innerlichkeit, an Zeit, Stille und Muße, an Beziehung zu uns selbst als ganzheitlicher Persönlichkeit;
- die damit verbundene Egomanie, die Überbetonung des Ichs: auf Kosten unseres (höheren) Selbst;
- die Fixierung der Gesellschaft auf das Materielle, auf den Tanz um das Goldene Kalb;
- die dem entsprechende Unterbewertung alles Immateriellen, letztlich auch der Transzendenz und des Spirituellen;
- die daraus folgende fatal falsche Selbst- und Weltsicht, die uns zwar Rationalität und Fortschritt vorgaukelt, uns aber gleichzeitig mit beinharter Konsequenz in die Irre führt.

Wir haben unsere Ausgewogenheit verloren, wir haben die Harmonie zwischen Yin und Yang und das esoterische Gesetz der Polarität verletzt.

Wichtiger denn je sind heute Antworten auf die drei Kantschen Fragen: Was kann ich wissen? Was soll ich tun? Was darf ich hoffen?

Es geht um nicht mehr und nicht weniger als um einen „Wiederaufbau des Menschlichen", wie es Konrad Lorenz und Rupert Riedl genannt haben.[13] Dazu benötigen wir eine neue Selbstsicht statt unserer überbordenden Selbstsucht, mehr Sein als Schein, die Renaissance einer tatsächlichen und nicht nur einer Sonntagsredenethik, eine Erneuerung der Harmonie zwischen Ratio und Emotio, eine Hinwendung zur Innerlichkeit und eine Wiederkehr des Spirituellen. Wenn uns die Abkehr von unseren falschen Wegen und eine Umkehr aus der Sackgasse gelingt, dürfen wir auf eine Rückkehr zu uns selbst hoffen.

Diese Rückkehr wird eine Heimkehr sein.

Die Esoterik kann uns dabei helfen, leiten und uns mögliche Wege ausleuchten.

Beginnen wir zunächst, der logischen Reihenfolge nach, mit der zitierten „neuen Weltsicht", denn es gibt einen Zusammenhang zwischen dem Paradigmenwechsel in den Naturwissenschaften und der Renaissance der Spiritualität.

Und jetzt, wie angekündigt, einige dieses Thema abschließende Fragen, an Sie ganz persönlich:

Wie sehen Sie die geschilderte Situation der Zeit?
Überwiegt das Positive oder das Negative?
Was sollten Sie wie verändern und warum?
Sind Sie dazu überhaupt imstande?
Wenn ja: warum und in welchem Ausmaß?
Wenn nein: warum nicht?

Wenn Sie eine persönliche Lebensbilanz erstellen:
Wo stehen Sie heute? Was haben Sie erreicht, was verfehlt?
Aus welchen Gründen?

Der Umsturz im Weltbild der Wissenschaften

Was können wir erkennen? – Zur Erkenntnistheorie

Sein und Wissen ist ein uferloses Meer:
Je weiter wir vordringen, um so unermeßlicher
dehnt sich aus, was noch vor uns liegt;
jeder Triumph des Wissens schließt hundert
Bekenntnisse des Nichtwissens in sich.
Isaac Newton

Auf den ersten Blick mag der sogenannte „Paradigmenwechsel" in den Naturwissenschaften nicht unbedingt mit unserem Esoterikthema zusammenhängen. Der Zusammenhang tritt aber bald zutage, wenn wir uns all das vergegenwärtigen, was man heute unter Esoterik verstehen kann: Das geht vom Horoskop über Prophezeiungen, Wünschelruten und Pendel, I Ging, Tarot, Reinkarnation, Magie bis zur UFO-, Dämonen-, Geister- und Engelwelt oder ähnlich phantastisch anmutenden Phänomenen.

Nun kann man all dem auf verschiedenste Art und Weise gegenüberstehen: Für kühle Rationalisten etwa ist derlei glatter Unfug und volksverdummender Humbug. Skeptiker zweifeln zwar grundsätzlich an der (hier nur auszugsweise skizzierten) esoterischen Landkarte, behalten sich aber eine gründliche und methodische Prüfung vor. Esoterikgläubigen scheint fast alles, was ihnen auf diesem Gebiet geboten wird, wahr zu sein. Für den Agnostiker schließlich ist nicht entscheidbar, ob es „Hellsehen", das „Jenseits", ein „wahres Selbst" und anderes mehr überhaupt gibt, er hält das für rational nicht erkennbar. Natürlich gibt es nicht nur diese vier typischen Grundhaltungen zur Esoterik, sondern auch jede Menge Zwischennuancen, auch kommt es darauf an, um welches Phänomen es geht. Man kann durchaus die Wiedergeburt für möglich, ja wahrscheinlich halten, dem I Ging oder der Astrologie hingegen nur wenig abgewinnen.

Wenn wir Spiritualität und Esoterik betrachten, schwingt demnach unausgesprochen die Frage mit, was wir mit den uns als Menschen gegebenen Möglichkeiten, unseren Sinnesorganen, unserem Gehirn, mit unserer Vernunft und unserem Gefühl *erkennen* können. Davon wiederum hängt auch unsere Haltung zum Spirituellen ab, zur Transzendenz, auch zum Göttlichen, in weiterer Folge unsere Weltsicht, unsere Selbst- und Lebenssicht: Unsere Werteordnung, unsere Lebenseinstellungen sind davon betroffen. Unsere künftigen Taten beurteilen wir als gut und richtig oder als falsch und schlecht (wieder mit Zwischennuancen, versteht sich), und diese Einschätzung gründet sich auf das, was wir *erkannt* haben, was wir also grundsätzlich für *erkennbar* halten.

Natürlich wälzt nicht jeder während seines Alltagslebens erkenntnistheoretische Überlegungen oder fragt sich bei allem, was ihm gegenübertritt, ob dies denn tatsächlich erkennbar sei oder nicht, oder ob er sich auf seine Sinne verlassen könne. Nicht einmal Berufsphilosophen tun das. Es wäre letztlich auch unvernünftig und kaum praktikabel. In unserem Zeitalter allerdings verfallen wir in das andere Extrem: Wir denken kaum über erkenntnistheoretische Themen nach, ja wir verdrängen sie. Wir sind Gefangene „in einem besinnungslosen Hochbetrieb, der sich aus Zeitmangel das Nachdenken verbietet".[14] Wir schieben die Frage danach, was wir für erkennbar halten, beiseite, weil wir dabei einem Stückchen Wahrheit begegnen könnten, das sich unserem Lebensstil entgegenstellt, und „die Gefahr bei der Suche nach der Wahrheit ist, daß man sie findet", wie William Faulkner es ausgedrückt hat.

Wahrscheinlich überlegt der Mensch, ob und wie die Welt erkennbar ist, seit es ihn gibt. Auch Platon dachte darüber nach und formulierte sein „Höhlengleichnis" in seiner Schrift „Politeia" („Der Staat"): „Stelle dir Menschen in einer unterirdischen höhlenartigen Behausung vor, die einen aufwärts gegen das Licht geöffneten Zugang hat . . . Licht aber haben sie von einem

Feuer, welches von oben und von ferne her hinter ihnen brennt ..." Die Menschen in der Höhle sind gefesselt, sie können sich selbst, die anderen und das, was ist, nur als Schatten wahrnehmen, die das Feuer auf die ihnen gegenüberliegende Wand wirft. Da sie nichts anderes kennen, halten sie die Schatten für die Wahrheit. Für sie sind die Bilder von der Wirklichkeit „wirklicher" als die Realität selbst. Läßt man nun einen Menschen frei, so daß er die anderen Menschen, die Gegenstände und das Feuer sehen kann, so wird er das Neue, Ungewohnte für Schimäre halten. „Und wenn man ihn nun gar in das Licht selbst zu sehen nötigte, würden ihn dann nicht die Augen schmerzen, und er würde fliehen und zu jenen Dingen zurückkehren, die er anzusehen imstande ist, fest überzeugt, diese seien in der Tat viel wirklicher als das, was man ihm zuletzt gezeigt hat?"[15]

Platon mißtraut also sowohl unseren Sinnen als auch unserer Ratio, unserem Bild von der Wirklichkeit.

Eine prinzipiell verwandte Sicht vertreten die meisten asiatischen Religionen und Weisheitslehren: „Heute nacht hab' ich geträumt, ich bin ein Schmetterling. Woher weiß ich jetzt, ob ich es bin, der geträumt hat, ein Schmetterling zu sein, oder ein Schmetterling jetzt träumt, ein Mensch zu sein?" fragt etwa Dschuangdse. Von dieser Skepsis ist es nicht weit zu der Auffassung, die Welt, die wir vor uns sehen, sei „Maya", Täuschung und Illusion, Trugbild und „Schleier". Der „ungläubige Thomas" muß sich speziell vergewissern, ob es sich bei dem zu den Jüngern gestoßenen Mann tatsächlich um seinen wiederauferstandenen Herrn handelt.

Eine der wesentlichen Kernfragen unserer Existenz lautet demnach wie ein Buchtitel von Paul Watzlawick: „Wie wirklich ist die Wirklichkeit?"[16], und die Menschen haben die Antwort auf verschiedene Weise gesucht.

Je nachdem, ob man nach Erkenntnisquellen und -methoden unterscheidet oder nach dem Gegenstand der Erkenntnis, gibt es unterschiedliche Anschauungen. So meint der *Empirist,* die Erkenntnis beruhe (allein) auf Sinneserfahrung. Die Seele wird als „Tabula rasa" geboren, als leere Tafel, die erst von der Erfahrung beschrieben werden muß, konstatierten etwa John Locke, David Hume und Roger Bacon, um nur drei der berühmtesten und einflußreichsten Empiristen zu nennen. Der *Rationalist* hingegen ist überzeugt, (nur) die Vernunft führe zu Erkenntnissen, denn die Sinne täuschen uns zu oft – „Cogito, ergo sum" – „Ich denke, also bin ich", ist Angelpunkt und Conclusio der Überlegungen des französischen Philosophen René Descartes. Der *Irrationalist* wiederum vertraut (vor allem) der Intuition, der Wesensschau, dem Gefühl oder der Offenbarung: „Die Intellektuellen zerlegen das Gesicht, um es aus seinen Teilen zu erklären, aber das Lächeln sehen sie nicht mehr. Erkennen heißt nicht zerlegen, auch nicht erklären. Es heißt, Zugang zur Schau finden ... Man sieht nur mit dem Herzen gut. Das Wesentliche ist für die Augen unsichtbar", heißt es bei Antoine de Saint-Exupéry.[17] Eine gewisse Synthese aus Rationalismus, Empirismus und Irrationalismus bildet der *Kritizismus:* Er verknüpft empirische Daten und auch Intuition durch kritisch-rationale Verarbeitung.

Nach dem Gegenstand der Erkenntnis, der „Wirklichkeit", stehen einander die beiden Positionen des Realismus und des Idealismus gegenüber: Der *Realist* hält eine Wirklichkeit für „real", die es unabhängig von unserem Bewußtsein gibt – der *naive Realist* glaubt, die Dinge der „Außenwelt" sind ganz genau so wirklich, wie wir sie wahrnehmen, der *kritische Realist* meint, wir könnten die uns umgebende, unabhängig von unserem Bewußtsein existierende Welt nur symbolisch erfassen. Der *(philosophische) Idealist* ist davon überzeugt, alles Sein existiere ausschließlich in unserem Bewußtsein, das demzufolge die „Welt" erst produziert (so der *subjektive Idealist*). Schopenhauer formuliert: „Die Welt ist meine Vorstellung." Denkt man diese Behauptung konsequent weiter, so gelangt man zur Einstellung des *Solipsisten,* der vermeint, nur er existiert einzig und allein („solus ipse"), die Welt und auch alle Mitmenschen sind nur ein Erzeugnis seiner ureigenen Vorstellung. Diese Position ist in der westlichen Philosophie eher selten anzutreffen (und in der Antike eher als in der späteren philosophischen Entwicklung), in der östlichen dagegen gang und gäbe.

Auf den ersten Blick scheinen derart theoretische Überlegungen und Konzeptionen Spiegelfechterei zu sein und nur wenig Bezug zum „wirklichen" Leben zu besitzen. Und doch hat die Antwort auf die Frage, was wir für wirklich halten, für den Menschen Konsequenzen. Der Farbenblinde würde wahrscheinlich die Existenz von etwas, das „Farbe" ist, leugnen, ein Disput darüber wäre für ihn außerdem relativ sinnlos, denn er kann sich darunter nur sehr wenig vorstellen. Der Skeptiker bezweifelt die Möglichkeit der Welterfahrung außerhalb seiner Sinne und seiner Vernunft, die Existenz von Röntgenstrahlen hätte er von vornherein höchstwahrscheinlich ausgeschlossen. Indios, die den Spaniern auf deren Eroberungszug in die Neue Welt begegneten, hielten deren Gewehre für „Wunderrohre", denn sie kannten ihre Mechanismen nicht. Ob der Dürstende, der in der Wüste auf eine ferne Wasserstelle zugeht, seine Position verbessert, bleibt offen. Es könnte sich um eine Fata Morgana handeln.

Die meisten Sinne sind bei vielen Tierarten weitaus feiner und besser ausgeprägt als beim Menschen. Der Mungo sieht die Klapperschlange wie in Zeitlupe und gewinnt daher den Kampf gegen sie. Ohne Ultraschallecho könnten sich Fledermäuse in ihren lichtlosen Höhlen niemals orientieren. Der Falke sieht aus großer Höhe die Bodenfläche dreifach vergrößert und äußerst scharf. Zwei „Infrarot-Augengruben" ermöglichen es der Klapperschlange, Wärme auch in absoluter Dunkelheit wahrzunehmen und Beutetiere zu erlegen.

Jeder sieht die Welt so, wie sie ihm seine Sinne liefern und wie sein Gehirn die gelieferten Daten verknüpft. Doch er sollte daraus nicht schließen, daß die Welt tatsächlich so ist, wie er sie sieht.

Aber auch unsere Vernunft verleitet uns oft zu falschen Einschätzungen der Wirklichkeit und damit auch der Wahrheit: Ärzte rieten dringend davon ab, mit den ersten Dampfeisenbahnen mitzufahren, denn ihrer Überzeugung nach hätte der menschliche Organismus niemals das gigantische Tempo ertragen können. Vernünftigerweise dürften bei jemandem, den man in ein Feuer lediglich „hineinhypnotisiert", und der es deshalb nicht wirklich erlebt, niemals Brandwunden auftreten. Bei Umspringbildern (Vexierbildern) sind zwei oder mehrere höchst verschiedene Interpretationen derselben Zeichenkonfiguration „vernünftig". Die mit mathematisch-rationalen Mitteln errechnete Umkehrung des „Zeitpfeils" in manchen Mikrokosmen – der Zukunft folgt die Gegenwart, dieser die Vergangenheit – ist zwar eine Erkenntnis der Vernunft, erscheint uns aber als unvernünftig oder zumindest als nicht vorstellbar. Wenn wir durch Mauern gehen wollten, scheiterten wir an deren Härte und Undurchlässigkeit, obwohl wir doch vernünftigerweise wissen, daß sie ebenso wie wir aus Atomen und damit hauptsächlich aus (leerem) Zwischenraum bestehen – ein Durchschreiten müßte also vordergründig „einfach" sein . . . „Vernunft ist nichts als Narretei", sagt ein arabisches Sprichwort.

Mit anderen Worten: *Wir können nur einen kläglichen Ausschnitt der Wirklichkeit erkennen und/oder deuten.* Unsere Sinne haben wir verfeinert und quantifiziert, wie etwa das Temperaturempfinden. Um die Welt besser „auszuleuchten", wahrzunehmen und somit zu erkennen, haben wir außerhalb unseres Körpers neue Hilfssinne zurechtgeschneidert, vom Infrarot über die Röntgenstrahlen bis zum Ultraschall. Bisher unsichtbare Teile des Universums können wir damit indirekt sichtbar machen. Und wo unsere Ratio bisher zu umständlich oder zu langsam oder zu simpel agiert, lassen wir uns von Kunsthirnen helfen.

Wir schließen ganz vernünftig-logisch von n auf n + 1, wenn wir meinen, eine Entwicklung würde weitergehen.

Diejenigen, die die Unzulänglichkeit des menschlichen Erkenntnisvermögens leugnen, unterliegen, wie es Hoimar von Ditfurth ausdrückt, dem „Mittelpunktwahn".[18] Dogmatiker und Fundamentalisten finden sich darunter ebenso wie Fanatiker und Extremisten jeglichen Glaubens, jeglicher Volksgruppe und jeglicher Couleur. Wenn diese ihren im Brustton der Überzeugung vorgetragenen Thesen stets nur den kleinen Nachsatz „. . . aber ich kann mich auch irren" hinzufügten, sähe die Welt besser aus, als sie sich uns derzeit präsentiert. Georg Wilhelm Friedrich Hegel: „Der Wahnsinn des Eigendünkels besteht darin, auf die Barrikaden zu gehen, weil man das Bewußtsein der anderen für ein falsches Bewußtsein hält."[19]

Der englische Astrophysiker Sir Arthur Eddington hat den Menschen, besser den Naturwissenschaftler, in einer Parabel mit einem Fischkundigen verglichen, der über ein Fangnetz mit einer Maschenweite von fünf Zentimetern verfügt. Nach zahlreichen „Fischzügen" stellt er zwei „Grundgesetze" auf. Erstens: Alle Fische sind größer als fünf Zentimer. Zweitens: Alle Fische haben Kiemen. Beide Grundgesetze sind ebenso zu relativieren wie die angebliche Allgemeingültigkeit unserer Naturgesetze: Das erste Gesetz müßte lauten, mit dem ihm zur Verfügung stehenden Instrumentarium kann der Fischer nur Fische fangen, die größer sind als fünf Zentimeter, er kann aber nie ausschließen, daß es auch kleinere gibt. Das zweite Gesetz gilt, wie Karl R. Popper gezeigt hat, ebenso nur vorläufig, nämlich solange er keine Fische fängt, die keine Kiemen besitzen.[20]

Vom Komplettheits-, Richtigkeits- und Wahrheitswahn der eigenen Erkenntnisse sind allzuoft die sogenannten Experten befallen. Der altösterreichische Kulturphilosoph Leopold Kohr meinte dazu, in Angst vor der Zukunft des Fortschritts: „Heute haben wir wieder eine Sintflut, das ist die Menschheit selbst. Jeder soll sich ein kleines Boot nehmen und mitnehmen, was er braucht. Die Experten jener Zeit haben Noah einen Narren genannt. Die Experten sind sämtlich ertrunken. Der Narr hat überlebt, von ihm stammen wir alle ab."[21]

Jenseits der Fragen, wie wirklich die Wirklichkeit ist und ob, inwieweit und mit welchen Methoden wir sie erkennen könnten, ergibt sich ein weiteres, wesentliches Problem: das der *Begründung der Erkenntnis*. Jeder, ob Rationalist, Empirist, Realist oder Idealist, langt bei der Rückführung seiner erkenntnistheoretischen Position an einem Beginn seiner Argumentationskette an, für den er keine ausreichende oder einsichtige Begründung mehr liefern kann, ohne sich in einen endlosen Regreß oder in einen Zirkelschluß zu begeben. Er landet an einem von ihm zwangsläufig für „einsichtig" (evident) zu haltenden Ausgangspunkt. Zwei Beispiele: Der Ausgangspunkt des Sehens etwa ist das Auge, aber selbst sieht es sich nicht. Wir wollen den Tod definieren, aber wir erleben ihn nicht. Wir wollen als Subjekt die

„Welt", das Objekt, beobachten, erkennen, deuten, beeinflussen – und verändern sie aber ganz genau dadurch, weil wir selbst Teil dieses „Systems Welt" sind.

Wir brauchen demnach eine rationale Ur-Ent-Scheidung, welche Haltung wir zur Welt(erkenntnis) einnehmen, welcher Evidenz, „Ur-Ein-Sicht" wir folgen. „Bauen wir alles auf Einsicht auf? Aber ‚hinter' der Einsicht steht ein Entschluß. Haben wir also alles auf Nichts gestellt? Die einzige Antwort: Wir haben überhaupt nichts auf etwas gestellt. Wir schweben", sagt der Philosoph Wolfgang Stegmüller.[22]

Ein System kann nicht aus sich selbst heraus definiert werden, bewies der österreichische Mathematiker Kurt Gödel. Er bestätigte auch theoretisch-formal, daß unserer Erkenntnis Grenzen gesetzt sind.[23]

Das Überschreiten dieser Grenzen bedeutet Transzendenz, die Annäherung an das jenseits der Schranken Liegende, das das Sein, die Schöpfung, die Natur Begründende, an das (vielleicht) Göttliche. Mit diesen Themen – die jenseits des Physischen, jenseits der Physik liegen – befaßt sich die Metaphysik: etwa mit Gott, dem Jenseitig-Unsterblichen, dem Ursprung und Sinn des Kosmos, aber letztlich auch des Menschen, der Ethik, der Werte.

Die meisten transzendent-metaphysischen Fragen sind auch Teil der Esoterik.

Über das Transzendente kann wissenschaftlich nicht sinnvoll gesprochen werden, meinte Ludwig Wittgenstein[24], denn Wissenschaftlichkeit ist an die Welt gebunden, auch die Sprache. Ebenso wie Wittgenstein hielt übrigens auch Antoine de Saint-Exupéry die Sprache für eine „Quelle von Mißverständnissen".[25] Das Transzendente geht aber über Sprache und Wissenschaft hinaus. „Gott, das Mystische, ist die Grenze der Welt. Nicht wie die Welt ist, ist das Mystische, sondern *daß* sie ist", resümiert folgerichtig der Grazer Philosoph Rudolf Haller.[26]

Viele Philosophen haben verächtlich auf die Metaphysik herabgesehen. Doch große Physiker wie Albert Einstein, Niels Bohr, Werner Heisenberg oder Wolfgang Pauli sind im Zuge ihrer naturwissenschaftlichen Forschungen unweigerlich bei Fragestellungen der Metaphysik und Transzendenz gelandet, eine Tendenz, die sich in den letzten Jahren noch verstärkt hat. Wir werden darauf noch mehrfach zurückkommen.

Nach einer kleinen Zusammenfassung wieder einige persönliche Fragen an Sie:

Unser Erkenntnisapparat kann uns täuschen:
Unsere Sinnesorgane sind ebenso imstande, uns einen Streich zu spielen, wie unsere Vernunft. Wir können lediglich einen Teil der Wirklichkeit erkennen, und dies wiederum nur sehr unvollkommen.

Was halten Sie für „wirklich"?

Sind für Sie diese Themen überhaupt von Belang?

Ergaben sich aus verschiedenen Antworten auf Fragen nach der Erkenntnis für Sie Konsequenzen, und wenn ja, welche? Welche Rolle spielen Transzendenz und Spiritualität in Ihrem Leben, und warum?

Isaac Newton und die klassische Physik

Daran erkenn ich den gelehrten Herrn!
Was ihr nicht tastet, steht euch meilenfern,
Was ihr nicht faßt, das fehlt euch ganz und gar,
Was ihr nicht rechnet, glaubt ihr, sei nicht wahr,
Was ihr nicht wägt, hat für euch kein Gewicht,
Was ihr nicht münzt, das, meint ihr, gelte nicht!
Johann Wolfgang von Goethe

Bevor wir uns in esoterische Lande begeben, müssen wir uns mit weiteren Orientierungshilfen vertraut machen. Dazu ist es notwendig, einen Ausflug in die Naturwissenschaften zu unternehmen, vornehmlich in die Physik. Zweimal hat sie in den letzten 500 Jahren unser Weltbild gründlich verändert.

Gewaltige kultur- und geistesgeschichtliche Umwälzungen

läuten gegen Ende des Spätmittelalters, im 14. und 15. Jahrhundert, in einer Zeitenwende ohnegleichen, eine neue Epoche ein. In ganz Europa blühen humanistische Studien auf, werden Universitäten und Akademien gegründet. Philosophie, Literatur und bildende Künste erreichen neue Höhepunkte. Handel und Gewerbe werden endgültig international. Das verlorengegangene antike Wissen um die Kugelgestalt der Erde wird wieder entdeckt, Nikolaus Kopernikus begründet das moderne heliozentrische Weltbild. Giordano Bruno erweitert es um pantheistische Vorstellungen eines unendlichen Universums ohne Mittelpunkt, 1600 wird er als Ketzer verbrannt. Das Universalgenie Leonardo da Vinci erfindet, entwirft, zeichnet und beschreibt Pumpen, Drehbänke, hydraulische Pressen und Flugmaschinen. Johannes Gutenbergs Buchdruck mit beweglichen Metallettern und Druckpresse sorgt für die Verbreitung der neuen Ideen. Verbesserte Navigationssysteme ermöglichen die Seefahrt. Bartolomeo Diaz, Vasco da Gama, Christoph Kolumbus, Ferdinand Magellan und viele andere erweitern die Horizonte oder entdecken sogar neue Kontinente. Die kirchliche Autorität wird nicht mehr widerspruchslos hingenommen.

Es ist Galileo Galilei, der allgemein als Begründer der modernen Physik gilt. Er fordert, „das Buch der Natur mit der Mathematik zu lesen" und findet die Gesetze des freien Falles. Johannes Kepler untersucht die Prinzipien, nach denen sich die Planeten bewegen, und Isaac Newton erklärt sie später mathematisch exakt mit seinen Gravitationsgesetzen.

Newtons Kreativität und Begabung waren so groß, daß die klassisch-mechanistische Physik noch heute nach ihm benannt ist. Seine drei Newtonschen Axiome, das Trägheits-, das Beschleunigungs- und das Gravitationsgesetz, erklärten Galileis und Keplers Thesen. Newton konstruierte ein Spiegelteleskop und entdeckte die Spektralfarben des Lichts, er beschäftigte sich mit Aerodynamik und Akustik. Gleichzeitig mit Gottfried Wilhelm Leibniz, doch unabhängig von ihm, entwickelte er die Differential- und Integralrechnung.

Aber Newton war nicht nur Mathematiker, Physiker und Astronom, er war auch Esoteriker: Er befaßte sich mit Alchemie und anerkannte die von dieser postulierten Gesetze der Metalltransformationen. Lebhaftes Interesse brachte Newton auch okkulten Themenbereichen wie etwa der Astrologie oder der Prophetie entgegen, so verfaßte er Kommentare zum Buch Daniel und zur Apokalypse des Johannes. Er soll auch Rosenkreuzer und Großmeister eines geheimen Ritterordens gewesen sein.[27] Intellektuell war Newton durchaus bescheiden – wie unser Zitat am Beginn dieses Kapitels zeigt.

Newtons Entdeckungen und Gesetze wirken wie ein Startschuß in das naturwissenschaftlich dominierte Zeitalter. Neue Erkenntnisse in Mathematik, Physik, Chemie und Biologie folgen Schlag auf Schlag. Noch nie dagewesene technische Verfahren, Beobachtungs- und Meßinstrumente, Werkzeuge und Geräte leiten die industrielle Revolution ein.

Das naturwissenschaftliche Zeitalter gründet sich auf Beobachtung und Beschreibung, auf Experimente, auf eine ursächlich erklärende Modell- und Theorienbildung. Grundlage jedes Experiments sind seine Quantifizierbar- und Wiederholbarkeit sowie seine Analyse. Analog zur Antike – wir denken hier an Demokrit – werden Grundbausteine – Atome – angenommen, in die die Materie zerlegt werden kann. Kräfte wirken zwischen den Dingen und werden durch Theorien und Gesetze beschrieben. Solche Theorien sollen eindeutig, widerspruchsfrei und kausal begründbar sein. Jedes Phänomen kann auf ein Teilphänomen zurückgeführt und erklärt werden. Zweck der Wissenschaft ist es, Gesetze herauszufinden, nach denen die Welt funktioniert. Gültige Gesetze sind die Basis für Voraussagen, für Prognosen (nicht nur in theoretischem, auch in praktischem Sinn: Wenn wir den Startschlüssel des Autos drehen, vertrauen wir darauf, daß die wissenschaftlich begründete Prognose, der Motor werde sich in Bewegung setzen, auch tatsächlich eintrifft).

Wesentliche Prinzipien der klassischen Wissenschaft sind die Kausalität sowie der darauf aufbauende Determinismus. Kausalität bedeutet, daß Ereignisse aufgrund von Ursachen geschehen und erklärbar sind. Der Determinismus nimmt an, daß jeder Zustand der Welt die unausweichlich und eindeutig bestimmte (determinierte) Folge vorhergehender Ursachen ist, die diesen Zustand herbeigeführt haben. Unter solchen Annahmen wird die Willensfreiheit des Menschen zur Illusion.

„Nimm keine Wunder an, suche überall Ursachen!“ hatte schon Leonardo da Vinci gefordert. In der klassischen Mechanik Newtons erschien die Welt „wie ein einziges, großes Uhrwerk, das nach strengen und unverrückbaren Grenzen ablief. Für Gott schien kein Platz mehr. Gott war nur mehr eine Umschreibung für das noch nicht wissenschaftlich Gewußte ... Die Kenntnis der Gesetze verschaffte dem Menschen Macht über die Natur.“[28]

Die philosophische Basis für das neuzeitlich-naturwissenschaftliche Denken schuf René Descartes. Er wies der Vernunft die entscheidende Rolle bei der Erkenntnis zu und begründete die Bezeichnung „Rationalismus“. Er hat den Dualismus zwischen Geist und Materie, zwischen Subjekt und Objekt am klarsten definiert und formuliert: Das Ich als „denkendes Ding“ („Res cogitans“) untersucht die äußere Welt, die „Res extensa“. Die physische Welt besteht nur aus Materie und besitzt keinen Geist. Descartes hat damit für die „Austreibung der Geister aus der Natur“ gesorgt.[29] Die Wissenschaft führte letztlich, so der deutsche Gesellschaftsforscher Max Weber, zur Entzauberung der Welt. Tiere beispielsweise sind für Descartes komplizierte Maschinen, allein der Mensch besitzt „Geist“.

Obwohl René Descartes ein durch und durch religiöser Mensch war und viel Mühe auf seine Gottesbeweise verwandte, leitete er doch mit seinen Ideen die Spaltung des früher einheitlichen Weltbildes in eine naturwissenschaftliche und in eine religiöse Komponente ein, die einander immer mehr widersprachen. Descartes wurde zu einem der wichtigsten Mitbegründer der *Aufklärung:* Sie definiert sich als „der Ausgang des Menschen aus seiner selbstverschuldeten Unmündigkeit. Unmündigkeit ist das Unvermögen, sich seines Verstandes ohne Leitung eines anderen zu bedienen“.[30] Folgerichtig emanzipiert sich der Mensch von der Vormundschaft durch die Kirchen, es kommt zur Säkularisierung.

Spirituell-transzendente Fragestellungen traten nunmehr in

den Hintergrund, wurden von der Gesellschaft nach und nach einem theologischen oder philosophischen Ausgedinge überantwortet. Das zeitigte tragische Folgen, denn dem beispiellosen Siegeszug und Fortschritt von Technik und Physik stand ein gewisser Stillstand, ja vielleicht sogar Rückschritt in Sachen Werteorientierung und Ethik gegenüber – womit wir unserem eigentlichen Thema wieder näherkommen.

Naturwissenschaft und Technik haben uns – zumindest in der „ersten", industrialisierten Welt – weitgehend vom biblischen Fluch befreit, „im Schweiße unseres Angesichtes" unser Auskommen erwirtschaften zu müssen. Sie haben uns gewaltige Machtmittel in die Hand gegeben. Wie wir damit umgehen, wie wir handeln sollen, wird von den Naturwissenschaften (klassischer Prägung) allerdings nicht beantwortet. Zudem zeigt sich, daß wir die Fähigkeit unseres „Machens" offenbar überschätzen. Denn je stärker wir in die uns umgebenden Systeme eingreifen, desto mehr bedrohen wir deren Gleichgewicht: Wir sind in ein empfindliches, komplexes Netz als Bestandteil eingebettet und nicht fiktiv außenstehende Subjekte, die ihre Umgebung als Objekt steuern können, ohne selbst von dieser Steuerung betroffen zu sein.

Natürlich kann eine Weltsicht und eine Physik nicht grundfalsch sein, die uns letztlich so viel Erfreuliches gebracht hat, vom Flugzeug über die Computerwelt bis zur Entschlüsselung der menschlichen Erbsubstanz. Da uns die Ergebnisse der klassisch-physikalischen Wissenschaft in vielerlei Gestalt entgegentreten, dominiert *sie* unser Alltagsdenken und noch nicht die neue Physik, der wir uns gleich widmen werden. Eine grandiose Technik hat uns außerdem die Möglichkeit in die Hand gegeben, ihre Produkte per Knopfdruck anzuwenden, ohne über das ihrem Funktionieren zugrundeliegende Basiswissen verfügen zu müssen (was beispielsweise Friedrich Dürrenmatt in seinen „Physikern" so treffend dargestellt und beklagt hat). Wir sind von Technik umzingelt, und viele von uns sind fleißig damit beschäftigt, über die Produkte (i. w. S.), die uns umgeben, und deren besseres Funktionieren nachzudenken. Aber wir denken nicht genug über *uns* nach, über unseren Lebenssinn, über unsere Beziehung zum Spirituellen, auch zuwenig darüber, wie wir jene Machtmittel, die uns der Fortschritt in die Hand gegeben hat, sinn- und wertvoll anwenden.

Doch die Warenwelt ist nicht die wahre Welt. Sie ist eine Teilwelt. Und „diese Teilwelt verstellt uns den Blick auf die eigentliche Wirklichkeit und isoliert uns von ihr".[31]

In dieser bedenklichen Situation kommt uns jener Umsturz im Weltbild der Physik zu Hilfe, der mit der Relativitätstheorie Einsteins und der Quantentheorie Plancks, Bohrs, Heisenbergs und anderer begann und der heute noch andauert. Wenn sich die Konsequenzen dieses Umsturzes auch in unserem Alltagsweltbild durchsetzten, könnten wir durchaus begründet auf eine Wiederkehr des Spirituellen und auf eine Synthese von Wissenschaft und Esoterik hoffen.

Der naturwissenschaftlich-technische Fortschritt und die industrielle Revolution haben der Welt und der Gesellschaft ein völlig neues Antlitz gegeben, ja sie haben eine zweite, eine „Warenwelt" aufgebaut. Über unserer Beschäftigung mit dieser Warenwelt droht unsere Beziehung zur „wahren Welt" zu verkümmern.

Hat für Sie die Produktpalette des technischen Zeitalters etwas mit (Ihrem) Lebenssinn zu tun, und wenn ja, wie?
Wie sieht Ihre „Werteordnung" aus?
Wer (und was) sind für Sie die zehn wichtigsten Menschen (und Sachen) und warum?

Einstein und die Folgen

Wir finden eine fremde Fußspur am Gestade des Unbekannten. Wir entwickeln tiefsinnige Theorien, eine nach der anderen, um uns über ihren Ursprung Rechenschaft abzulegen.
Zuallerletzt kommen wir so weit, daß wir das Geschöpf rekonstruieren können, von dem die Fußspur herrührt, und siehe da: wir sind es selbst!

Arthur Eddington

Bis in unser Jahrhundert hinein war die klassische Newtonsche Mechanik und Physik herrschende Lehre. Sie war das gültige wissenschaftliche Weltbild, also das, was wir seit der Einführung dieses Begriffes durch den Wissenschaftstheoretiker und -historiker Thomas S. Kuhn als „Paradigma" verstehen: sämtliche Einstellungen, Überzeugungen, Wertvorstellungen, Annahmen, Denkmuster und auch Methoden, die den Mitgliedern eines Wissenschaftsbereiches gemeinsam sind. Ein Paradigma beruht auf Grundannahmen, auf denen andere Modelle aufbauen. Aber die Wissenschaften selbst schreiten nicht kontinuierlich voran, sondern in einem revolutionären Prozeß: Es tauchen Forschungsergebnisse auf, die den bisherigen Grundannahmen widersprechen und die in weitergehenden Formulierungen niedergelegt werden. Sie erklären den Forschungsgegenstand besser und lösen schließlich das alte, ungenügende Paradigma ab.[32]

Der Siegeszug des klassischen Newtonschen Paradigmas war an der Wende vom 19. zum 20. Jahrhundert so augenscheinlich, daß man glaubte, die Rolle der tragenden Wissenschaft, der Physik, sei bereits vollendet: Der britische Physiker William Thomson Lord Kelvin (nach ihm wurde die absolute Temperaturskala benannt) riet einem Studenten vom Studium der Physik mit der Begründung ab, in der Physik gebe es kaum noch offene Fragen oder unbearbeitete Gebiete, es seien nur noch einige Details zu klären. Doch eine neuerliche Zeitenwende sollte diese Sicherheit als trügerisch entlarven.

Die erste Erschütterung des alten Weltbildes kam von einer genialen Persönlichkeit, die später als *der* wissenschaftliche Mythos des 20. Jahrhunderts gelten sollte: von Albert Einstein. Nach dem Studium der Physik trat er 1902 als Patentprüfer mit dem Titel eines „Technischen Experten Dritter Klasse" in den Dienst des Schweizerischen Patentamtes in Bern. Neben seinem Beruf beschäftigte er sich mit theoretischen Fragen. Seine erste Arbeit über die Relativität wurde zunächst von der Universität Zürich als unverständlich abgelehnt und erst nach Interventionen akzeptiert.[33] 1905 erschien seine Arbeit zur Speziellen, 1913 jene zur Allgemeinen Relativitätstheorie. Einstein gab nun seine Stelle beim Patentamt auf und lehrte in Zürich, Prag und Berlin. 1921 erhielt er für seine Arbeiten den Nobelpreis für Physik. 1933 emigrierte er in die USA und lebte bis zu seinem Tode im Jahre 1955 in Princeton.

Einsteins Theorien auch nur in Ansätzen darzustellen, sprengt den Rahmen dieses Buches. Nur kurz und oberflächlich sei daher eine punktuelle Zusammenfassung versucht:

- Es ist uns unmöglich, die Bewegung der Erde oder eines anderen Himmelskörpers in Relation zum Universum zu ermessen – weil wir Stillstand oder Bewegung des Universums nicht feststellen können.
- Die Geschwindigkeit des Lichtes bleibt gleich, egal, ob sich eine Lichtquelle bewegt oder nicht oder ob sich Beobachter bewegen oder nicht. Einstein nahm Licht*teilchen,* „Photonen" an und verabschiedete sich damit von der bis dahin herrschenden Hypothese, Licht sei *wellen*artig.
- Eine Konsequenz daraus ist: „Gleichzeitigkeit" ist nur in einem Raum(system) möglich, der(das) sich in einer gleich(förmig)en Bewegung befindet. Zwei Raumpunkte, die sich dagegen unterschiedlich bewegen, verfügen jeweils über eine andere, eine Eigenzeit. Bewegt sich ein Raum(system) relativ schnell, so gehen in ihm gegenüber einem langsamen System die Uhren langsamer und die Maßstäbe werden in der Bewegungsrichtung verkürzt. Raum und Zeit sind demzufolge nicht voneinander zu trennen, sondern bilden ein Kontinuum. Neben Länge, Breite

und Höhe bildet die Zeit die vierte Dimension. Raum und Zeit „sind relativ“.

■ Der Raum ist durch die Schwerkraft „gekrümmt“ (ähnlich wie eine zweidimensionale Fläche durch die dritte Dimension gekrümmt werden kann, man denke etwa an einen Luftballon). Auch die Zeit wird durch die Gravitation beeinflußt. Die Raum-Zeit hängt somit von der Materiedichte im All ab.

■ Masse und Energie sind durch das Quadrat der Lichtgeschwindigkeit miteinander verbunden, sie sind zwei verschiedene, einander äquivalente Erscheinungsformen ein und derselben Sache. Materie ist eine Art „eingeschlossener“ oder „eingefrorener“ Energie, und wir können voraussagen, welche Energie freigesetzt wird, wenn wir Materie – Atome – spalten. Materie kann sich in Energie auflösen, aus Energie läßt sich Materie herstellen.

■ Einstein ersetzt in seiner *Feldtheorie* den *Teilchen*begriff durch den *Feld*begriff: Die Materie besteht nicht aus kleinsten Teilchen mit fester Substanz, sondern aus Energie(feld)mustern, die sich zu Materie gleichsam verdichten. – Dieses Konzept wird später durch die Quantentheorie weiter ausgebaut.[34]

Einsteins Arbeit verknüpfte Beobachtungen, Experimente und Gedankenexperimente durch mathematische Formulierungen. Er selbst hat oft über die bedeutende Rolle seiner Intuition gesprochen, die ihm meist den richtigen Weg gewiesen hat.

Die Folge der Einsteinschen Theorien war eine Totalerschütterung des Weltbildes der klassischen Physik, das während der letzten Jahrhunderte mehr als genug Zeit gehabt hatte, sich – gestützt auf seine grandiosen Erfolge – auch in unserem Alltagsweltbild breitzumachen. Der absolute Raum und die absolute Zeit Newtons erwiesen sich binnen kurzem als „relativ“, ebenso die Gravitation, vor allem aber die Kausalität. Die Materie verlor ihre „Festigkeit“ und manifestierte sich als eine spezielle Form von Energie.

Die Bezugssysteme relativierten sich ebenfalls. Hinzu kamen offenkundig absurde Ergebnisse, wie etwa die Tatsache, daß jemand, der sich viel rascher fortbewegt, langsamer altern sollte

– Hochgeschwindigkeitsreisen „halten jung".[35] Auch die Maßstäbe sind nicht mehr allgemeingültig. „Alles fließt!", Heraklits Einsicht, bewahrheitet sich. Unsere Vorstellungen von Raum und Zeit sind nur vorläufig und obendrein offenbar eine Illusion. Das, was wir für wahr halten, gilt nur bedingt, erinnern wir uns doch nur an unsere Wahrnehmung von der Festigkeit oder Dichte der Gegenstände, wo doch bewiesen ist, daß sie aus Atomen bestehen, und diese wiederum vornehmlich aus leerem Raum: Der Atomkern besitzt ein Hunderttausendstel der Ausdehnung des gesamten Atoms, das entspricht der räumlichen Relation eines Salzkörnchens zum Petersdom. Atome ähneln somit unserem Planetensystem ... Das Verhältnis von Makro- zu Mikrokosmos berührt eines der jahrtausendealten Prinzipien der Esoterik: „Wie oben, so unten".

So paradox die Ergebnisse von Einsteins Theorien auch schienen, physikalische Messungen und Experimente haben sie immer wieder bestätigt: Atomuhren „tickten" in Raketen tatsächlich langsamer als auf der Erde; sie gehen wegen der stärkeren Gravitation auf dem Erdboden bei gleicher Bewegung rascher als in großer Höhe; die Krümmung und Verlangsamung von Lichtstrahlen durch die Sonnenmasse ließ sich eindeutig feststellen.

Der Patentbeamte und Hobbyphysiker erwies sich, indem er die Basis für ein neues Weltbild schuf, als, so Max Planck, „der Kopernikus des 20. Jahrhunderts".[36]

Einstein selbst waren die philosophischen und erkenntnistheoretischen Folgerungen seiner Entdeckungen allerdings unheimlich: „Es war, als ob mir der Boden unter den Füßen weggezogen wurde."[37] Ähnlich formulierte es Werner Heisenberg, einer der Schöpfer der Quantentheorie, jener Theorie, die Einsteins Werk weiterführte.

Diese Theorie komplettierte die Erschütterung des mechanistischen Weltbildes und war ein weiterer, überaus wichtiger Schritt auf dem Weg zum Paradigmenwechsel. Wie wir gleich sehen, wurde die Quantentheorie die Basis einer neuen Spiritualität im naturwissenschaftlichen Weltbild.

Eine verrückte Welt – zur Quantentheorie

Mir ist bis jetzt kein auch noch so kompliziertes Problem begegnet, das nicht, richtig betrachtet, noch komplizierter wurde.

Poul Anderson

Ist die Spezielle und die Allgemeine Relativitätstheorie das Werk eines einzigen Mannes, so waren an der Quantentheorie mehrere Physiker beteiligt, in der Hauptphase ihrer Entwicklung vor allem die Deutschen Max Planck und Werner Heisenberg, der Däne Niels Bohr, der Franzose Louis de Broglie, die Österreicher Erwin Schrödinger und Wolfgang Pauli sowie der Engländer Paul Dirac. Ihre Vorstellungen erwiesen sich als außerordentlich fruchtbar, sie wurden und werden bis heute ständig ergänzt und erweitert.

Am Anfang standen ein paar harmlose Entdeckungen: Max Planck stellte bei der Untersuchung gewisser Strahlenphänomene fest, daß Lichtenergie offenbar nicht, wie von James Clerk Maxwell postuliert und beschrieben, in Wellen, sondern doch in Teilchen abgegeben wird, und zwar sozusagen in Portionen, in ganzzahligen Vielfachen des später so genannten „Planckschen Wirkungsquantums“. Diese Erkenntnis überschnitt sich teilweise mit der Einsteinschen Photonentheorie.

Daraus ergaben sich mehrere Paradoxa: Photonen – bzw. Lichtquanten – verhalten sich nicht kontinuierlich und stetig, sondern diskret, sozusagen in Stufen. Photonen besitzen keine Masse; sie zeigen sich einmal als Welle, das andere Mal als Teilchen. Die Wellentheorie erklärte einige Phänomene, andere jedoch nicht; diese anderen wurden allerdings von der Teilchentheorie erklärt. Beide Theorien widersprachen einander. De Broglie schlug nun vor, jedem Teilchen ein „Materiefeld“ zuzuordnen, und errechnete die Wellenlängen von Photonen und Elektronen, die später experimentell bestätigt wurden. Somit war der *Welle-Teilchen-Dualismus* geboren, den Niels Bohr bei der Beschreibung der Atome anwandte.

Ein weiteres Paradoxon ergab sich aus der Tatsache, daß Ort

und Impuls von Teilchen nicht gleichzeitig bestimmt werden können, gleiches gilt für die Größen Zeit und Energie. Damit kann man nicht mehr messen und voraussagen, ob sich ein Teilchen zu einer bestimmten Zeit an einem bestimmten Ort befindet. Werner Heisenberg formulierte daraus seine *Unschärferelation:* Teilchen besitzen nur die Wahrscheinlichkeit bzw. die „Tendenz zu existieren“ oder die „Tendenz zu erscheinen“. Erst durch die Messung selbst wird eine der möglichen Wahrscheinlichkeiten (Tendenzen) verwirklicht, es tritt ein Übergang von den vielen Möglichkeiten zur Wirklichkeit ein (nach Niels Bohrs Heimatstadt heißt dies die „Kopenhagener Deutung“ der Quantentheorie).

Das mutet natürlich bizarr an. Der österreichische Nobelpreisträger Erwin Schrödinger stellte ein Gedankenexperiment mit einer Katze an, die mit einem Giftfläschchen und einer schwach radioaktiven Substanz in einen Käfig gesperrt wird. Die radioaktiven Strahlen setzen das Gift nach und nach frei. Öffnet ein Beobachter den Kasten, so findet er die Katze klarerweise entweder tot oder aber lebendig vor; nach der Kopenhagener Deutung müßte die Katze allerdings in einem absurden Zwischenzustand zwischen Tod und Leben verharren, und erst durch das Öffnen des Käfigs und die Beobachtung würde sie in einen „endgültigen“ Zustand versetzt, eben *entweder* tot *oder* lebendig sein und nicht bizarrerweise beides gleichzeitig . . . Kein Wunder, daß die Welt der Quantenphysik als „verrückt“ gilt. Seither ist sie, wie wir sehen werden, noch viel verrückter geworden.[38]

Die Quantenmechanik impliziert also den Einfluß des Beobachters auf das Geschehen, auf das Beobachtete, eine Tatsache, die wir uns (in anderen Fällen als bei „Schrödingers Katze“) durchaus gut vorstellen können: Wenn wir den Luftdruck eines Reifens messen, so tritt durch den Meßvorgang ein wenig Luft aus, so daß wir den Reifendruck durch den Meßakt selbst verändern. Ähnliches geschieht, wenn wir ein Thermometer ins Badewasser halten: Es wird ein wenig Wärme aufnehmen, die Wassertemperatur dadurch sinken. Dieses Prinzip gilt für alle Meßvorgänge.

Zur Unschärferelation und den Interpretationen Heisenbergs und Bohrs bemerkte der Heisenberg-Schüler Hans-Peter Dürr: „Eine noch so genaue Beobachtung aller Fakten in der Gegenwart reicht prinzipiell nicht aus, um das zukünftige Geschehen vorherzusagen . . .

Das zukünftige Geschehen ist also nicht mehr determiniert, nicht festgelegt, sondern bleibt in gewisser Weise offen. Das Naturgeschehen ist dadurch kein mechanistisches Uhrwerk mehr, sondern hat den Charakter einer fortwährenden Entfaltung. Die Schöpfung ist nicht abgeschlossen – die Welt ereignet sich in jedem Augenblick neu." Hans-Peter Dürr gibt zu, dies „strapaziert unsere Vorstellungskraft".[39] Diese Sicht der Welt entspricht dem alten esoterischen Prinzip des „Stirb und Werde".

Auch Einsteins Vorstellungskraft wurde strapaziert: „Gott würfelt nicht!" Er konnte sich mit den Wahrscheinlichkeitsaspekten der Quantentheorie nicht abfinden und konstruierte mit seinen Kollegen Nathan Rosen und Boris Podolski ein Gedankenexperiment, das sogenannte „ERP-Experiment" (Einstein-Rosen-Podolski-Experiment), das später durch den amerikanischen Physiker David Bohm ergänzt wurde.

Aber dieses Experiment widerlegte die Quantentheorie nicht, sondern bestätigte sie: Die Elementarteilchen besitzen eine Eigenrotation, genannt *Spin* (von englisch „to spin" = „drehen"), ähnlich einem Drehimpuls eines Kreisels. Spaltet man ein Atom mit dem Spin von Null in zwei Teile, so muß nach dem Gesetz der Erhaltung des Drehimpulses und nach dem System der Quantenmechanik deren Spin gleich groß und entgegengesetzt orientiert sein, damit sich wieder die Summe von Null ergibt, egal, wie weit die beiden Teile voneinander auch entfernt sein mögen. Wird nun die Drehrichtung eines der beiden Teile beeinflußt und verändert, so verändert sich automatisch auch die Drehrichtung des zweiten Teiles, und zwar *gleichzeitig*.

Das ist ein Widerspruch zur Relativitätstheorie: Wenn die beiden Teilchen sehr weit voneinander entfernt sind, so dürften sie ihren Drehimpuls nicht gleichzeitig ändern, denn Information kann sich nicht schneller fortbewegen als Licht. Trotzdem wurden diese Ergebnisse experimentell mehrfach bestätigt.

Wie kann das eine der beiden Teilchen also „wissen", wie es auf das geänderte Verhalten des anderen Teilchens zu reagieren hat? Aufgrund „gespenstischer Fernwirkungen"?[40]

Der Ire John Bell konnte zeigen, daß es „nichtlokale Zusammenhänge" gibt, die der Kausalität widersprechen. „Nach [Niels] Bohr ist das Zwei-Teilchen-System ein unteilbares Ganzes, selbst wenn die Teilchen durch riesige Entfernungen voneinander getrennt sind. ... Obwohl im Raum weit voneinander getrennt, sind sie durch unmittelbare, nichtlokale Zusammenhänge miteinander verbunden. Diese Zusammenhänge ... transzendieren unsere konventionelle Vorstellung von Informationsübertragung. ... Das Theorem von Bell beweist tatsächlich die profunde Wahrheit, daß die Welt entweder grundsätzlich gesetzlos oder grundsätzlich unteilbar ist."[41]

Das Universum erscheint als ein „ineinander verwobenes Netz von Zusammenhängen", so Fritjof Capra, als ein „unteilbares Ganzes", so David Bohm.[42]

Man nennt solche Teilchen „korreliert" – einander ergänzend, zueinander in Wechselbeziehung stehend – oder „phasenverriegelt", weil sie zur gleichen Zeit aus demselben Ursprung hervorgegangen sind. Da wir annehmen, daß der gesamte Kosmos zum selben Zeitpunkt entstanden ist, sind alle seine Bausteine miteinander untrennbar verbunden, und zwar auf eine nichtkausale Art, für die die Wissenschaft bisher noch keine stimmige und schlüssige Begründung gefunden hat. Unter den Bauprinzipien des Kosmos zählen nach bisherigen Erkenntnissen offenbar *Symmetrie* und *Synchronizität,* also Spiegelung und Gleichzeitigkeit, zu den wichtigsten.[43]

Sie werden auch von Physikern und Psychologen dazu herangezogen, um zwar sinnvolle, aber mit unserem bisherigen Wissen durchaus rätselhaft anmutende, ja „esoterische" „Zufälle" zu erklären.

Werner Heisenberg stellt dazu fest: „Die Welt erscheint in dieser Weise als ein kompliziertes Gewebe von Vorgängen, in dem sehr verschiedenartige Verknüpfungen sich abwechseln, sich überschneiden und zusammenwirken und in dieser Weise schließlich die Struktur des ganzen Gewebes bestimmen."[44]

Mittlerweile hat sich auf der Suche nach den Bausteinen der Welt ein ganzer „Zoo“ von Hunderten von Elementarteilchen ergeben, die sich meist bald wieder auflösen oder in andere Teilchen verwandeln oder zerstrahlen und somit gar nicht mehr so „elementar“ sind: Da wimmelt es nur so von Leptonen, Mesonen, Fermionen, Bosonen oder Quarks.[45]

Weil einige der neuen Theorien aufgrund der Elementarteilchenforschung Ergebnisse boten, die einander ausschließen (so widersprechen einander, wie gesagt, Teile der Relativitäts- und der Quantentheorie), versuchten Physiker und Mathematiker immer wieder, eine „Große einheitliche Theorie“ zu formulieren, jüngst in Form der „Superstring-Theorie“.

Daher verwundert es nicht, wenn jetzt auch viele ursprünglich skeptische Forscher zum Schluß kommen, die modernen Naturwissenschaften nähmen langsam esoterische Dimensionen an. Denn für den an unser klassisches Weltbild Gewöhnten „treten hier Zusammenhänge auf, die bereits mit Parapsychologie und Präkognition in Zusammenhang gebracht wurden“.[46]

Aber mit diesen teilweise tatsächlich absurden Vorstellungen sind wir noch keineswegs am Ende unseres phantastischen Ausfluges in die Welt der Wissenschaft angelangt . . .

Einstein, Planck, Heisenberg & Co. haben unser Weltbild auf den Kopf gestellt. Nichts scheint mehr sicher zu sein, „alles ist relativ“. Zeit, Raum, Kausalität haben nicht mehr jene beruhigend sichere Bedeutung wie in der klassischen Physik. Manche Erkenntnisse der Forschung übersteigen eindeutig unsere Vorstellungskraft.

Hat sich die „Relativität“, die „Unschärfe“ unserer Erkenntnis, irgendwie auf Ihr Leben ausgewirkt? Warum? Und wenn ja: wie? Sind Ihnen Relativität und Unschärfe bewußt?
Hätten deren Bewußtheit oder Nichtbewußtheit theoretische und/oder praktische Folgen für Ihr Denken und/oder Ihr Handeln?

Die Welt als „Hologramm“

Wahrlich, es ist nur ein Gott.
Er ist alles in allem . . .
Gott ist in allen Dingen,
und alle Dinge sind in Gott.
Jesus Christus

Jene Erkenntnisse der modernen Naturwissenschaften, die auf „nichtlokale“ oder „nichtkausale“ Zusammenhänge im Universum schließen lassen, erfuhren schließlich eine weitere Bestätigung.

Bereits in den vierziger Jahren entwickelte der ungarisch-britische Physiker Dennis Gabor ein neues fotografisches Verfahren: die *Holographie* (vom griechischen „holos“ = „ganz“, „graphein“ = „schreiben“). Sie „schreibt das Ganze“, im Unterschied zu der herkömmlichen Fotografie entspricht bei ihr nicht jeder Punkt eines abgebildeten Objektes einem Punkt auf dem Abbild.

Ein Laserstrahl (das ist ein Licht einer einzigen Wellenlänge, das streng im Gleichtakt schwingt) wird durch einen halb durchlässigen Spiegel auf einen Gegenstand geschickt, den man fotografieren möchte. Ein Teil des Laserlichts wird nun vom Objekt auf die Fotoplatte reflektiert, der andere Teil vom Spiegel auf die Fotoplatte zurückgeworfen. Die beiden Lichtbündel überlagern sich auf der Platte und bilden dort ziemlich unscharfe, einander überlagernde Streu- oder Interferenzmuster (ähnlich wie sich Wellen überlagern, wenn man von verschiedenen Stellen aus Steine in einen Teich wirft).

Das Interferenzmuster sieht nach nichts aus, doch wenn man das Bild wiederherstellen will, geht man den umgekehrten Weg und schickt wieder Laserlicht auf die Fotoplatte. Dabei ergeben sich zwei überraschende Effekte:

- Das Abbild erscheint *dreidimensional* im Raum,
- und auch von einem *Bruchteil* der Fotoplatte kann man das *Gesamtbild* erhalten.

Dennis Gabor hat seine Thesen mathematisch formuliert, sie wurden später experimentell eindrucksvoll bestätigt. Die Laserholographie ermöglicht dreidimensionale optische Datenspeicherungen von außerordentlicher Dichte und gilt dabei als ausgesprochenes Hoffnungsgebiet.[47] 1971 erhielt Gabor für seine Entdeckung den Nobelpreis.

Das Paradoxe daran ist, daß nicht nur das ganze Hologramm aus Teilen besteht, sondern daß auch die Teile das Ganze enthalten. Zudem zeigte sich, daß man holographische Abbilder nicht teilen, nicht zerschneiden kann: In allen Teilen kommt immer wieder das Gesamtbild zum Vorschein, es ist unmöglich, etwa ein Halb- oder Drittelbild zu erzeugen.

Und damit kommen wir wieder zu unserem eigentlichen Thema (für das unser Ausflug in die Naturwissenschaften wichtiger ist, als es zunächst scheint): Das Avatamsaka-Sutra der chinesischen Ch'an- (bzw. der japanischen Zen-)Schule hat ein derartiges Phänomen durch die Metapher von Indras Netz dargestellt: „Im Himmel Indras, so sagt man, hängt ein Netzwerk von Perlen so angeordnet, daß du beim Anblick einer Perle alle anderen in dieser widergespiegelt siehst. Genauso ist jeder Gegenstand in der Welt nicht nur er selbst, sondern ein Teil jedes anderen, er ist in Wirklichkeit alles andere."[48]

Der amerikanische Physiker David Bohm hat aus einer ähnlichen Annahme seine Theorie der „impliziten Ordnung" entwickelt: Das Ganze ist in jedes seiner Teile „*ein*gefaltet" (vom lateinischen „implicare" = „[hin]einfalten") und läßt sich umgekehrt auch wieder aus jedem Teil *ent*falten. Das, was existiert, existiert in einer Ordnung „bruchloser Ganzheit", die alle Elemente, aus denen sie besteht, umfaßt und zueinander in Beziehung setzt. *Alle Teile dieses Universums sind mit allen anderen Teilen verbunden,* oder anders, kürzer formuliert: *Alles hängt mit allem zusammen.*

Die Chaostheorie – wir kommen noch dazu – hat daraus zum Beispiel gefordert, daß einem Schmetterlingsschlag in China ein Wirbelsturm in der Karibik folgen könnte . . .

Wir sehen oder hören jedoch nur die „explizite", „entfaltete" Ordnung. Radiowellen etwa enthalten implizit, eingefaltet, das Fernsehbild, das TV-Gerät entfaltet sie. Die Compact Disc impliziert (verschlüsselt, codiert) jene Schallwellen, die der CD-Spieler, die Schallwellen und unser Ohr zu unserem Gehirn bringen, das sie zu einem Klangbild entfaltet. Im Samenkorn ist die künftige Pflanze eingefaltet ... Die Liste der Beispiele ließe sich beliebig fortsetzen.

Nach David Bohm befindet sich der Kosmos in einem Fließgleichgewicht ständigen Ein- und Ausfaltens, er ist eine „bruchlose Ganzheit in strömender Bewegung" *(Holobewegung, Holomovement).* Stabile Strukturen sind nur Abstraktionen dieser Bewegung, sie können unter bestimmten Bedingungen entfaltet werden. Dann sind ihre Gesetze auch in Teilbereichen beschreibbar, wie etwa die Gesetze der Akustik oder des Elektromagnetismus. Aber diese Gesetze gelten wiederum nur unter ganz bestimmten Bedingungen, weil sie nur in einem Teil der impliziten Ganzheit auftreten.

Daher rührt auch die Widersprüchlichkeit der Theorien unserer Weltbeschreibung. Das, was wir als Wirklichkeit auffassen, sind nur Teilbereiche *einer* expliziten Ordnung unter vielen, die wiederum die implizite, bruchlose Ganzheit bilden: ähnlich wie in einem Fluß, in dem sich zahllose Strudel oder Wellenbewegungen finden lassen, die an vielen Orten immer wieder entstehen und vergehen.

Unser Kosmos wäre demnach als eine Art Strudel in einen übergeordneten Strom eingebettet. Stillstand ist nur Illusion, denn wir bewegen uns im Kosmos, und der Kosmos seinerseits „bewegt" sich in einer höheren Ganzheit. Physikalische Gesetze sind raum-zeit-bedingt, ihre Allgemeingültigkeit zu postulieren wäre ebenfalls illusionär. Gegenstände unserer Wirklichkeit – Teilchen, Körper, Wesen – sind sekundäre Erscheinungsformen der übergeordneten, fließenden, impliziten Ganzheit.[49]

Wieder finden sich Parallelen in älteren Denksystemen: Der indische Jainismus sieht die Welt als ein komplexes System von *Shivas,* durch Illusion vorgetäuschter Bewußtseinsinhalte. In kosmischen Zyklen werden sie in Materie eingebunden. Das ähnelt den *Monaden,* wie Gottfried Wilhelm Leibniz die Grundbausteine des Universums nennt, denn jede Monade ist nach seiner Philosophie ein lebendiger, der inneren Tätigkeit fähiger Spiegel, der das Universum aus seinem Gesichtspunkt darstellt.

Doch diese Ganzheit können wir anhand unserer lediglich expliziten Ordnung nicht definieren. Sie ist unmeßbar, unwißbar, weil – siehe Gödels Theorem – ein System allein aus sich heraus nicht bestimmbar ist. (Man kann das am Beispiel des kretischen Philosophen Epimenides verdeutlichen, der sagte: „Alle Kreter lügen, ich bin Kreter." Da er Kreter ist, muß der Satz genau dann wahr sein, wenn er falsch ist, und umgekehrt.) Innerhalb eines logischen Systems, einer logischen Ebene kann der Widerspruch nicht aufgelöst werden.

Das Fazit dieser Überlegungen: *Eine vollständige, widerspruchsfrei formulierbare Wahrheit gibt es nicht* – es sei denn, auf einer höheren, auf einer Metaebene.

Bei ihren mathematischen Formulierungen stießen die Physiker immer wieder auf Hinweise, das Universum bestehe aus mehr als aus unseren vier Raum-Zeit-Dimensionen. So wie Fernsehbilder räumlich zweidimensionale Projektionen einer räumlich dreidimensionalen (bzw. raumzeitlich vierdimensionalen) Realität sind, scheint unsere vierdimensionale Wirklichkeit die Projektion einer höherdimensionalen Realität zu sein.

Neben David Bohm kamen viele andere Forscher zu diesem logisch-mathematischen Schluß, unter anderen Theodor Kaluza und Oskar Klein, die von einem zehn-, sechzehn-, sechsundzwanzig- oder gar n-dimensionalen Universum ausgingen.

Auch das strapaziert unser Fassungsvermögen außerordentlich. Eine weitere Metapher: Nehmen wir an, eine schön geschwungene Tabakspfeife – sie ist natürlich dreidimensional – durchdringt eine (zweidimensionale) Fläche. Auf dieser Fläche erscheint zunächst ein wachsender Kreis, dann ein zweiter, der sich zu einem länglichen Gebilde vergrößert und mit dem ersten, ebenfalls weiter gewachsenen Kreis verbindet. Danach verschwindet der zweite Kreis und der erste schrumpft, um wieder zu verschwinden. (Wenn Sie sich den Vorgang in mehreren Phasen auf einem Papier aufzeichnen, wird die Schilderung plastisch.) Zweidimensionale Wesen, die nicht imstande sind, sich eine dritte Dimension vorzustellen, können sich das plötzliche Erscheinen dieser beiden Figuren auf der Fläche nicht erklären und über deren Ursache und Zusammenhang nur rätseln.

Erinnert das nicht an Platons Höhlengleichnis? Oder an ähnliche erkenntnistheoretische Konzepte, die grundsätzlich von der nicht vollständigen oder nicht fehlerfreien Erfaßbarkeit der Welt ausgehen?

Auch wir stehen häufig verständnislos vor Phänomenen, die wir nicht begründen oder analysieren können, weil sie sich unserem Erkenntnisapparat auf geheimnisvolle Weise entziehen. Vielleicht entstammen mystische oder esoterische Erscheinungen und Vorgänge einer anderen, höheren Ebene? . . .

> Für unseren Alltagsverstand ist es schwer begreiflich:
> Das Ganze ist unteilbar.
> Das Ganze ist mehr als nur die Summe seiner Teile.
> Alles hängt mit allem zusammen . . .
>
> Alle Materieteilchen, alle Wesen seien „Kinder des Weltalls“, meint Hoimar von Ditfurth, sie seien einander „geschwisterlich verbunden“.
>
> Sehen Sie in Ihrem Gegner, in einem Rivalen, in einem Konkurrenten, einem Fremden, einem Nachbarn, im letzten halbverdorrten Wiesenhalm oder in irgendeinem Grottenolm Ihr Bruder-/Schwestergeschöpf . . .?
>
> Wenn ja: warum? Wenn nein: warum nicht?
>
> Wenn alle Menschen im anderen den Bruder oder die Schwester sähen:
> Wo kämen wir hin?

Der Mensch im Kosmos

Bilder der Mythen

Es gibt ein Ding, das ist unterschiedslos vollendet.
Bevor der Himmel und die Erde waren, ist es schon da,
so still, so einsam!
Allein steht es und ändert sich nicht.
Im Kreis läuft es und gefährdet sich nicht.
Man kann es nennen die Mutter der Welt.
Ich weiß nicht seinen Namen.
Ich bezeichne es als Tao.

Laotse

Schon seit Urzeiten haben die Menschen über die Entstehung des Kosmos, des Lebens und ihrer Gattung nachgedacht. Sie faßten ihre Ideen in religiösen Vorstellungen, in Schöpfungsmythen zusammen, die einander häufig ähneln, auch in ihrer poetischen Schönheit.

In der altchinesischen Naturphilosophie, die bis auf das dritte vorchristliche Jahrtausend zurückgeht, besteht das Sein aus dem höchsten Letzten, dem *Tao* (das im Taoismus auch Weg, Lehre, Gesetz bedeutet) oder dem *Ch'i,* dem Ur-Feld. Die Welt manifestiert sich aus den beiden Polaritäten oder Grundelementen Himmel und Erde. Beide werden durch Urzeichen repräsentiert: durch das (männliche) Urzeichen *Yang,* das aus drei übereinanderliegenden, ganzen Linien besteht und den Himmel repräsentiert, und durch das (weibliche) Urzeichen *Yin* mit drei übereinanderliegenden, jedoch unterbrochenen Linien, für die Erde. Aus den unzähligen Kombinationen dieser Elemente und Urzeichen entstehen alle anderen, und zwar immer in einer gegensätzlichen, polaren Form: Feuer – Wasser, Berge – Dunst, Donner – Wind usw. Die Zeichen in all ihren Möglichkeiten der Zusammensetzung sind im Weisheitsbuch *I Ging* niedergelegt, jeder der 64 Kombinationen kommt eine magische Bedeutung zu, mit der man auch die Zukunft deuten kann.

Begeben wir uns in einen anderen, uns näher liegenden Kulturkreis.

Die ägyptische Schöpfungsgeschichte von Heliopolis beginnt: „Als Himmel und Erde am Anfang noch nicht getrennt waren und als es noch überhaupt kein Leben gab, ganz am Anfang also, waren Atum und das Urwasser Nun allein. . . . Als er seiner Einsamkeit überdrüssig war, . . . gebar Atum Schu, den Windhauch, und Tefnut, die Feuchtigkeit. Schu und Tefnut zeugten Geb, die Erde, und Nut, den Himmel. Diese zeugten Isis und Osiris, die Göttin des Lebens und den Gott des Totenreiches . . .“[50] Nach dieser Lehre „gab es am Anfang nur ein unermeßliches Chaos, das Nun, und man stellte es sich als Ozean oder formloses Magma vor, in dem sich aber bereits die Möglichkeit des Lebens barg. Seit Urzeiten existierte in diesem Chaos ein bewußtes Prinzip, der Gott Atum, dessen Name ‚der Ganze‘, ‚der Vollständige‘ bedeutet, womit sein abstrakter und gewissermaßen metaphysischer Charakter betont wird.“[51]

„Am Anfang schuf Gott Himmel und Erde“, heißt es in der Genesis des jüdisch-christlichen Mythos. Gott wird der *Eine* genannt, aus ihm entsteht – die Analogie zu den anderen Mythen ist unverkennbar – eine Zweiheit als Basis für alles Weitere, ebenfalls aufbauend auf dem Prinzip der Zweiheiten (Licht und Finsternis etc.).

Die jüdische Mystik und Mythologie hat daraus ein ganzes Schöpfungssystem geschaffen, indem es den Zahlen Bedeutungen und den Buchstaben Zahlen zuordnet, z. B.: Aus Eins und Zwei wird der Mann/der Mensch geboren, somit durch die Drei repräsentiert. Aus Drei und Eins entsteht die Vier, die Frau – gleichzeitig ist die Vier aber die Materie, die erscheint, indem die Zweiheit mit sich selbst in Beziehung tritt, multipliziert, vervielfacht wird. Analog dazu steckt ja auch im lateinischen Wort „materia“ („Materie“) die Wurzel „mater“ („Mutter“).[52]

Am Beginn der griechischen Kosmogonie Hesiods steht das *Chaos*, der Wortwurzel nach eigentlich eine „gähnende Kluft“, ein unermeßlicher leerer Raum, in dem noch keine Ordnung ist. Aus dem Chaos entstanden Gaia, die Erde, und Eros, der universale Motor der Schöpfung, die Liebe. Aus Gaia gehen Uranos, der nächtliche Himmel, und Erebos, die Leere unter der Erde, hervor. Gaia und Uranos zeugen die Götter und Dämonen. Der Gott Prometheus erscheint als Schöpfer der Menschen, denen er das Feuer bringt. Von seinem Vater Zeus wird er deshalb bestraft und an das Gebirge des Kaukasus geschmiedet.

Auch die *Rig-Veda,* die älteste indische Dichtung, singt vom Anbeginn der Welten: „Damals war nicht das Nichtsein, noch das Sein, kein Luftraum war, kein Himmel drüber her ... Es hauchte windlos in Ursprünglichkeit das Eine, außer dem kein anderes war." In den Schlußbetrachtungen der *Upanischaden* erscheint Brahman, das ewig-unveränderliche Absolute, ein Bewußtsein, ein Zustand der Transzendenz. Es manifestiert sich rhythmisch in Form der Welt, es ist also immer und ewig zugegen, seine Erscheinungsform, der Kosmos, kommt und vergeht aber. Für den Menschen ist die Erkenntnis wesentlich, daß die *Weltseele Brahman* und die *Einzelseele Atman* (verwandt mit: Atem) identisch sind.

Brahman manifestiert die Welt im *Lila,* dem göttlichen Spiel. In der Bhagavadgita beschreibt es Krishna, der aus Brahman hervorgegangene höchste Gott: „Am Ende der Nacht der Zeit kehren alle Dinge zu meiner Natur zurück; und wenn der neue Tag der Zeit beginnt, bringe ich sie wieder ans Licht.

So bringe ich durch meine Natur alle Schöpfung hervor, und diese rollt umher in den Kreisen der Zeit. Doch ich bin nicht von diesem großen Schöpfungswerk gebunden. Ich bin, und ich betrachte das Drama des Werkes.

Ich betrachte, und in ihrem Schöpfungswerk bringt die Natur alles hervor, was sich bewegt und was sich nicht bewegt: Und so gehen die Kreisläufe der Welt rundherum."

Die indische Weltanschauung denkt sich unser Universum also rhythmisch: Es entsteht und vergeht, das Eine wird zum Vielen und das Viele kehrt gegen Schluß eines Weltenzyklus wieder zum Einen zurück. Die unendlich große Zeitspanne der Weltenzyklen heißt *Kalpa* und gleicht einem Tag und einer Nacht Brahmans. Ein Kalpa besteht aus vier Abschnitten: Weltentstehung, Existenz der entstandenen Welten, Weltuntergang, Chaos. Danach beginnt das nächste Kalpa.

In seiner unendlichen Dauer ist ein Weltenzyklus vom Verstand nicht faßbar, sondern nur durch Gleichnisse darzustellen: Angenommen, alle hundert Jahre streicht ein Seidenschal einmal über einen Felsblock von einer Kubikmeile, so vergeht ein Kalpa, bis der Felsen von diesem Windhauch abgetragen ist.[53]

Moderne Kosmologien

Der Kosmos gleicht immer mehr
einem schöpferischen Gedanken.
James Jeans

Jahrhundertelang war die europäische Vorstellung von Entstehung und Charakter des Universums durch die griechischen Ursprungsbilder bestimmt. Heraklit erklärte, die Welt sei in einem ständigen Wandel begriffen, sie sei aus Feuer geboren und werde auch im Feuer untergehen. Platon nimmt einen Baumeister an, einen *Demiurgen* (griechisch: „Handwerker") als Schöpfergott, der die chaotische Materie nach ewigen Ideen zum geordneten Kosmos formt. (In der Gnosis, wir behandeln sie noch, steht der Demiurg zwischen Gott und der Welt.) Nach Aristoteles ist die Welt ewig und unbegrenzt.

Für seine Behauptung, das All sei unendlich, mußte Giordano Bruno 1600 in Rom auf den Scheiterhaufen, weil die Kirche konstatierte, Gott allein käme das Attribut „unendlich" zu . . .

Wir verzichten hier auf eine detaillierte Schilderung der weiteren jahrhundertelangen Auseinandersetzungen über Ursprung und Schicksal des Alls[54] und wenden uns dem heutigen Stand der Diskussionen zu.

„Einige sagen, es war schon immer da. Andere meinen, es war nicht immer da. Die, die sagen, daß es schon immer da war, meinen auch, daß es gut so war. Denn sonst wäre es ja längst verschwunden. Die anderen halten dafür, die Sache sei immer noch im Werden begriffen – also könne man keineswegs sicher sein, ob sie sich auf Dauer bewähre; und ein schöner Untergang sei auch noch immer drin . . ." – So schildert Reinhard Breuer den immer wieder ausbrechenden Streit der Physiker und Astronomen um Werden und Vergehen des Universums.[55]

Derzeit sind etwa folgende Theorien in Diskussion:

- Die *Steady-State-Theorie*

Unser Universum hat keinen Anfang und befindet sich in einem andauernden Gleichgewichtszustand. (Diese Theorie verficht vor allem der britische Astrophysiker Fred Hoyle.)

- Das *Urknall-Modell*

Das Universum ist vor etwa 15 Milliarden Jahren durch einen *Urknall (Big Bang)* entstanden und dehnt sich seither aus. (Erstmals wurde diese These vom russischen Physiker Alexander Friedmann vertreten.)

Variante A: Die Expansion geht immer weiter und endet nie – das Universum ist offen *(Standardmodell).*

Variante B: Die Expansion endet zum Zeitpunkt der höchsten Ausdehnung des Alls und kehrt sich in eine Kontraktion um – das Universum endet in einem *Kollaps,* einem *Big Crunch,* dem vielleicht wieder ein neuer Urknall folgen könnte.

Variante C: Ein (multidimensionales) Superuniversum (Elternuniversum) reproduziert sich ständig selbst, indem es aus (unendlich) vielen Unteruniversen (Baby-Universen) besteht, die pausenlos entstehen und vergehen. Die vielen Universen kann man sich wie blubbernde Blasen in einem Badeschaum vorstellen, die untereinander verbunden sein können: „Nach gegenwärtiger Anschauung ist das Universum sowohl chaotisch wie homogen, expandierend und stationär; es wächst, fluktuiert und vervielfältigt sich unablässig auf alle denkbaren Weisen, als ob es sich selbst an alle nur möglichen Lebensformen anpassen wollte, denen es eine Heimstatt geben kann."[56] Das All ist ein „selbstähnliches *Fraktal*" (also ein Objekt, bei dessen Vergrößerung stets neue Details sichtbar werden, die denjenigen der vorangegangenen Vergrößerungsstufe ähneln; dieser Begriff wurde von Benoît Mandelbrot kreiert und spielt auch in der Chaostheorie eine große Rolle).

Mit der Viele-Welten-Theorie hat sich auch der große argentinische Schriftsteller Jorge Luis Borges beschäftigt: „. . . unendliche Zeitreihen, ein wachsendes, schwindelerregendes Netz auseinander- und zueinanderstrebender und paralleler Zeiten. Dieses Webmuster aus Zeiten, die sich einander nähern, sich verzweigen, sich scheiden oder jahrhundertelang nichts voneinander wissen, umfaßt alle Möglichkeiten. In der Mehrzahl dieser Zeiten existieren wir nicht; in einigen existieren Sie, nicht jedoch ich; in anderen ich, aber nicht Sie; in wieder anderen wir beide. In dieser Zeit nun, die mir ein günstiger Zufall beschert, sind Sie in mein Haus gekommen. In einer anderen haben Sie mich, da Sie den Garten durchschritten, tot angetroffen; in wieder einer anderen sage ich dieselben Worte, aber ich bin ein Trug, ein Phantasma . . ."[57]

Bei nahezu allen Kosmogonien – Denkvarianten über Entstehung, Vergangenheit und Zukunft des Kosmos – stoßen wir neuerlich an die Grenze der Vorstellungskraft und auf absurd erscheinende Resultate, wie etwa bei der Mehrdimensionalität. Wir können uns nur in Analogien und Metaphern versuchen:

Die Erdoberfläche ist zweidimensional, aber im Raum – in der dritten Dimension – gekrümmt. In der zweidimensionalen (euklidischen) Fläche beträgt die Summe der Winkel von Dreiecken stets 180 Grad, im Raum kann die Winkelsumme jedoch auch weniger als 180 Grad (bei einer Sattelfläche, die ja negativ gekrümmt ist) oder beispielsweise 270 Grad betragen (wenn z. B. ein Dreieck auf der Erdoberfläche einen Eckpunkt im Nordpol hat und zwei weitere Eckpunkte auf dem Äquator – nichteuklidische Geometrie). Die zweidimensionale, im Raum gekrümmte Erdoberfläche besitzt kein Ende und keinen Mittelpunkt. Ein zweidimensionales Wesen könnte sich die dritte Dimension und die Raumkrümmung einer Fläche nie vorstellen, ähnlich wie eine fünfte, zehnte oder n-te Dimension unser Fassungsvermögen übersteigt.

In der Kosmologie wie in der Kernphysik – beide hängen ja unmittelbar zusammen – verlassen wir jedenfalls jegliche Anschaulichkeit. Viele Theorien über die Elementarteilchen widersprachen einander, man versuchte sie in einer *Großen vereinheitlichten Theorie* zusammenzufassen *(Grand Unified Theory, GUT).* Zwischen Elementarteilchen wurden Symmetrien und

Partnerschaften, Supersymmetrien (SUSYs) festgestellt, ihre mathematische Kombination mit der GUT wird *SUSY-GUT* genannt. (Wir sehen, die angelsächsische Vorliebe für Abkürzungen und Buchstabenkombinationen hat hier voll durchgeschlagen.)

Alle diese Gedankengebäude ließen jedoch die Gravitation, die Schwerkraft, außer acht, bis es Michael Green und John H. Schwarz gelang, diese in ihre Theorie der *Superstrings* einzubeziehen. Danach sind die letzten Bausteine des Universums gar keine „Steine" mehr, sondern Fädchen (englisch: „string" = „Faden"), die wie Saiten eines Musikinstruments schwingen, und je nach Schwingungsform erscheinen sie als eigener (Elementar-) Teilchentyp. Da es unendlich viele potentielle Schwingungsarten gibt, gibt es auch unendlich viele Teilchenarten. Die Strings sind unfaßbar klein, sie verhalten sich zu einem Atomkern wie dieser zu einem Berg. Sie können sich teilen, verbinden, beliebig kombinieren, zu einem Kreis umformen etc.

Lassen wir dazu den Direktor des Carl-Zeiss-Planetariums in Stuttgart, Hans-Ulrich Keller, zu Wort kommen:

Nach der Superstringtheorie „sind die elementaren Bausteine der Natur keine punktförmigen Partikel, sondern ... topologische [räumliche] Strukturen ... Quarks, Elektronen, Photonen und andere [sind] keineswegs elementar, sondern sie sind Erregungszustände, sogenannte ‚Vibrationen' der Strings. Damit nimmt die moderne Physik endgültig Abschied von der liebgewonnenen Vorstellung, die Materie bestünde aus kleinsten, weiter nicht zerlegbaren Partikeln. Die Hypothese, die Welt setze sich aus elementaren, punktförmigen, unteilbaren Bausteinen zusammen, führt zwangsläufig zu einem logischen Dilemma: Wenn die beobachtbare Materie aus letzten, nicht mehr teilbaren, ausdehnungslosen Partikeln besteht, wie können dann solche strukturlosen Punkte Massen, Ladungen, Spins usw. besitzen? Wenn jedoch die fundamentalen Bausteine der Natur nicht ausdehnungslos sind, weshalb sollten sie dann nicht mindestens prinzipiell teilbar sein?"[58]

Ein wenig ähnelt das Superstringkonzept der *Bootstrap-Theorie* des Amerikaners Geoffrey Chew: Die Elementarteilchen sind wie in einem Gewebe miteinander verbunden, sie erschaffen sich gegenseitig, indem sie sich gleichsam wie an ihren Schuhbändern – (englisch: „bootstraps") – aus dem chaotischen Ursumpf des Seins ziehen. Chew war übrigens der Meinung, Naturgesetze seien nur raumzeitlich, also lokal bedingt, anderswo und anderswann könnten andere Gesetze gelten; es gebe nur eine Summe von Theorien, die die Wirklichkeit teilweise erklären, und keine alles umfassende Gesamtschau.

Ob Strings oder Straps – auch bei den „Fäden" und deren Schwingungen gibt es faszinierende Parallelen zu alten Weisheiten und Philosophien:

Die Pythagoräer lehrten, die Ordnung der Töne einer schwingenden Saite durchziehe das ganze Universum und die Harmonie der Töne entspreche ganz bestimmten Verhältnissen von Zahlen, ein Fels sei steingewordene Musik. (Erinnern Sie sich an unseren kurzen Ausflug in die jüdische Zahlenmystik als Symbol des Aufbaues der Schöpfung?)

Fädchen tauchen ebenfalls auf: „Wie ein Tuch, das aus Längs- und Querfäden gewebt ist, wird das gesamte Universum in seiner ganzen Länge und Breite von verschiedenen Energien der höchsten Persönlichkeit Gottes durchzogen", heißt es im Srimad-Bhagavadgam.[59]

Wenn wir an Saiten und Schwingungen denken, sind die Sphärenklänge nicht weit: Das ganze Universum schwingt und klingt. *Schiwa,* der indische Gott (Sanskrit: der „Gütige", „Freundliche"), schafft in seinem tanzenden Spiel unablässig den Kosmos neu . . .

Dieser vielfach tönende Tanz findet allerdings, wie schon erwähnt, nicht drei-(bzw. vier-)dimensional statt, sondern höherdimensional. In der multidimensionalen Ordnung ist unsere vierdimensionale Raum-Zeit ganz im Sinne des Hologramms und der impliziten Ordnung David Bohms „eingefaltet". Wie sich Dimensionen „entfalten" können, dafür gibt es wiederum nur eine Metapher: Betrachtet man einen Gartenschlauch aus der Ferne, so erscheint er zunächst eindimensional, als Faden. Tritt man näher, wird eine zweite Dimension erkennbar: seine Breite, er scheint ein Band, eine Fläche zu sein. Erst bei noch genauerem Hinsehen ent-wickelt sich der Faden bzw. das Band schließlich zu einem dreidimensionalen Gebilde, zu einem Schlauch. Ähnlich kann man sich die „Einfaltung" der höheren Dimensionen in unserer Welt vorstellen: Sie sind mit den uns zur Verfügung stehenden Instrumenten nicht ortbar, wir können sie nur mathematisch erschließen.[60]

Trösten wir uns über unzulängliches Vorstellungsvermögen mit John von Neumann hinweg, einem der Schöpfer der Spieltheorie: „In der Mathematik versteht man die Dinge nicht, man gewöhnt sich an sie."[61]

Mehr als nur gewöhnungsbedürftig sind auch die diversen Vorstellungen der Physiker auf ihrer Suche nach dem Ursprung, den Bausteinen und der Ent-Wicklung unseres Universums:

- Da meint etwa Steven Weinberg, *in verschiedenen Teilen des Alls könnten verschiedene Naturkonstanten und -gesetze gelten.*[62] Dasselbe nimmt man von verschiedenen *Parallel-* oder *Hyper-* und *Unter*universen an: die Existenz anderer Universen mit einer „anderen Physik" sei nicht auszuschließen, ja sogar ziemlich wahrscheinlich.
- Da stellt man sich vor, in einem Universum, das aus Feldkräften besteht, stelle die Materie nur die gekräuselte *Schaumkrone* dieser Felder dar – so wie auf einem Ozean.[63]
- Da sollen laut John Wheeler zwischen den *Eltern-* und *Töchter*universen eines badeschaumähnlichen *Hyperalls Zeitreisen* durch Verbindungskanäle, sogenannte *Wurmlöcher,* möglich sein. Eventuell ist ein sogenanntes *Schwarzes Loch* das in unserem Universum existierende Ende eines Tunnels in ein anderes Universum. (Ein Schwarzes Loch ist ein Gebiet mit so großer Massekonzentration, daß seine gigantische Schwerkraft das Licht nicht herausläßt. Mit der Theorie der Schwarzen Löcher hat sich besonders der britische Physiker Stephen Hawking beschäftigt. Auf ihn und auf das Phänomen der Zeit werden wir noch zurückkommen.)
- Da weiß man immer noch nicht, wohin die *Antimaterie* verschwunden ist, die theoretisch reichlichst vorhanden sein müßte. (Antimaterie ist symmetrisch anders geladene Materie: Der

Atomkern besitzt zum Unterschied von „unserer" Materie eine negative Ladung, das Elektron eine positive – man kann Antimaterie im Labor herstellen, wie dies jüngst etwa im Kernforschungszentrum CERN in Genf gelungen ist.)

■ Ebensowenig wissen wir, wo die Materiemasse hingekommen ist, aus der unser All eigentlich bestehen sollte – 90 Prozent der theoretisch vorhandenen Masse fehlen. Sind das Superstrings, die wir nicht erkennen können? Ist das jene dunkle Materie, nach denen die (Astro-)Physiker suchen? Ist dann „unsere", die sichtbare Materie im Kosmos tatsächlich nicht mehr als „Treibgut auf einem Fluß" oder „Fußspuren im Sand"?[64] Oder gibt es gar ein *Schattenuniversum?*

Natürlich sind die meisten dieser Vorstellungen bizarr und phantastisch. Aber Vorstellungen werden zu Gewohnheiten und wandeln sich, wie sie es im Verlauf der Menschheitsgeschichte unzählige Male getan haben. Erst konnte man sich nicht vorstellen, daß die Erde eine Kugel ist; im Mittelalter wurde eine Umrundung der Erde für ausgeschlossen und Kolumbus' Vorhaben für verrrückt gehalten; Fliegen galt jahrtausendelang als unerfüllbarer Menschheitstraum. So manches früher Unvorstellbare ist für den modernen Mensch selbstverständlich geworden.

Unser Weltbild wurde binnen nur einer Generation revolutioniert.

Albert Einstein und Niels Bohr erschienen die traditionellen Begriffe völlig unzulänglich, auf Anschaulichkeiten wurde ab sofort verzichtet. Heute sind manche relativitäts- und quantentheoretische Überlegungen für viele Physiker fast schon wieder konservativ und zu wenig phantastisch.

Der Buddhismus kennt den Begriff des *Koans:* eines Paradoxons, das man mit dem Verstand nicht lösen kann. Dazu bedarf es eines Sprunges auf eine andere Ebene des Begreifens (ein vielzitiertes Beispiel ist die Frage: „Hörst du das Klatschen *einer* Hand?"). Die Superstringtheorie gleicht einem Koan der modernen Physik. – Und gleicht nicht unsere Existenz einem Koan? – Eigentlich sind wir Rhythmus und Leere zugleich . . .

Damit sind wir wieder bei der Vorstellung, die Welt sei aus Saiten und Klang gemacht. Klang kommt (auch) durch Singen und Sprechen zustande. Als eine Urwurzel der Welt bestimmen die Upanischaden, die Schlußgesänge der indischen Veden (das bedeutet Wissen und ist mit diesem unserem Wort auch sprachgeschichtlich verwandt), die „heilige Silbe" OM:

Die Essenz aller Wesen ist die Erde,
die Essenz der Erde ist das Wasser,
die Essenz des Wassers sind die Pflanzen,
die Essenz der Pflanzen ist der Mensch,
die Essenz des Menschen ist die Rede,
die Essenz der Rede ist das Heilige Wissen,
die Essenz des Heiligen Wissens ist Wortlaut und Klang,
die Essenz von Wortlaut und Klang ist OM.

OM wird folgerichtig sehr häufig bei den verschiedensten Meditationstechniken ausgesprochen, immer wieder wiederholt, um den Atem in den richtigen Rhythmus zu bringen und die Konzentration auf die Stille des Geistes zu fördern. Es ist übrigens sprachlich mit unserem Amen verwandt.

Durch Klang, durch das Wort wird nach dem Prolog des Johannesevangeliums die Welt geschaffen (1,1–14):

Im Anfang war das Wort
und das Wort war bei Gott,
und das Wort war Gott.
Im Anfang war es bei Gott.
Alles ist durch das Wort geworden,
und ohne das Wort wurde nichts, was geworden ist.
In ihm war das Leben . . .

Beim islamischen Mystiker Sufi Hazrat Inayat Khan heißt es über den Urton der Welt, das „Es werde":

Dieser Ton ist die Quelle aller Offenbarung . . .
Wer das Geheimnis dieses Tons kennt,
kennt das Mysterium des Weltalls . . .

Dieses „Es werde" hat auch Mohammed gehört, bevor er den Koran empfing.

Die Vorstellung des Tones, der durch Schwingung entsteht, als schöpferisches Element ist zu allen Zeiten bei allen Völkern zu finden.[65] Der Name Gottes durfte bei den Israeliten nicht ausgesprochen werden und war auch bei vielen anderen Völkern tabu, denn der Mensch erträgt nicht die Gegenwart Gottes. Der Magier beschwört den Dämon, indem er ihn (verdeckt) ruft, der Priester erfleht den Segen Jesu, indem er ihn im Gebet anspricht. Vertraut ist uns, was einen Namen hat, Namenloses – Anonymes – ist unheimlich.

Atomphysiker und Musikwissenschaftler haben Analogien zwischen den Zahlenverhältnissen physikalischer Größen – etwa von Atomen oder Planetensystemen – und Tonleitern hergestellt und haben sie zum Klingen gebracht. Radioastronomen belauschen den gar nicht so stillen Kosmos: ferne Galaxien senden exotische Melodien zu uns, Pulsare pulsieren in eigenen Tonsystemen. Der ganze Kosmos singt, klingt, rauscht. Johannes Kepler hat die Klangharmonien mit den Planetenbahnrelationen verglichen, Max Planck wurde zur Quantentheorie durch Musik angeregt. Auch Halme, Wiesen, Äcker haben ihren jeweils eigenen Klang: Amerikanische, englische und israelische Wissenschaftler haben durch fotoakustische Spektroskopie jenen Augenblick hörbar gemacht, in dem aus einer Rosenknospe die Blüte bricht. Das Klangbild glich anschwellenden Akkorden und erinnerte an die Musik von Bach und Händel.

Nach dem Resonanzgesetz neigen Schwingungen zur Synchronizität. Gehirnwellenmessungen ergaben bei den Zuhörern charismatischer Redner nach einer gewissen Zeit eine Schwingungsharmonie, die bei nicht charismatischen Vortragenden fehlt.[66]

Doch kehren wir noch einmal zu unserer mangelnden Vorstelllungskraft zurück und betrachten wir das Atom: Es besteht ganz überwiegend aus Leere. Ein Atom mit dem Durchmesser des Empire State Building besitzt einen Kern in der Größe eines Salzkorns; pressen wir die Atome von uns Menschen auf das zusammen, was tatsächlich Materie ist, reduzieren wir also die Distanz zwischen den Kernen und Elektronen auf Null, so wären wir selbst auf die Größe eines Atoms zusammengeschrumpft.

Materie kann in Energie zerstrahlen, und aus reiner Energie kann Materie entstehen – woraus besteht dann die Welt, woraus bestehen wir? Der amerikanische Psychologe George Leonhard gibt uns die Antwort: „Woraus also besteht der Körper? Er besteht aus Leere und Rhythmus. Im Innersten des Körpers, im Herzen der Welt, gibt es keine feste Materie: Es gibt nur den Tanz.“[67]

„Um zur Leere der Atomtheorie eine Parallele zu finden . . ., müssen wir uns den Überlieferungen eines Buddha und eines Lao-tse zuwenden“, erkannte Niels Bohr. Denn Laotse sagte: „Was das Rad erst zu einem Rad macht, ist die Leere zwischen den Speichen“, und Zen-Weise haben das Motto „Materie ist Leere“ entwickelt. Buddha sprach: „Form ist Leere, und Leere ist Form. Leere unterscheidet sich nicht von Form, Form unterscheidet sich nicht von Leere. Was Form ist, das ist Leere, was Leere ist, das ist Form.“ – In Analogie hat Buddha diesen Satz polar und symmetrisch aufgebaut . . . Der Begriff der Leere im Buddhismus (Sanskrit: „shunyata“) bedeutet also, daß alle Dinge aus ihrer Natur heraus ohne dauerhafte, selbständige Substanz sind, Leere durchdringt alles. Natürlich existieren alle Dinge, aber nur als Erscheinungsformen, vordergründig. Die Leere ist in Worten nicht beschreibbar, ihr Erfassen durch Weisheit oder durch direkte Intuition ist Ziel des Meditierens.

Kein Wunder, daß der Begriff und die Ziffer der Null nicht dem abendländischen, sondern dem indischen Denken entsprang und erst über Arabien den Weg nach Europa fand. Erst die Null hat die moderne Mathematik, Physik und Technik ermöglicht . . . (Die Mathematiker der Maya haben übrigens ebenfalls vor den Europäern mit „Null“ gerechnet.)[68]

Im *Taoismus* wird die Leere vom kosmischen Geist durchdrungen, vom *Ch'i.* Das Ch'i durchdringt auch alle Dinge und Wesen, es ist identisch mit der kosmischen Schöpferkraft. Es kann als individuelle Lebenskraft vom Menschen durch Training gestärkt werden, vor allem durch Atemtechniken. Es konzentriert sich unterhalb des Nabels und bildet dort *Hara,* die Mitte des Menschen. Die Haltung des östlichen Menschen ist Hara-konzentriert, er ruht in sich. Die Mitte des westlichen

Menschen hingegen ist durch dessen Haltung „nach oben gerutscht", dadurch kommen der kopflastige westliche Mensch und seine Welt aus dem Gleichgewicht, versucht der Zen-Meister Karlfried Graf Dürckheim eine Diagnose der Mißlichkeiten des Westens.[69] Eine stilisierte Form, das Ch'i zu trainieren, ist *T'ai Ch'i,* die ritualisierte Kampftechnik des „Schattenboxens".

Niels Bohr hat im Ch'i ein Äquivalent zum Quantenfeld gesehen, er nahm nach seiner Rückkehr nach Kopenhagen das Yin-Yang-Zeichen in sein Familienwappen auf.

Bevor wir auf unserer Reise endgültig ins Reich der Esoterik gelangen, wollen wir uns doch noch einmal einigen Forschungsergebnissen widmen, die – wie wir sehen werden – mit beiden Themenbereichen unmittelbar zusammenhängen.

Die Welt ist nicht aus Bausteinen gemacht, und seien sie noch so klein, erkennt die moderne Forschung. Grundelemente des Seins sind Form und Rhythmus, Leere und Schwingung, Klang . . .

Die Kosmologie vermutet heute Myriaden paralleler Universen, wie kleinere und größere Bläschen im Badeschaum, jedes mit anderen Naturgesetzen versehen, mit anderen Varianten der Existenz und des Lebens.

Die Schöpfung als Gischt, und wir als aufblitzende Fünkchen darin . . .

Selbst Zeitreisen erscheinen theoretisch möglich.

Angesichts dessen muß unser Vorstellungsvermögen kapitulieren . . .

Evolution und Leben

Die bahnbrechenden „Principia“ des englischen Naturforschers Isaac Newton konnten zunächst nur von einer Handvoll hochgebildeter Europäer verstanden werden. Doch schließlich erfaßten die Erkenntnisse die gesamte zivilisierte Welt. Die Evolutionstheorie stieß zunächst auf erbitterten Widerstand, inzwischen sind ihre Feinde eine zunehmend isolierte Minderheit.

Steven Weinberg

Als der österreichische Physiknobelpreisträger Erwin Schrödinger in seinem berühmten Essay „What is Life?“ definierte, ein „Stück Materie lebt, wenn es sich bewegt und fortwährend mit der Umwelt Stoffliches austauscht“, erhob sich unter den Biologen ein Sturm der Entrüstung: „Das tut doch jeder Wasserfall auch“, hieß es, und Schrödinger wurde bedeutet, er möge doch als Physiker bei seinem Leisten bleiben ...

Heute noch wird über die Abgrenzung zwischen belebter und unbelebter Materie diskutiert. Ein Grenz- und Streitfall sind die Viren: Sie können sich nicht eigenständig weiterentwickeln und vermehren, sie brauchen einen Wirtsorganismus. Für viele stellen Viren daher gar nicht Lebewesen im eigentlichen Sinn dar. Andere meinen, Eigenständigkeit sei gar nicht notwendig, Leben sei einfach Materie plus Information, und auch Viren erfüllten diese Bedingung.

Und heute noch zählen Ursprung und Entwicklung des Lebens zu den großen Menschheitsrätseln. Noch bis weit in das 17. Jahrhundert hinein glaubte man an eine *Urzeugung* aus Abfallstoffen: Maden entstünden aus faulendem Fleisch, Insekten, Frösche und Fische beispielsweise aus Schlamm oder Lumpen (diese Vorstellung geht bis auf Aristoteles zurück). Erst im 19. Jahrhundert fand man die Zellen als die kleinsten Einheiten des Lebendigen. Doch damit ging der Streit erst richtig los.

Während *Mechanisten* meinen, das Leben ließe sich durch komplexe physikalische und chemische Reaktionen erklären, beharren *Vitalisten* darauf, daß es dazu noch einer zielgerichteten (teleologischen) Konstante, einer Lebenskraft bedarf. Selbst am Ende des 20. Jahrhunderts tobt in den USA ein wilder Kampf zwischen den Vertretern der *Evolutionstheorie* (das Leben hat sich nach seiner Entstehung stufenweise weiterentwickelt) und den *Kreationisten* (alle Wesen wurden durch einen schöpferischen Akt geschaffen, entsprechend den biblischen Berichten).

Zu Beginn der fünfziger Jahre konstruierten die Chemiker Stanley Miller und Harold Urey von der Universität Chicago in einem Glaskolben ihren legendären *Urozean* aus brodelndem Wasser und darüber eine *Uratmosphäre* aus Methan, Ammoniak, Wasserstoff und Wasserdampf, durch die sie Blitze zucken ließen. Sie simulierten damit die von ihnen vermutete Situation und die chemisch-physikalischen Prozesse der urzeitlichen Erde. Nach einigen Tagen stellten sie fest, daß in dem Gebräu organische Bestandteile, etliche Aminosäuren und auch Proteine, entstanden waren.

Damit waren theoretische Prognosen des britischen Physiologen John S. Haldane und des russischen Biochemikers Alexander S. Oparin bestätigt, die in den zwanziger Jahren angenommen hatten, Leben hätte aus einer *Ursuppe* gleichsam automatisch entstehen müssen. Das Chicagoer Experiment wurde immer wieder in verschiedenen Varianten wiederholt und zeitigte stets analoge Ergebnisse. In der heutigen sauerstoffreichen Atmosphäre könnte Leben nicht neu entstehen, denn Sauerstoff entzieht anderen Substanzen Wasserstoff und behindert damit jene Reaktionen, bei denen sich aus einfachen organischen Molekülen komplexe entwickeln. Der Sauerstoffreichtum unserer gegenwärtigen Atmosphäre ist erst eine Folge des Lebens, das ihn in Jahrmillionen mittels der Photosynthese produziert hat.

So faszinierend diese ersten Forschungsergebnisse auch waren, danach ging es langsamer voran. Es gelang bis jetzt noch nicht, den Schritt von organischen Molekülen und einfachen Säuren zu selbstreproduzierenden Nukleinsäuren, die die Basis der genetischen Information bilden (DNS und RNS), nachzuvollziehen.

Der britische Astronom Fred Hoyle – er ist uns im vorigen Kapitel mit seiner kosmologischen Theorie begegnet – meinte, die spontane Entstehung von Zellen aus Molekülen sei etwa so wahrscheinlich wie der „zufällige Zusammenbau eines Jumbo-Jet aus dessen Einzelteilen auf einem Schrottplatz, wenn ein Wirbelwind darüber hinwegfegt".[70] Und der französische Nobelpreisträger Jacques Monod erklärte gar, es sei sinnlos, nach Gesetzen der Lebensentstehung zu suchen, denn das Leben sei völlig unwahrscheinlich, ein „einzigartiger Betriebsunfall im Universum".[71]

Fred Hoyle verlegte (ebenso wie Francis Crick, der gemeinsam mit James Watson die DNS decodierte) den Ursprung des Lebens gar in den Weltraum, weil auch im All organische Substanzen nachgewiesen werden konnten (damit wird allerdings die Frage der Lebensentstehung nicht gelöst, sondern nur verschoben). Auch die Tiefsee wird mitunter als Ort des Mysteriums aller Mysterien, wie ihn Charles Darwin nannte, angenommen, wo dem Ozeanboden in Schloten schwefel- und mineralstoffreiches heißes Wasser entweicht. „Das Leben entstand in einer Art Hölle und versucht seither, ins Paradies zu kommen", stellt der Münchner Chemiker Günter Wächtershäuser halb scherzhaft, halb ernst fest.[72]

Obwohl die Wissenschaft das Auftreten des Lebendigen noch nicht aufklären konnte, ist sie überwiegend doch der Ansicht, es handle sich dabei um ein „spannendes Puzzle, dessen fehlende Teile Chemiker, Biochemiker und Molekularbiologen in enger Zusammenarbeit durch immer raffiniertere Experimente sicherlich mit der Zeit aufspüren werden".[73]

Man folgt dabei weiterhin im Prinzip dem Haldane-Urey-Modell der *Selbstorganisation.* Nach dem deutschen Chemienobelpreisträger Manfred Eigen (der jahrelang mit dem Wiener Chemiker Peter Schuster zusammenarbeitete) ist Leben „eine der Materie inhärente Eigenschaft".[74] Moleküle „kooperieren" bei ihrer Vermehrung und optimieren ihre Eigenschaften in einem sogenannten *Hyperzyklus,* einem nichtlinearen System (das ist ein System, das mehr ist als nur die Summe seiner Teile). In diesem Prozeß kommt es immer wieder zu Abweichungen, die Vielfalt erzeugen.

Die Erforschung selbststeuernder Systeme ist vor allem mit den Namen Hermann Haken und Iliya Prigogine verbunden. Hakens Lehre von der *Synergetik* untersucht die Entstehung von Strukturen und Mustern aus dem *Chaos*. Prigogines *Dissipative Strukturen* („dissipieren“ = „zerstreuen“, „verwandeln“) sind offene Systeme, also solche, die mit ihrer Umgebung in einem ständigen Materie- und Energieaustausch stehen, so daß ein Gleichgewichtszustand vermieden wird. Die innere Dynamik solcher Strukturen und Systeme verhindert Unordnung, *Entropie*, sie verwandelt (dissipiert) Unordnung in Ordnung. Das Leben ist ein typisches Beispiel, das sich durch dissipative Strukturen ständig zu höherer Ordnung hin entwickelte. In geschlossenen Systemen, bei denen es keinen Materie-, Energie- und Informationsaustausch mit der Umwelt gibt, kann sich Unordnung hingegen nicht in Ordnung verwandeln: Es ist nicht anzunehmen, daß sich aus einer zerbrochenen Glasscheibe durch Schütteln der Bruchstücke wieder eine Glasscheibe, also eine Struktur höherer Ordnung, bildet.

Was hier so schrecklich theoretisch klingt, ist ein wesentlicher Ansatz für die gesamte *Selbstorganisation* des Lebens in den verschiedensten Formen: in seinen chemisch-physikalischen, aber auch in seinen sozialen, ökonomischen, kulturellen Organisations- und Entwicklungsformen. Nach den Gesetzen der Thermodynamik müßte das Universum eigentlich so lange in Richtung Unordnung – also Chaos, aber auch Gleichförmigkeit – voranschreiten, bis es eines Tages den Wärmetod stirbt. Die von Prigogine gefundenen Gesetze geben uns ein „optimistischeres Gesamtbild“. Sie erlauben es, „daß in einem solchen Universum Selbstorganisation auftreten kann, durch die Strukturen entstehen, von Planeten und Galaxien bis hin zu Zellen und Organismen“.[75] Alle diese genannten Systeme befinden sich in einem dynamischen Fließgleichgewicht, weil sie ständig Materie, Information und Energie umwandeln. Auch Lebewesen tun dies. Erst wenn der Nahrungsfluß abreißt, gehen sie in einen „echten“, weil statischen Gleichgewichtszustand über: in den Tod. – Prigogine erhielt für seine Arbeiten den Nobelpreis.

Würde der Materie die Eigenschaft der Selbstorganisation nicht innewohnen, der so kurze Zeitraum des Bestehens der Erde hätte kaum ausgereicht, das Leben zu entwickeln.

Lebende Systeme erneuern sich ständig und behalten trotz dauernder Unruhe und Fluktuation (meist aufgrund von Rückkopplungen) ihre Systemstruktur. Ist die Fluktuation jedoch zu stark, so wird das System mit der Zeit instabil, und es bedarf nur eines relativ geringen Anstoßes, um es aus dem alten Gleichgewichtszustand in einen neuen zu bringen. Diese Phase heißt *Bifurkations-* oder *Entscheidungs*phase („Bifurkation" = „Gabelung in zwei Äste"). Hier entscheidet sich, welchen Weg das System weiter nimmt, in welchen neuen Gleichgewichtszustand es kommt. Solche Übergänge sind etwa die Verwandlung von Eis in Wasser, von Wasser in Wasserdampf, einer Organzelle in eine Krebszelle oder auch das Umschlagen von Angst in Aggression.

Im Verlauf der Evolution des Lebens ist es immer wieder zu entscheidenden Bifurkationen, Phasenübergängen, gekommen, so daß sich ein ganzer Bifurkationsstammbaum herausgebildet hat: Einzeller – Mehrzeller – Weichtiere – Fische – Amphibien – Reptilien – Säugetier – Mensch . . . In der embryonalen Entwicklung des Menschen finden sich die bisherigen Bifurkationsschritte selbstähnlich wieder, in einer Art „Gedächtnis des Systems" Mensch.[76] So entsteht ständig aus Chaos Ordnung und umgekehrt. Die Gesetzmäßigkeiten dieses Wechselspiels werden von der Chaostheorie analysiert und beschrieben.[77]

Sind Systeme zu stabil, so erstarren sie und sind weniger imstande, sich zu behaupten; sind sie zu chaotisch, so gilt dies ebenso. Ein Herz, das immer im selben Rhythmus schlägt – immer mit der gleichen Regelmäßigkeit, in unveränderter Frequenz –, ist ebenso krank wie ein Herz, das chaotisch schlägt („Herzflimmern"). Am besten sind einige Unregelmäßigkeiten, die die Stabilität in Summe steigern.

All diese Konzepte ähneln frappierend David Bohms bereits erwähnter These von der *impliziten Ordnung:* Das Leben ist in der Materie schon „eingefaltet", eingewickelt, die Materie besitzt schon eine modellierende Information darüber, wie sich das Leben ent-wickeln wird.[78] Das Leben ähnelt auch holographischen Systemen, wenn in Miniteilen – den Zellkernen – bereits die Erbinformationen für das Gesamtsystem Lebewesen enthalten sind.

Wahrscheinlich war auch schon die Evolution der Arten, wie sie zunächst von Charles Darwin erkannt und beschrieben wurde, in den Ansätzen des Lebens impliziert:

- Das Leben ermöglicht durch seine Vermehrungsmechanismen eine ständige Verbreiterung der Variationen, dazu kommen Kopierfehler und Genänderungen (Mutationen).
- Jene Lebewesen, die ihrer Umgebung am ehesten entsprachen, hatten auch die besten Vermehrungschancen: weil ihre Wahrscheinlichkeit, in ihrer Umwelt zu überleben, sich fortzupflanzen und ihre Eigenschaften an die nächste Generation weiterzugeben, am größten war (und ist).

Natürlich gab es auch immer wieder ungeheure „Zufälle" (?), die die Gesamtentwicklung des Lebens beeinflußten. Hätte es etwa vor rund 65 Millionen Jahren keine kosmische Katastrophe gegeben, die zum Aussterben der Saurier beitrug, würden diese Giganten möglicherweise auch heute noch die Erde beherrschen, so wie hundert Millionen Jahre zuvor, als die Säugetiere neben ihnen kaum eine Entwicklungschance besaßen.

So verdankt das Leben seine Existenz dem Pendelspiel zwischen *Zufall* und *Notwendigkeit*, dem Gesetz und der „größten Lotterie aller Zeiten".[79]

Wir alle sind die erstaunliche Verwirklichung des Unwahrscheinlichen, denn wenn man die auf der Erde herrschenden Verhältnisse, etwa der Temperatur, auch nur um wenige Prozente veränderte, hätte es uns in dieser Form nicht gegeben.

Und ebenso staunend stellen wir fest, daß jeder von uns indirekt rund dreieinhalb Milliarden Jahre Entwicklungsgeschichte des Lebendigen in sich trägt . . .

Kein Wunder, daß einer der Schöpfer der Theorie der Selbstorganisation, John S. Haldane, bemerkte, die Natur sei „noch viel merkwürdiger, als wir uns vorstellen können" . . .

Den modernen Wissenschaften ist die Entstehung des Lebens bis heute ein Rätsel geblieben.
Wir verdanken unsere Existenz einem ständigen Pendeln zwischen Ordnung und Chaos, zwischen Zufall und Notwendigkeit.

Wenn *wir* möglich sind – ist dann nicht *alles* möglich?

Ob es einen (göttlichen) Bauplan der Welt gibt, ein Ziel, einen Sinn der Schöpfung und des Lebens, wissen wir nicht mit Sicherheit – wir können nur vermuten, spekulieren, spüren . . .

Besitzen Sie ein Bild von „Gott“? Wenn ja: warum; wie sieht es aus und aus welchen Gründen?

Worin sehen Sie den Sinn Ihres Lebens? Hinterläßt diese Ihre Sinnvorstellung Spuren in Ihrem Denken und Handeln?

Gehirn, Bewußtsein und Zeit

Unsere Vorstellung von uns selbst

Wenn das menschliche Gehirn so simpel wäre,
daß wir es verstehen könnten,
wären wir so simpel,
daß wir es nicht könnten.

Emerson Pugh

Die Wissenschaft schreitet voran, und, so der Bewußtseinsforscher John Horgan, „Das größte Geheimnis der Biologie – das menschliche Gehirn – gibt allmählich seine feinsten Strukturen und Funktionen preis. Immer subtilere Untersuchungswerkzeuge dringen in seine tiefsten Winkel vor: Mikroelektroden registrieren das Feuern einzelner Neuronen, ein Arsenal von Nachweisverfahren identifiziert die Moleküle, die sie verwenden, und Tomographen zeichnen ein Bild der corticalen Symphonie, die etwa der Anblick des Gemäldes Mona Lisa von Leonardo da Vinci, ein Kuß oder der Geruch von Grillwürstchen auslöst."[80]

Die neunziger Jahre wurden zum „Jahrzehnt des Gehirns" ausgerufen. Ganze Heerscharen von Biologen, Physikern, Chemikern, Elektrotechnikern, Psychologen, Philosophen, Medizinern, Mathematikern, Kybernetikern und Computerwissenschaftlern stürzen sich auf unser Denkorgan. Eine solche interdisziplinäre Truppe hat noch kaum ein Forschungsobjekt mobilisieren können.

Neugierig studieren wir aber nicht nur uns selbst, sondern so ziemlich alles, was Nervenzellen besitzt, vor allem auch unsere nächsten Verwandten, die Menschenaffen.

Stammesgeschichtlich ist das Gehirn ein sehr junges Organ: Rund dreieinhalb Milliarden Jahre alt ist das Leben auf unserem Planeten; vor etwas mehr als 400 Millionen Jahren traten die ersten Ansätze einer Gehirnentwicklung auf. Vor etwa zweieinhalb Millionen Jahren begann eine rasante Vergrößerung des Hirnvolumens der Hominiden (Menschenartigen): Klimaschwankungen, die Entwicklung des aufrechten Ganges, der Sprachfähigkeit, des Werkzeugegebrauches und sozialer Kompetenzen dürften daran – in einander gegenseitig aufschaukelnden Prozessen – beteiligt gewesen sein.[81]

Experimente ergaben, daß auch Tiere zu Intelligenzleistungen fähig sind und eine Art von Selbstbewußtheit besitzen müssen. Die Herstellung und der Gebrauch von Werkzeugen wurden schon bei Krähen beobachtet, Schimpansen können ein Sprachverständnis erlernen, das dem eines zweijährigen Menschenkindes entspricht.[82] Sie erkennen sich und einander auch im Spiegel.[83] Das Verständigungssystem von Delphinen ist längst nicht vollständig ergründet und läßt die Forschung immer wieder staunen.

Aber zurück zu unserer Spezies – in der sich die Evolution offenbar ihrer selbst bewußt wird, die ihrer eigenen Spur folgt, um ihre Herkunft, ihren Sinn, ihr Schicksal und ihr Funktionieren zu entschlüsseln.

Der amerikanische Neurobiologe Karl H. Pribram nimmt an, daß das menschliche Gehirn einem Hologramm entspricht: Die von außen wahrgenommenen Informationen, also Frequenzen, überlappen sich gegenseitig und werden in verschiedenen Regionen des Gehirns verteilt gespeichert, aber auch ständig verknüpft und neu berechnet. Diese in Wellenform auf uns zuströmenden Informationen verarbeiten wir in (mathematischen) Berechnungen und Rückkoppelungsprozessen zu Objekten, Farben, Klängen, Gerüchen etc. Ort dieser Berechnungen sind *neuronale Netze,* vielfältige (und sich pausenlos ändernde) Netzwerke von Nervenzellen, die über etliche Regionen des Gehirns verbreitet sind und deren Verknüpfungen wechseln. Dabei gibt es auch Hierarchien dieser Netzwerke.

Christof Koch, einer der Mitarbeiter von Francis Crick (dem Decodierer der DNS, der sich jetzt der Bewußtseinsforschung widmet), vergleicht das Gehirn mit einem „Weihnachtsbaum, an dem Milliarden Lichter scheinbar zufällig flackern".[84] Diese im Gehirn ablaufenden Prozesse sind überwiegend geordnet, aber teilweise auch chaotisch, sie konstruieren in einer (unscharfen) *Fuzzy-Logik* das, was uns schließlich als „Wirklichkeit" erscheint. Die Chaostheorie hat mittlerweile auch in der Hirn- und Bewußtseinsforschung triumphal Einzug gehalten.

Die Auffassung des Gehirns als Hologramm würde auch erklären, warum Erinnerungsfetzen nicht in einem einzigen Gedächtniszentrum gespeichert, sondern in Elemente zerlegt und in verschiedenen Regionen abgelegt sind. Sie wäre auch eine stimmige Hypothese, um das Phänomen einseitiger Begabungen, aber auch hervorragender Teilleistungen von Menschen zu erklären, die einen unterdurchschnittlichen Intelligenzquotienten besitzen. (Die erstaunliche Gedächtnis- und Zahlenbegabung eines Autisten hat Dustin Hoffman eindrucksvoll im Film „Rainman" dargestellt.)

Zehn Billionen Nerveneinheiten machen das Neuronengeflecht aus – und diese zehn Billionen Neuronen sind mehrdimensional. Ihre teilweise ständig wechselnden Verbindungen werden an einer Million Billionen (!) Schaltstellen geschaffen. Daraus ergeben sich unzählige Möglichkeiten von Kombinationen oder von Varianten, welchen Weg neuronale Reize, Informationen, Gedanken nehmen können. Innerhalb der Bewußtseinswissenschaften hat sich ein ganzer Forschungszweig etabliert, der die Verbindungsvarianten der neuronalen Netze untersucht: der *Konnektionismus*.

Unser Gehirn, unsere Gedanken arbeiten ständig, nur ein ziemlich kleiner Teil dieser Arbeit ist uns bewußt. Ein großer Teil verläuft unbewußt, anderes ist automatisiert (denken wir nur daran, wie Menschen, wenn sie aus irgendeinem Grunde gelähmt waren, mühsam und Schritt für Schritt auch die kleinsten und einfachsten Bewegungsabläufe wieder erlernen müssen).

Bei dieser gigantischen Zahl von Neuronen, Schaltstellen und Kombinationsmöglichkeiten verwundert es nicht, wenn „Denkprozesse weniger geordnet ablaufen, als wir glauben möchten ... Wenn keine äußeren Reize vorhanden sind, die unsere Aufmerksamkeit in Anspruch nehme ..., schweifen unsere Gedanken ab. Anstelle einer angenehmen, logischen Aneinanderreihung von mentalen Erlebnissen tauchen plötzlich völlig unzusammenhängende Ideen wie aus dem Nichts empor; sogar wenn wir uns bemühen, unsere Gedanken wieder zu ordnen und in einen logischen Zusammenhang zu setzen, gelingt uns das höchstens ein paar Minuten lang“, meint der Psychologe und Glücksforscher Mihaly Csikszentmihaly von der Universität Chicago.[85]

Diese ständig flutenden Gedankenkaskaden zum Stillstand zu bringen ist vorrangiges Ziel jeder meditativen Technik. Erst wenn der Geist beruhigt wird, sind höhere, andere Bewußtseinszustände oder mystische Erlebnisse und/oder Erkenntnisse möglich.

Bis heute ist die Frage, wie das komplexeste aller unserer Organe, das Gehirn, funktioniert, im wesentlichen unbeantwortet. Damit bleibt auch das Rätsel, was denn Bewußtsein letztlich ist und wie wir es erklären könnten, ungelöst. Selbst der Forschungsoptimist Francis Crick, der überzeugt ist, wir würden alle Welträtsel mit wissenschaftlichen Methoden entschlüsseln, wenn wir nur genug Zeit hätten, konzediert, es sei „unmöglich, das Wesen eines subjektiven Erlebnisses exakt in Worte zu fassen“.[86] Wir können in Kommunikation mit anderen unser Erleben annähernd beschreiben und zu Begriffsbildungen und Übereinkünften kommen, aber das subjektive Erleben selbst bleibt eben an demjenigen, der er-lebt – an das Subjekt –, gebunden, der nur er selbst ist und niemand anderer.

Erleben ist individuell. Wir können zwar gemeinsam über Sinneseindrücke und Gehörtes, über Kompositionstechniken, Notenanordnungen und dergleichen mit anderen sprechen; aber jeder „er-lebt" die Sinfonie im Konzertsaal nur für und in sich. Das mag zwar trivial erscheinen, wird aber in der Erkenntnistheorie immer noch diskutiert.

Ungeklärt bleibt auch, wie sich der einzelne als Ich erlebt, wie er sich erkennt und sich seiner selbst bewußt wird. Wir sind in uns selbst als Wesen, als Person repräsentiert; das Gehirn als Teil von uns besitzt ein Bild von uns gleichsam in sich. Auf die logischen Schwierigkeiten, die damit verbunden sind, hat der Molekularbiologe Alfred Gierer hingewiesen, denn es ist „die Selbstrepräsentation zwangsläufig unvollständig und anfällig gegen Widersprüche: unvollständig deshalb, weil das Gehirn ebensowenig wie irgendeine andere materielle Struktur ein vollständiges Bild seiner selbst enthalten kann. Das vollständige Bild müßte das Bild im Bild und deshalb auch das Bild im Bild im Bild einschließen ... und eine solche Verschachtelung ist nicht unbegrenzt möglich, sie scheitert spätestens an der atomaren Struktur der Materie."[87] – Einer, der oft und oft ein „Bild im Bild im Bild ..." gemalt hat, war der Surrealist Edgar Ende. So ein „Bild im Bild im Bild" ist natürlich eine „unendliche Geschichte", letztere hat Michael Ende geschrieben, der Sohn Edgar Endes ...

Natürlich hat die Hirnforschung in den letzten Jahren bedeutende Fortschritte gemacht. Man entdeckte beispielsweise, daß die beiden Gehirnhälften unterschiedliche Schwerpunkte besitzen: In der rechten Gehirnhälfte ist vornehmlich das ganzheitliche und emotionelle Denken und Erkennen beheimatet, in der linken eher das rationale und logisch-analytische. Tests und Experimente ergaben außerdem, daß auch die Hormonstruktur die Denkweise beeinflußt. Ebenso gibt es geschlechtsspezifische Unterschiede: Männer verfügen im allgemeinen über ein besseres räumliches Vorstellungsvermögen und logisch-mathematische sowie motorische Fertigkeiten, Frauen nehmen dagegen schneller wahr, erinnern sich besser, sind verbal gewandter, manuell präziser und rechnen rascher.[88]

Ob man den Rätseln „Gehirn", „Seele", „Geist" und „Bewußtsein" jemals auf die Spur kommen wird? An dieser Frage scheiden sich die Geister. Der Medizinnobelpreisträger Gerry Edelman ist einer der Herolde der Fraktion, die diese Frage bejaht, und er baut unermüdlich „Bewußtseinsmaschinen", um letztlich einmal einen „Golem des Geistes" zu (er)schaffen.[89] Tatsächlich hat die Computerwissenschaft auf der Suche nach *Künstlicher Intelligenz* (KI oder Artificial Intelligence, AI) beachtliche Ergebnisse erzielt, etwa wenn völlig identisch gebaute Roboter in identischen Experimentalsituationen individuelles Verhalten zeigen. Gurus der KI wie etwa Marvin Minsky sind überzeugt, daß technische Gehirnstrukturen, die biologischen Hirnstrukturen 1:1 nachgebaut sind, letztlich auch ein analoges Bewußtsein besitzen müssen.[90] Leben und auch Bewußtsein stellen für die KI-Jünger Software dar, die mit verschiedenen Sorten von Hardware funktioniert, ob diese nun technisch oder biologisch konstruiert ist.[91]

Daß wir dem Phänomen des Geistes und des Bewußtseins niemals auf die Spur kommen werden, meinen hingegen Skeptiker wie Joseph Weizenbaum[92] oder Hans Jonas: „Selbst wenn alle Hirnfunktionen beim Menschen vollständig verstanden wären, bliebe es unmöglich, Bewußtsein technisch zu erzeugen."[93] Ihrer Meinung nach sind wir von der Erkenntnis der geistigen Phänomene so weit entfernt wie Affen von der Quantentheorie. Zur Begründung der prinzipiellen Unmöglichkeit solchen Erkennens führen sie unter anderem Gödels Theorem an.

Auf einen ganz anderen, nicht minder bedeutsamen (ja unmittelbar sogar viel wichtigeren) Fragenkreis haben Konrad Lorenz und Rupert Riedl hingewiesen, die die Systemtheorie Ludwig von Bertalanffys auf die Biologie angewandt und zur *Evolutionären Erkenntnistheorie* kombiniert haben: Unser Erkenntnisapparat beruht auf einem Stammbaum, dessen Wurzeln Hunderte Millionen Jahre zurückreichen. Wir ererbten also ein Instrumentarium, das die gesamte Lebensevolution Zeit gehabt hatte, sich zu entwickeln, sich auf das wechselnde Umfeld einzustellen – sozusagen im Zeitlupentempo, über Hunderte Millionen von Generationen hinweg. Das Gehirn der Spezies „Homo sapiens“ hat sich seit rund 50.000 Jahren kaum verändert.

Wir laufen mit Erkennens-, Instinkt- und Verhaltensmechanismen herum, die mehr als nur einfach uralt sind. Wir und unsere „Betriebsanleitung“ sind demnach für eine Welt, für ein materielles und soziales Umfeld konzipiert, das es längst nicht mehr gibt – kein Wunder, wenn sich überall die Folgen davon zeigen, daß wir offenbar nicht mehr „richtig funktionieren“ . . .

Wir sind also hoffnungslos veraltet, denn unser Erkenntnisapparat „liefert uns Interpretationshilfen, die für die Lösung der Lebensprobleme des Säugetiers, des Raubaffen, spätestens des Frühmenschen, adaptiert wurden“.[94]

Nun mag ja die „Strategie“, im anderen stets auch den potentiellen Rivalen oder Futterkonkurrenten zu sehen, während der Artenevolution und der Morgenröte der Menschheitsgeschichte ein akzeptables Überlebenskonzept gewesen sein, heute hingegen wirkt es atavistisch und überlebensgefährdend. Vielleicht haben wir so viele unserer Lebensbereiche zu Dschungeln gemacht, weil wir genetisch gar nicht anders können: eine Erklärung, aber noch kein Ausweg.

Unsere Lage (siehe dazu das Einleitungskapitel über das Unbehagen in Kultur und Zivilisation) verschärft sich vor allem aufgrund der ungeheuren Geschwindigkeit, mit der wir durchs Leben rasen. Der Geschwindigkeitszuwachs erfolgt nicht linear, sondern exponentiell. Indem wir noch weiter beschleunigen, daß uns buchstäblich Hören und Sehen vergeht, rauben wir uns selbst jede Chance, rasch und rechtzeitig genug auf das zu reagieren, was immer ungestümer auf uns zukommt.

Damit sitzen wir in einer doppelten Falle: Die biologische Evolution, an Zeitlupe gewohnt, kann ihre Geschöpfe nicht an Situationen adaptieren, die im Zeitraffer auf sie zukommen. Und wir selbst haben mit unserem vorsintflutlichen Erkenntnisapparat nicht die Zeit, uns an Veränderungen anzupassen, bevor die nächsten eintreten.

Beides hat etwas mit Zeit zu tun.

Ein jegliches hat seine Zeit . . .

Das Leben, die Schöpfung geht jetzt aus Ihnen hervor.
Suchen Sie die Schöpfung des Universums nicht
in einem zeitlich weit hinter uns liegenden Punkt.
Die Schöpfung des Universums findet
in diesem gegenwärtigen Zeitpunkt statt.
Da beginnt die ganze Geschichte!
Und von da aus zieht sie sich in die Ferne,
um schließlich zu verschwinden.

Alan Watts

„Die Idee der Zeit und der Zeitlosigkeit steht für eines der wirklich großen Geheimnisse der Natur", alle Erörterungen sind „lediglich neue Kratzer an der Oberfläche des Phänomens Zeit".[95]

So viele Menschen existieren, so viele Vorstellungen von der Zeit gibt es.

Die alten Inder dachten, die Zeit sei für das reale Leben des Menschen zwar gegeben, aber angesichts der Unendlichkeit der Schöpfung letztlich bedeutungslos. Ein Augenblinzeln Wischnus schafft ein Weltall und läßt es kurz danach wieder verschwinden. Wischnu träumt die Zeit. Die Welt ist zyklisch, end- und zeitlos.

Auch das alte China hielt die Zeit für eine Illusion. Aber im Gegensatz zu den Indern hatten die Chinesen nicht das Ziel, ins Nirwana einzugehen, sondern in Harmonie mit der Natur und ihren Mitmenschen zu leben.

Die von Zarathustra begründete Religion der Parsen erklärte die Zeit zum Gott. Zarathustras *Mythos der ewigen Wiederkehr* wurde von Friedrich Nietzsche neuerlich entdeckt – trotz Rhythmik bleibt aber seine Sehnsucht nach einer nicht pulsierenden, sondern gleichförmig fließenden, endlosen Zeit, denn „. . . alle Lust will Ewigkeit, will tiefe, tiefe Ewigkeit . . ."

Das mythische Ziel auch der altägyptischen Religion und Kultur heißt Ewigkeit. Die Pharaonenbauten sollten die Zeit gar das Fürchten lehren.

Der jüdische Mythos sieht die Zeit nicht zyklisch, sondern linear, mit einem Anfangs- und Endpunkt. Im Bündnis mit dem

Volk Israel verheißt ihm Gott das Heil, wenn es sich wohlverhält. Das Christentum übernahm diese Vorstellung: Mit dem Erscheinen Christi, des Erlösers, ist „die Zeit erfüllt". Seine Wiederkehr geschieht am Ende der Zeiten.

Die alten Griechen hingen überwiegend dem zyklischen Zeitmodell an. Ihr philosophischer Disput drehte sich um die Frage, ob die Zeit als solche Realität oder Illusion sei: Heraklit hielt die Zeit und das Werden für wirklich, Parmenides und Zenon erklärten beides zur Täuschung.

Wenn ihn niemand danach fragt, wisse er, was die Zeit ist, sagte Augustinus, wenn er sie aber einem Fragenden erklären soll, wisse er es nicht . . .

In nahezu allen Kulturen der Welt findet sich eine sehnsuchtsvolle, mythische Erinnerung an ein vor-zeitliches, zeit-loses goldenes Zeitalter, die sich durch die Zeiten fortsetzt, von den babylonischen Epen über die Bibel bis zu König Arthurs Avalon oder zum „Verlorenen Paradies" Miltons. Selbst in George Lucas' und Steven Spielbergs Trilogie „Krieg der Sterne" ist von mythischen, glücklichen Vor-Zeiten die Rede . . .

Aus der „Zeit vor der Zeit" stammen nach ihren Ursprungsmythen die australischen Aborigines – sie nennen sie „Traumzeit". Ihre Ahnen, nichtmaterielle Energiewesen, träumen die Menschen, die somit Gestalt annehmen. Alles, was lebt, hat seinen Traum, weil es aus Träumen geboren wurde. Zeit und Raum sind im Bewußtsein, sind Traum-Raum und Traum-Zeit. Die Aborigines besitzen gar keinen Begriff für „Zeit" in unserem Sinne.[96] Traum-Raum und Traum-Zeit schwingen rhythmisch. Die Grenzen ihrer Territorien stecken die Aborigines nicht mit Pfählen oder Zäunen ab, sondern durch Lieder („songlines"): dort, wo jemand gerade sein Lied singt, ist jetzt sein Land. Morgen, wenn dort ein anderer singt, gehört das Gebiet ihm.[97]

Ein Art Mischung zwischen linearen und zyklischen Zeitvorstellungen besitzen manche indianischen Völker: Nach den Hopi-Legenden leben wir in der vierten von sieben Welten oder Zeitaltern. Die erste Welt wurde durch Feuer zerstört, die zweite aufgrund eines Polsprungs durch Eis, die dritte (Kasskara und Atlantis) durch Krieg. Auch unsere gegenwärtige Welt wird durch einen umfassenden Krieg zugrunde gehen, der von einem der alten Völker seinen Ausgang nehmen wird.[98]

Leichte Melancholie angesichts des Rätsels „Zeit“ und der Vergänglichkeit schleicht sich in die Werke des großen persischen Wissenschaftlers und Dichters Omar Chayyam ein, etwa in folgendem Gedicht aus dem Rubajat:

> *Diese Lebenskarawane ist ein seltsamer Zug.*
> *Drum hasche die flüchtige Freude im Flug!*
> *Mach Dir um künftigen Gram keine Sorgen,*
> *Fülle das Glas, bald ruht wieder der Morgen!*

Dies erinnert an das Jesu-Gleichnis von den „Lilien auf dem Felde“ und an Horaz' „Carpe diem“.

Kant, der die Zeit für eine reine Anschauung hielt, machte auf Symmetrieunterschiede zwischen Raum und Zeit aufmerksam: Im Raum können wir uns symmetrisch bewegen, nach links und rechts, vorwärts und rückwärts, nach oben und unten. Das bleibt uns in der Zeit versagt: Wir sind im Jetzt eingebunden. Wir können weder in die Zukunft noch in die Vergangenheit.

Für Newton war die Zeit absolut.

Einstein hat die Zeit relativiert: Ihre Gleichförmigkeit trifft nur unter bestimmten Raum-Zeit-Bedingungen zu. Es gibt schneller und langsamer verlaufende Zeit, es gibt den Zeitstillstand – das, was wir uns unter absoluter Ewigkeit vorstellen ... Für den Physiker hat die „Scheidung zwischen Vergangenheit, Gegenwart und Zukunft nur die Bedeutung einer, wenn auch hartnäckigen, Illusion“, sagt Einstein.[99]

Nach David Bohms impliziter Ordnung ist auch die Zeit in unsere Existenz „eingefaltet“. Kombiniert mit den holographischen Eigenschaften des Seins, sind in der vieldimensionalen Realität nicht nur alle Teilchen oder „Raumpunkte“ miteinander verbunden, sondern auch alle „Zeitpunkte“ – *alles ist überall, und alles ist gleichzeitig.* Unsere Vorstellungen von Raum und Zeit sind für unser Dasein zwar nützliche Annäherungen an eine ent-faltete Wirklichkeit, aber sie sind nicht die höhere, letzte Realität. *Wir sind Teil des Ganzen, und weil das Ganze auch in uns ist, haben wir prinzipiell auch Zugang zum Ganzen, zu seinen*

Informationen. Dies wäre eine naturwissenschaftlich-physikalische Erklärung auch „mystischer“ oder „paranormaler“, weil aus anderen als aus unseren „normalen“ Dimensionen stammender Erfahrungen und Phänomene.

Einer der größten der modernen Physiker, Erwin Schrödinger, hat formuliert: „So unbegreiflich es der gemeinen Vernunft scheint: Du – und ebenso jedes andere bewußte Wesen für sich genommen – bist alles in allem. Darum ist dieses dein Leben, das du lebst, auch nicht ein Stück nur des Weltgeschehens, sondern in einem bestimmten Sinn das ganze . . .

Die äußere Welt und das Bewußtsein sind ein und dasselbe Ding“ . . . Dabei ist ihm klar, daß solche Mystik als unwissenschaftlich abgelehnt wird, weil die griechische Wissenschaft auf Objektivierung gegründet ist und damit das Verständnis für das „erkennende Subjekt, den Geist“ verhindert. Schrödinger weiter: „Ich glaube aber, daß hier genau der Punkt ist, in dem unsere gegenwärtige Art zu denken verbessert werden muß, vielleicht durch eine kleine Bluttransfusion von seiten östlichen Denkens.“[100]

Ein anschauliches Beispiel für das „Alles überall und gleichzeitig“ bringt Thorwald Dethlefsen: In einem Museum existieren viele Säle gleichzeitig, aber wir können sie nur nacheinander besuchen. Daraus dürfen wir jedoch nicht schließen, daß nur das existiert, was wir gerade vor uns sehen (erleben). Ähnlich sieht es mit einem Buch aus: Es besteht als Ganzes, ob wir es lesen oder nicht, aber wenn wir es lesen, müssen wir es Seite für Seite lesen. Dethlefsen schließt: „Wirklichkeit existiert unabhängig vom Zeitablauf, ähnlich wie unser Museum. Der Mensch kann sich diese Wirklichkeit jedoch nur entlang einer Zeitkoordinate anschauen und erleben. Daraus darf er jedoch nicht schließen, daß das, was er gerade wahrnimmt und erlebt, auch erst in diesem Augenblick entsteht. Die Wirklichkeit ist zeitlos und allgegenwärtig. Doch so können wir sie nicht wahrnehmen . . . zeitunabhängig existiert das nächste Jahr mit all seinen Ereignissen schon immer, wir müssen jedoch abwarten, bis wir es anschauen und wahrnehmen können.“[101]

Wenn wir schon (wieder) bei Paradoxem, schwer Vorstellbarem sind: Von der Möglichkeit der Umkehr des „Zeitpfeils" (der Richtung der Zeit), also des Rückwärtslaufens der Zeit, spricht Werner Heisenberg. Seine Feldgleichungen lösen sich außerdem auch in der Zukunft auf – man kann also ein Feld gleichsam beobachten, bevor es überhaupt da ist. Natürlich stößt die Zeitumkehr in unserer „Alltagsphysik" an ihre Grenzen: Aus einer Bouillabaisse werden kaum wieder die Fische des Meeres, ebensowenig ist wohl anzunehmen, daß aus einer Omelette durch Zeitumkehr je wieder Eier werden . . .

Zeitreisen durch *Wurmlöcher* im Kosmos werden derzeit wissenschaftlich ernsthaft diskutiert. (Siehe dazu unser Kapitel über die Kosmologie.) Stephen Hawking, der derartigen Konzepten zunächst skeptisch gegenüberstand, hat seinen Widerstand gegen diese (theoretische) Möglichkeit kürzlich aufgegeben.[102]

Der Mystiker erstrebt meditativ Ewigkeit, ein dauerndes Jetzt. Er spürt sein Bewußtsein mit dem des Kosmos verschmelzen und fühlt sich eins mit allem. Er kann durch meditative Techniken Raum und Zeit überwinden und mit anderen Welten kommunizieren. Die Zusammenhänge mit Außersinnlicher Wahrnehmung, Nah-Toderlebnissen, Reinkarnation u. dgl. sind offenkundig.

In modernen physikalischen Theorien und mystischen Erfahrungen begegnen einander somit neuerlich West und Ost, Wissenschaft und Intuition: Wenn wir in einem Universum des „ewigen Jetzt" leben, so leben wir „nicht *in* der Zeit, sondern die Zeit lebt *in uns*", sagt Lama Govinda[103], und der Philosoph Jean Gebser konstatiert, der Körper sei „erstarrte, geronnene, dichtgewordene, materialisierte Zeit", doch der „integrale Mensch" sei eigentlich „zeitfrei" . . .[104]

Daß Zeit nicht nur physikalisch relativ sein kann, sondern auch individuell, wissen wir aus unserem subjektiven Zeiterleben, wenn manchmal die Zeit „nicht vergeht" oder aber ein anderes Mal „verfliegt". Individuelle Zeit hängt auch mit Lebenstempo und biologischer Zeit zusammen. Kleine Säugetiere bewegen sich schneller, verbrennen ihre Energien rascher und leben auch kürzer. Herz-, Atemrhythmus und Stoffwechsel funktionieren mit höherer Frequenz. Ob aber ein „raschlebiges“ Tier oder eine Eintagsfliege das Leben subjektiv als ähnlich lang (oder kurz) empfindet wie wir, wissen wir nicht.

Wenn unser subjektives Zeiterleben unterschiedlich ist, so muß man dieses Erleben harmonisieren; wenn die Zeit nicht zyklisch wiederkehrt, sondern einen Anfang und ein Ende hat, so ist jeder Augenblick unwiederbringlich verloren; wenn wir keine Jenseitsvorstellung mehr besitzen und wenn jeder Augenblick verloren ist, so müssen wir in ihn hineinpressen, was wir in ihn nur verpacken können – denn dann erscheint uns das Leben „als letzte Gelegenheit“[105]; und wenn wir Geld zum höchsten Wert erkoren haben, so heißt es „Zeit ist Geld“, so wird Arbeitszeit Handelsware.

Eile gehört zum Fortschritt; aber Fortschritt kann auch ein Fort-Schreiten von sich selbst bedeuten.

Wie wir die Welt erleben und wie wir uns als Ich erleben,
bleibt letztlich subjektiv, ist nur beschränkt mitteilbar.
Nur ein Teil unseres Denkens ist uns bewußt,
und nur ein Teil läuft geordnet ab.
Geist, Seele und Bewußtsein bleiben rätselhaft.

Ebenso rätselhaft ist die Zeit.

Die Mystik lehrt: Alles ist eins, und alles ist jetzt.
Auch die Physik entwickelt sich in diese Richtung.

Sind Sie sich Ihres Ichs oder Jetzt immer bewußt?
Welche Vorstellung haben Sie von Ihrem Ich,
von Ihrem Selbst, von der Zeit?

Fließen diese Vorstellungen in Ihre Ziele ein, in Ihre Handlungen?

Wie oft fragen Sie sich:
„Wer bin ich?“ oder
„Was mache ich hier?“ (Bruce Chatwin)?
Nie?

Morphogenetische Felder

Durch die moderne Physik hat der Materialismus sich selbst transzendiert.
Karl R. Popper

Warum sieht eine Maus aus wie eine Maus? Die DNS ist zwar in jeder Zelle in identischer Kopie vorhanden, verleiht also jeder Zelle dieselbe Erbinformation, aber woher „wissen“ die einzelnen Zellen, was sie werden, zu welchem Körperteil sie gehören, welches Organ sie bilden sollen?

Der britische Biologe Rupert Sheldrake glaubt, die bisherigen mechanistischen, chemisch-physikalischen Deutungsversuche reichen nicht aus, um diese (und andere) Fragen schlüssig zu beantworten.

Sheldrake postuliert sogenannte *morphogenetische Felder* (griechisch „morphe“ = „Form“, „genese“ = „Entstehung“): Felder, die Form- und Gestaltgebung jedes Organismus beeinflussen und steuern. Wie elektromagnetische Felder sind sie unsichtbar, unseren fünf Sinnen nicht zugänglich. So, wie sie Organismen beeinflussen, werden sie selbst wieder durch diese verändert, sie machen also ebenfalls eine Entwicklung, eine Evolution durch.

Aus der Vergangenheit her „akkumulieren“ diese morphogenetischen Felder Form, Gestalt und Eigenschaften von Organismen, aber auch von anderen Atomen und Molekülen, beispielsweise von Kristallen.

Die Felder sind raumzeitlich unabhängig, wirken also auch über größte Distanzen hinweg, haben bisherige „Muster“ gleichsam „ererbt“ und beeinflussen die Zukunft. Sie bilden eine Art „Gedächtnis der Natur“ (so der Titel jenes Buches, in dem Sheldrake seine Theorie, die er schon vorher präsentiert hatte, ausbaute und verfeinerte).

Jeder Art – Hund, Katze, aber auch Mensch – ist ein eigenes morphogenetisches Feld zugeordnet, das sich parallel zur Evolution der Art mit-ent-wickelt und mitverändert. Wächst die Zahl der Mitglieder einer Art, so verstärkt sich das Feld, es wird

„durch Wiederholung intensiviert. Je öfter etwas Bestimmtes geschieht, desto öfter wird es passieren.“[106]

Nach Sheldrake sind „morphogenetische Felder“ für viele Phänomene verantwortlich, die wir bisher nicht erklären konnten:

- Pflanzen und einige Tierarten besitzen die Fähigkeit der Regeneration – aus Pflanzenteilen kann die ganze Pflanze nachwachsen, Körperteile von Tieren werden, wenn man sie entfernt, nachgebildet etc. (unsere morphogenetischen Felder scheinen diese angenehme Fähigkeit im Laufe der Evolution leider verloren zu haben).
- Die Lerngeschwindigkeit von Ratten beschleunigt sich bei gleicher experimenteller Anordnung und räumlich unabhängig von Generation zu Generation – bei Labyrinthversuchen benötigte die erste Generation 250 Anläufe, um zum Ziel zu kommen, die 22. Generation machte nur 25 Fehler. Bei einer Wiederaufnahme desselben Experiments startete die erste „neue“ Generation, die mit den Tieren der früheren Versuchsreihe nicht verwandt war, erstaunlicherweise bei durchschnittlich 25 Fehlern.
- Wir können „spüren“, wenn jemand, den wir nicht sehen, uns anschaut.
- Haustiere „spüren“, wenn sich ihre Besitzer weit entfernt aufmachen, um zu ihnen heimzukommen.
- Wir denken zufällig genau an den(die)jenige(n), der/die im nächsten Moment hereinkommt oder sich telefonisch bei uns meldet – auch wenn wir denjenigen/diejenige schon lange nicht gesehen oder an ihn/sie schon seit Ewigkeiten nicht mehr gedacht haben.
- Ideen liegen plötzlich „in der Luft“ – verschiedene Personen kommen nahezu gleichzeitig zu genau denselben wissenschaftlichen Erkenntnissen, obwohl sie miteinander keinen Kontakt haben und ihre Forschungen von völlig verschiedenen Ausgangspunkten begannen.
- Die Kristallisation von Stoffen geschieht beim ersten Mal langsam und beschleunigt sich dann weltweit . . .

Rupert Sheldrake nennt diese (gegenseitigen) Beeinflussungen *morphische Resonanz,* direkte raumzeitliche Verbindungen, ohne daß es Kontakte im herkömmlichen Sinne gegeben hätte.

Er kann sich vorstellen, mit seinen Thesen auch Phänomene wie Telepathie, ein Weiterleben nach dem Tode oder die Reinkarnation erklären zu können. Außerdem meint er, daß wir über unser jeweiliges morphogenetisches Feld möglicherweise Zutritt zu anderen morphogenetischen Feldern besäßen, was merkwürdige Gedächtnis- und Erinnerungsleistungen oder seltsame Gedankenassoziationen wie etwa Déjà-vu-Erlebnisse erklären würde: „Ich bin der Ansicht, daß Erinnerungen nicht im Gehirn gespeichert sein müssen. Unser Gehirn könnte eher wie ein Empfänger als wie ein Speicher funktionieren." Diese Hypothese ähnelt teilweise esoterischen Vorstellungen der Anthroposophie, es gäbe eine weltumspannende, feinstoffliche Chronik, wonach alle Ereignisse, Gedanken und Gefühle seit Anbeginn der Existenz des Universums gleichsam aufgezeichnet sind, die sogenannte *„Akasha-Chronik"* (Sanskrit: „akasha" = „Raum", „Äther", „Alldurchdringendes").

Sheldrakes Thesen wurden von der Forschung überaus kritisch beäugt. Man nahm dem Biologen übel, er habe seine Theorie gegen eine mögliche Widerlegung immunisiert, indem er postulierte, die morphogenetischen Felder besäßen keine Energiekomponente, könnten demnach also nicht gemessen werden.

Dem kontert Sheldrake mit zwei Zitaten des großen österreichisch-britischen Philosophen Karl R. Popper: „Die Wissenschaft ruht nicht auf Grundgestein. Das kühne Gebäude ihrer Theorien erhebt sich gleichsam aus dem Sumpf. Es ist einem Pfahlbau ähnlich. Die Pfähle werden von oben her in den Grund getrieben, aber nicht bis hinunter zu irgendeiner natürlichen oder ‚gegebenen' Basis."[107] Er stellt also fest, daß auch die bisherige Wissenschaft nie über endgültige Erkenntnisse verfügt und neue Erklärungsversuche prüfen muß.

Anderen, „mechanistischen" Kritikern, denen seine Thesen zu „esoterisch" sind, hält Sheldrake eine weitere Ansicht Poppers entgegen: „Durch die moderne Physik hat der Materialismus sich selbst transzendiert."[108]

Haben Sie selbst schon einmal
phantastische Phänomene erlebt:

Telepathie, Déjà-vu-Erlebnisse,
seltsame Gedankenassoziationen,
„Zufälle“, die sich zunächst schwer erklären ließen,
die aber später – aus einem anderen Blickwinkel
betrachtet – durchaus sinnvoll und nicht „zufällig“
erschienen?

Wenn ja: Wie erklären Sie sich diese Phänomene?

Wie stehen Sie zum Jenseits, zu einem (christlichen)
Leben nach dem Tode, zur Idee der Wiedergeburt?

Wenn Sie davon Vorstellungen besitzen:
Beeinflussen diese Ideen Ihre Weltanschauung,
Ihre Handlungen im täglichen Leben?

Ein neuer „Pantheismus“?
Physik, Transzendenz und Esoterik – eine Zwischenbilanz

Die Naturwissenschaft ohne Religion ist lahm,
die Religion ohne Naturwissenschaft ist blind.
Albert Einstein

Wir haben die erste Etappe unserer Reise hinter uns: den Abstecher in die Naturwissenschaften. Zwangsläufig konnten wir uns nicht lange auf diesem Gebiet aufhalten. Sollten sich Experten an einer gewissen Unexaktheit stoßen, so mögen sie bitte daran denken, daß es nicht nur eine Heisenbergsche, sondern vor allem auch eine sprachliche „Unschärferelation“ gibt . . .

Wenn wir den zurückgelegten Weg überblicken, so beantwortet sich die Frage, was denn Physik oder Biologie mit Spiritualität und Esoterik zu tun hätte, bald von selbst.

Lassen Sie uns kurz Resümee ziehen:

■ Unsere Erkenntnismöglichkeiten sind begrenzt:

Sinne, Vernunft und Gefühle können uns täuschen. Unser Körper hat sich an eine Umgebung angepaßt, die es schon lange kaum mehr gibt; wir sind in erster Linie konstruiert, um zu überleben, und weniger, um die letzten Welträtsel zu durchschauen.

Jeder sieht seine eigene, subjektive Wirklichkeit. Das muß kein Nachteil sein, im Gegenteil, es macht das Leben spannend.

■ Viele der bisher für unverrückbar gehaltenen Naturkonstanten sind weder unverrückbar noch Konstanten:

Raum, Zeit und andere Größen haben sich relativiert. Viele Modelle der Relativitäts- oder Quantentheorie übersteigen unsere Vorstellungskraft, sie sind aber dennoch gesicherte Physik. Naturgesetze selbst scheinen raumzeitlich bedingt zu sein, es sieht so aus, als würden anderswo und/oder zu anderen Zeiten auch andere Naturgesetze gelten. Die Schöpfung erscheint als Spiel, und wir sind wahrscheinlich nur ein Spiel unter vielen.

Unsere Alltagsphysik, die von den klassischen und mechanistischen Ideen von Newton & Co. geprägt wurde, reicht für unsere begrenzte Raumzeit aus, sie hat sich darin bestens bewährt. Aber wenn wir uns aus diesem abgegrenzten Bereich entfernen, gelten teilweise andere Gesetze. Es ist, wie wenn wir ins Ausland fahren: Jenseits der Grenze gelten andere Währungen und andere Paragraphen. Unsere Alltagsphysik ist eine großartige (statistische) Näherung, aber nicht mehr. Sie sagt aus, wie unsere Alltagsdinge (Auto, Flugzeug, Telefon ...) funktionieren, aber sie definiert nicht, was die Welt zusammenhält. Das Wesen auch der Makrowelt offenbart sich in der Mikrowelt, dort verschwimmen beide zu unscharfen Schemen.

Materie und Energie, Stoff und Nichtstoff sind einander äquivalent. Wir sind Leere, Rhythmus und Form, im großen wie im kleinen, ganz nach dem esoterischen Prinzip des „Wie oben, so unten". Insofern haben Unschärferelation, Welle-Teilchen-Dualismus, wahrscheinlich auch parallele Universen, mehrere Dimensionen nicht nur mit unserer Alltagswirklichkeit zu tun – sie *wirken,* sie *sind wirk*-lich.

■ Viele Erkenntnisse der modernen Physik ähneln jenen der alten Mystik:

Als Robert Oppenheimer in Los Alamos sein „Kind", die erste Atombombe, explodieren sah, kamen ihm Verse aus der Bhagavadgita in den Sinn, die er zitierte:

> *Wenn das Licht aus tausend Sonnen*
> *am Himmel plötzlich bräch' hervor,*
> *zu gleicher Zeit – das wäre*
> *gleich dem Glanz des Herrlichen . . .*
>
> *Ich bin der Tod, der alles raubt,*
> *Erschütterer der Welten.*[109]

Beinahe schien es, als ob die alten Inder schon Laser- und Kernwaffenkriege erlebt hätten, zumindest lassen sich einige Stellen ihrer alten Schriften so deuten. (Ähnliche Überlieferungen finden sich überdies auch bei den Hopi und bei vielen alten Völkern. Da denkt man an Erich von Däniken . . .)

In frappierender Weise ähneln die Ergebnisse modernster Physik und Kosmologie den Erkenntnissen alter Mystiker, Weiser und Philosophen. Besonders deutlich sind die Parallelen zu den Lehren des Ostens.[110]

Der Westen verfügt zwar ebenfalls über eine reiche mystische Tradition (wir werden darauf zurückkommen), aber diese Quellen sind im Laufe der Jahrhunderte von den offiziellen Lehren zurückgedrängt und in den Untergrund verbannt worden.

Auch den Großen des modernen wissenschaftlichen Weltbildes, wie Max Planck, Albert Einstein, Werner Heisenberg oder Niels Bohr, sind die mystischen Analogien aufgefallen, und sie bewunderten das spirituelle Weltbild, das sich darin ausdrückt.

■ Ratio allein ist nur der halbe Mensch:

Viele der Erkenntnisse der Alten wurden nicht auf rationalem Weg gewonnen, sondern durch intuitive Einsicht, durch die „Schau“, durch den Weg nach innen.

Es ist Zeit, daß wir mit der Vergötzung der Ratio Schluß machen. Die Französische Revolution erklärte im Überschwang ihrer Erfolge, der Erfindungen und Entdeckungen und der sozialen und wirtschaftlichen Veränderungen die Kathedrale Notre-Dame in Paris zum „Tempel der Vernunft“ und proklamierte einen „Kult der Vernunft“, sogar mit neuer Zeitrechnung. Nach jahr(hundert)elanger Unterdrückung von Wissenschaft, Forschung und Ratio durch den Katholizismus schlug damit das Pendel in die andere Richtung aus.

Doch „man sieht nur mit dem Herzen gut“, sagt „Der Kleine Prinz“ des Antoine de Saint-Exupéry.

Das Herz sitzt geographisch zwischen Kopf und Bauch.

Der Mensch braucht beide, Ratio wie Emotio. Wer eine der beiden vernachlässigt, verkrüppelt den Menschen. Wir sind janusgesichtig. Am gefährlichsten ist es, wenn das eine das andere instrumentalisiert, als Werkzeug mißbraucht, wie wir es heute so oft sehen: das Kalkül im Dienste der Gier.

Seit langem ging der Westen den Erkenntnisweg der Ratio, den äußeren Weg. In seinen Forschungen bestätigt er die mystische Schau des Ostens, den Weg nach innen: Der Kreis schließt sich.

■ Gefordert ist Bescheidenheit:

Wir sehen nur einen kläglichen Ausschnitt der Wirklichkeit. Unser Erkenntnisapparat ist großartig, aber beschränkt. All unser Wissen ist vorläufig. Wir sind ausgezogen, hundert Fragen zu lösen, und sind mit ein paar Dutzend Antworten und tausend neuen Fragen zurückgekehrt.

All unser Wissen ist vorläufig: Es ist Zeit für eine neue intellektuelle Bescheidenheit. Es ist, wie Karl R. Popper so treffend sagt, gescheiter, unsere Theorien und Hypothesen statt uns selbst sterben zu lassen: Bescheidenheit ist Größe, alles Große ist bescheiden.

■ Dreieinhalb Milliarden Jahre Verwandtschaft . . .:

Der Kosmos, die Schöpfung ähnelt immer mehr einem gewaltigen Hologramm: Alles ist in allem enthalten, wir sind im Großen, das Große ist in uns . . ., Raum und Zeit sind eine Einheit, wir leben in einer *Gleichzeitig-Überall-Matrix* . . ., alles ist miteinander verbunden.

Unsere Gene haben dreieinhalb Milliarden Jahre Wanderschaft durch die Evolution hinter sich. Wir schleppen Bauprinzipien aus der Urzeit der Erde mit uns herum. Unser Gehirn wurde einer archaischen Konstruktion aufgepfropft.

Wir alle sind aus demselben Stoff gemacht, sind „Kinder des Weltalls" (Hoimar von Ditfurth) und Kinder dieser Erde. Nicht nur, daß alles miteinander verbunden ist: Wir sind auch alle miteinander verwandt – das größte Genie mit dem geringsten aller Einzeller.

Auch alle Menschen sind miteinander verwandt: „. . . wir lernen dabei, weniger anmaßend und rassistisch zu sein, sowohl anderen Menschen gegenüber als auch gegenüber den Tieren. Wir alle sind Kind einer Afrikanerin, die vor zweihunderttausend Jahren lebte, und wir unterscheiden uns nur wenig von den Tieren! Lediglich zwei Prozent der Nukleotidsequenzen der menschlichen DNA sind anders als die der Schimpansen . . ."[111]

„Das wichtigste an der Französischen Revolution ist nicht die Gleichheit, nicht die Freiheit, sondern die Brüderlichkeit. Wenn sie fehlt, wird die Freiheit die Gleichheit zerstören, und die Gleichheit wird die Freiheit zerstören", sagt Friedrich Dürrenmatt.[112]

Die Folge daraus: „Jeder ist für alle verantwortlich. Jeder ist allein verantwortlich. Jeder ist allein für alle verantwortlich."[113]

■ Der Weg ist das Ziel:

Wir wissen nicht, was die Evolution noch weiter mit uns vorhat. Vielleicht wird es ein paralleles Fortschreiten geben: eines, das uns wachsen läßt wie bisher, und eines, dessen Konstruktion und Planung wir selbst in die Hand nehmen – ein Ergebnis der Evolution wird sich seiner selbst bewußt und beginnt das zu steuern, wodurch es bisher gesteuert wurde ...

Es wäre vermessen anzunehmen, wir stünden schon am Ende unseres Werdeganges (es sei denn, wir begingen Gattungsselbstmord). Wahrscheinlich sind wir tatsächlich in der „Halbzeit der Evolution", wie Ken Wilber sagt[114], und befinden uns auf halbem Wege zwischen den Göttern und den Tieren, wie Plotin einst philosophierte.

Die Saurier beherrschten unseren Planeten mehr als 200 Millionen Jahre, die Gattung „Mensch" beehrt diesen Planeten je nach Definition erst ein paar Jahrhunderttausende mit ihrer Anwesenheit.

■ Wie ein Tropfen im Ozean ...:

Wir messen, zählen, sezieren unser Gehirn, aber wir können nicht nachvollziehen, wie daraus unser Denken, unser Fühlen, unser Ich wird.

Wir müssen gar nicht C. G. Jung oder Sigmund Freud bemühen, um das Bewußtsein zu differenzieren. Halten wir uns beispielsweise an den amerikanischen Psychologen und Philosophen William James, der sagte, daß „unser normales, waches Bewußtsein, wie wir es nennen, nur ein besonderer Typ von Bewußtsein ist, während überall jenseits seiner, von ihm durch den dünnsten Schirm getrennt, mögliche Bewußtseinsformen liegen, die ganz anders sind. Wir können durchs Leben gehen, ohne ihre Existenz zu vermuten ..."[115] – Tibetische und indische Lehren trennen ziemlich detailliert mehrere Bewußtseinsschichten und lehren minutiöse Techniken, um diese zu erreichen. Sie halten auch unser Ich-Erleben für eine Illusion (wir werden noch darauf zurückkommen).[116]

Daß „alles eins" sei, auch im Bewußtsein, daß es eine Art höheres Universalbewußtsein gibt, an dem wir teilhaben und das an uns teilhat, vermuten nicht nur Philosophen und Mystiker, sondern auch Wissenschaftler.

Eine poetische Metapher für unser Bewußtsein und unsere Existenz hat der tschechisch-amerikanische Psychologe Stanislav Grof in einem Gespräch mit Fritjof Capra gefunden, in dem er das universale Bewußtsein mit dem Meer, einer uniformen Flüssigkeit vergleicht, und die erste Phase der Schöpfung mit der Entstehung von Wellen. Meer und Welle sind untrennbar miteinander verbunden, auch wenn die Welle als „individuelle Wesenheit" betrachtet werden kann. Und Grof weiter:

„Das nächste Stadium der Schöpfung wäre eine Woge, die sich an Felsen bricht, so daß Wassertropfen in die Luft gischten und für kurze Zeit als individuelle Einheit existieren, bevor sie wieder vom Meer aufgenommen werden . . .

Die endgültige Trennung . . . wird oft durch eine Schneeflocke illustriert, die sich aus dem Wasser in der Wolke kristallisiert, das ursprünglich aus dem Ozean verdampfte. Hier haben wir nun eine in hohem Maße strukturierte, sehr individuelle separate Entität . . . Um sich wieder mit dem Meer zu vereinen, muß die Schneeflocke ihre Struktur und Individualität aufgeben; sie muß gewissermaßen den Tod des Ego erleiden, um zu ihrer Quelle zurückzukehren."[117]

Was Grof in einem naturwissenschaftlichen Beispiel darstellt, zeigen ähnliche Metaphern in unzähligen Mythen, betonen fast alle klassischen Mystiker. Der Taoist Wei Wu Wei folgert:

Das Gesuchte ist der Suchende,
Das Beobachtete ist dessen Beobachter,
Das Gehörte ist der, der es hört,
Der Geruch ist der, der ihn riecht,
Der Geschmeckte ist der, der genießt, was er schmeckt,
Was berührt wird, ist der, der es fühlt,
Das Gedachte ist der Denker des Gedankens,
Kurzum, das sinnlich Wahrgenommene ist der,
dessen Sinne wahrnehmen.[118]

Doch dieses Bewußtsein der Einheit mit allem, mit der Mitwelt, mit der Schöpfung, mit dem Universum, ist uns schmerzhaft verlorengegangen; nur hin und wieder blitzt es in uns auf, verbunden mit einer unerfüllten Sehnsucht und dem schimmernden Wissen um ein verschollenes Goldenes Zeitalter oder ein Paradise Lost. Ein Abglanz davon ist nur in sich wiederzufinden und in der Stille – kein leichtes Unterfangen angesichts des Getöses rings um uns. Wer die Erinnerung an das Woher und seinen Kompaß verloren hat, wer sich im Gestrüpp des *Maya,* der Scheinwelt und ihrer Wünsche, verstrickt, der bleibt draußen und kehrt nicht heim.

■ Die Wiederverzauberung der Welt:

Von diesen Vorstellungen ist es nicht weit zu einer neuen Art von *Pantheismus,* von „All-Gott-Lehre", wonach Gott und das Universum nicht getrennt sind.

„Wir entdecken, daß das Weltall Spuren einer planenden oder kontrollierenden Macht zeigt, die etwas Gemeinsames mit unserem eigenen individuellen Geist hat ... Wenn das Weltall ein Gedankenweltall ist, dann muß seine Schöpfung ein Denkakt gewesen sein", sagt der große britische Mathematiker und Astronom Sir James Jeans.[119] Daß unsere Welt „Geist-Stoff" sei, meint der britische Physiker Sir Arthur Eddington und resümiert, die „Idee eines allgemeinen Geistes oder Logos" bilde „eine durchaus einleuchtende Schlußfolgerung aus dem gegenwärtigen Stand der theoretischen Physik".[120]

Das alles sind Gedankengänge aus der ersten Hälfte unseres Jahrhunderts. Inzwischen ging die Diskussion um die so rasante Annäherung zwischen Wissenschaft und Mystik noch viel weiter:

Der Geist befindet sich im Atom, stellen viele Wissenschaftler fest.[121] Der Kernphysiker Jean E. Charon schlußfolgert daraus die Unsterblichkeit des Universums und des Bewußtseins[122], und der renommierte Astrophysiker und Kosmologe Frank J. Tipler will mit physikalisch-mathematischen Methoden sogar das ewige Leben bewiesen haben.[123]

Eine alte Vorstellung der griechischen Philosophie greift der Biologe James E. Lovelock auf und erklärt die Erde zu einem lebenden Wesen, er nennt sie *Gaia* nach der Urmutter der griechischen Mythologie.[124] Daß Planeten, Milchstraßen, Universen „leben" könnten, findet Eingang in die Vorstellungen der modernen Physik.[125] Einen Informationsspeicher und kreativen Untergrund des Seins, der in steter Wechselwirkung mit allen Strukturen der Materie, des Lebendigen und des Geistigen steht, sieht der Systemtheoretiker Ervin Laszlo, er nennt ihn „Psi-Feld".[126] In viele der genannten Ideen fließen auch Vorstellungen ein, Planetensysteme könnten Atome, Milchstraßen wiederum Moleküle eines größeren (lebenden) Ganzen, eines Organismus sein – wobei sich das ad infinitum fortsetzen könnte, wie oben, so unten, wie ein Spiegel im Spiegel im Spiegel ... Die Verwunderung ist mittlerweile (wieder) ein Bestandteil der modernen Naturwissenschaften geworden, und das ist gut so. Die Forschung mündet in das Staunen, meist verbunden mit einer tiefen Ehrfurcht vor dem Schöpfer und den Gesetzen, die seiner Schöpfung innewohnen. Einstein, Planck & Co. fanden überhaupt keinen Widerspruch zwischen Wissenschaft und Religion, zwischen Forschung und Spiritualität, zwischen Erkenntnis und Transzendenz; im Gegenteil: viele fanden durch die Ergebnisse ihrer Analysen wieder zum Spirituellen zurück.

Wenn allerdings der Geist, den Descartes aus der Welt „herausgetrieben hat", mit Hilfe der Wissenschaften zurückkehrt, dann kommt es zu einer „Wiederverzauberung der Welt".[127] Dann verabschiedet sich die Vernunft vom Materialimus, dann anerkennt die Ratio nicht nur sich, sondern auch die andere Seite des Janusgesichtes des Menschen, die Emotio, dann akzeptiert sie ein geistiges Prinzip und die ihm entsprechenden Erkenntnismöglichkeiten. Dann sind wir eben „nicht nur von dieser Welt".[128] Dann sind wir wahrscheinlich nicht Mechanismen zur „optimierten Genverbreitung"[129], dann gibt es vielleicht einen Sinn und ein Ziel für die Schöpfung und damit vielleicht auch für uns ...

Auf „Geist" und „Unsterblichkeit" nimmt auch eine Reihe von Wissenschaftlern Bezug, die ihre Ideen mit jenen der Gnosis verbinden.[130] Und der schon beinah in Vergessenheit geratene und als „altmodisch“ verschrieene Teilhard de Chardin, der einen göttlichen Punkt Alpha als Ausgangsort der Schöpfung und einen Punkt Omega als Ziel der Evolution definierte, zu dem auch der Mensch gelangen müsse, wird von der modernen Physik sehr gerne wiederentdeckt.[131]

Durch die „Wiederverzauberung der Welt“ hat also das Geistige wieder in die moderne Forschung Einzug gehalten. Damit erscheinen auch geistige „phantastische“ Phänomene in einem anderen Licht, die bisher für unmöglich oder für Spinnerei gehalten wurden: Sie sind durch die „Gleichzeitig-Überall-Matrix“ eines Karl Pribram oder durch die implizite Ordnung eines David Bohm (und anderer) zunächst theoretisch in Ansätzen erklärbar geworden, ohne daß man bis jetzt herausgefunden hätte, wie derartige Phänomene tatsächlich „funktionieren“.

Daß man sich mit Außersinnlicher Wahrnehmung (ASW), Paranormalem, mit Psi (nach jenem Buchstaben des griechischen Alphabets, mit dem das Wort für Seele, Psyche, beginnt) auch in „ernstzunehmenden“ Kreisen zu beschäftigen beginnt und Esoteriker nicht gleich von vornherein zu unsachlichen Idioten stempelt, zeigt etwa das Faktum, daß ein Weltkonzern wie Sony ein Psi-Labor eingerichtet hat oder daß Psi auch für die Kriegsführung erforscht wird.[132]

Wenn aber der Geist wieder auf die Bühne tritt, so stellt sich zugleich auch die Frage nach Gott, nach Satan, nach Licht und Schatten unserer Existenz, nach all dem Wunderbaren, das schon verlorengegangen schien.

Noch haben viele der neuen Erkenntnisse, Ideen und Vorstellungen keinen Zutritt in unser Alltagsbewußtsein gefunden. Was not tut, ist deshalb eine neue Aufklärung:

- die weder die Vernunft einseitig vergöttert, noch einem unkritischen Aberglauben huldigt, die jedoch auch die zweite, nichtmaterielle Seite unseres Wesens anerkennt und den Menschen endlich als Einheit begreift;
- die nicht nur die Logik akzeptiert, sondern die auch „Schau“ oder Intuition als Einsichts- und Verstehensquelle anerkennt;
- die dem Menschen damit eine Werteorientierung, eine Beziehung zu sich, zu den anderen, zu der Welt und zum Transzendenten gestattet, die uns und unser Umfeld, unsere Umwelt wieder „heil“, wieder ganz werden läßt . . .

In einer neuen Aufklärung hätte eine positive Esoterik ebenso ihren Platz wie die notwendige Wiederkehr des Spirituellen.

Wenn die Geister wiederkehren

Vorsicht! Hier beginnt das Gebiet des Irrationalen! Lebensgefahr! Nicht weitergehen!

Michael Ende

Was ist Esoterik? – Einige Begriffsdeutungen

Esoterik ist ein weites Land: Ob nun Wünschelrutengänger Wasseradern oder Erdstrahlen aufspüren, in Turin und anderswo einer der offiziellen Exorzisten der katholischen Kirche den Teufel aus Besessenen austreibt, Erich von Däniken seine „Raumfahrt im Altertum" propagiert oder aber Geisterbeschwörer zu Versammlungen auf einer der üblich gewordenen Esoterikmessen strömen – alles fällt unter diesen Begriff. Schwarze Messen der neuen Hexen, Astrologen, Wunderheiler und UFO-Gläubige zählen ebenso zur Szene.

Versuchen wir, Esoterik zunächst einmal sprachgeschichtlich einzukreisen. Das giechische Wort *„esoteros"* bedeutet „innerer", „innerhalb" und hat denselben Wortstamm wie „eiso, eso", das heißt „hinein, innen, darin". Im übertragenen Sinne meint „esoterisch" demnach verborgen, geheim, nicht für die Öffentlichkeit, sondern für einen *inneren Kreis* bestimmt. Diese Unterscheidung geht vor allem auf die Pythagoräer zurück, aber auch die Ägypter und andere Kulturen kannten schon zuvor eine ähnliche begriffliche Trennung zwischen dem „Esoterischen", dem „Inneren", und *„exoterisch"*. Letzteres meint als Gegensatz das „Äußere", das für die Allgemeinheit Bestimmte.

Der in den inneren Kreis Eintretende erhält das nur diesem Kreis vertraute, „geheime" Wissen, er wird „eingeweiht".

Die lateinische Übersetzung von esoterisch lautet „occult". Die indogermanische Wurzel *„kel"* (enspricht dem lateinischen *„cult"*) ist auch mit dem deutschen „ver-*hehl*-en" verwandt, ebenso mit „Höhle" und „Hölle": ursprünglich das „Verborgene", „Verdeckte", „Geheime". *„Okkultismus"* bedeutet demnach eine Art „Geheimwissenschaft" von übersinnlichen Kräften und Dingen, „Esoterik" meint hingegen die Summe mystisch-verborgenen, teils religiösen Wissens und stellt damit den weiteren Begriff dar.

Das Wort *„Mystik"* kommt vom griechischen *„myein"* – was soviel heißt wie „die Lippen, die Augen schließen". Der Myste schließt die Augen, geht den Weg nach innen, um durch Konzentration (Meditation, Yoga etc.) das höchste Prinzip oder Wesen, Gott, direkt zu erfahren („unio mystica"), er durchschreitet – *trans-zendiert* – dabei Raum und Zeit, kommt durch „innere Schau" direkt zum anderen, „Jenseitigen", *„Transzendenten"*.

Mystische Erfahrungen finden sich in allen Kulturen, Religionen und Zeiten, auch im Christentum, wenngleich letzteres diesen Traditionen skeptisch gegenüberstand: Wer Gott direkt schaut, braucht keine Kirche als Mittler; beispielsweise wurde Franz von Assisi, einer der größten Mystiker, von Rom erst nach Überwindung vieler Hindernisse offiziell anerkannt.

Jenes System von Lehren und Ritualen, das sich auf die Verehrung des Göttlichen bezieht, nennen wir *„Religion"*. Sprachgeschichtlich wird das Wort auf zweierlei Weise hergeleitet: von lateinisch „religere" („sorgsam beachten"), das war die Ansicht Ciceros, und von „religare" („wieder verbinden"), wie es Augustinus bevorzugte.

Religion wie Mystik beschäftigen sich mit dem *„Spirituellen"*, mit dem Geistigen (von lateinisch: „spiritus" = „Atem", „Hauch"; „Seele", auch: „[Lebens-]Geist"; verwandt damit ist: „Inspiration": „Eingebung"). *Spiritualität stellt demnach jenen Lebensbereich dar, in dem sich die Suche nach einem Sinn, einem Ziel des Lebens äußert, und meint damit auch eine Haltung, die eine geistige Grundlage des Seins annimmt.* Wer spirituelle Wege gehen will, sucht seine Weiterentwicklung in Richtung des Geistigen, Sinnhaften, Transzendenten. Dabei muß jeder seinen individuellen Weg finden. Die Palette spiritueller Wege, Systeme und Praktiken ist reichhaltig und reicht in die Uranfänge der Menschheit zurück.[133]

Der Mangel an Spiritualität in der Moderne hat zu einer bedenklichen Entwicklung geführt: „Hier in diesem Land sind die Menschen mehr darauf bedacht, ihre Machwerke zu verbessern als sich selbst . . . In Wirklichkeit kommt es allein darauf an, wie einer sein Leben lebt“, sagt Paul Brunton.[134]

Im folgenden eine kleine Auswahl einiger spiritueller Wege.

Schamanismus und indianische Weltsicht

Es ist das Dilemma der materialistischen Welt,
daß Ihr alle Ehrerbietung für Mutter Erde verloren habt . . .
Alle erschaffenen Dinge dieser Welt sind heilig.

Lame Deer

Der Schamanismus ist die wohl älteste Form mystischen Erlebens – er reicht mehrere zehntausend Jahre zurück, bis in die Eiszeit, bis in die Steinzeit. In den Höhlenmalereien von Altamira oder Lascaux manifestieren sich Ritus, Zauber- und Jenseitsvorstellungen der Medizinmänner jener Zeit. Heute faßt man unter diesem Begriff die Stammeszauberer sogenannter Naturvölker zusammen. Ihre Praktiken und ihr Weltbild sind unterdessen auch in der modernen (westlichen) Welt auf Interesse gestoßen.

Die Herkunft des Wortes ist unklar, es dürfte aber aus dem tungusischen *„saman“* stammen – was soviel wie „Priester“, „Heiler“, „Wissender“ oder „der Verzückte“ heißt.[135] Mit Hilfe besonderer Techniken – Trommel, Tanz – und/oder Hilfsmittel (Narkotika, psychedelischer Drogen) versetzt sich der Schamane in Trance und Ekstase, in einen *anderen Bewußtseinszustand,* eine *andere, nicht alltägliche Wirklichkeit.* Währenddessen unternimmt er Seelenreisen in Jenseitswelten und erlebt außerkörperliche Erfahrungen, er reist in Himmel und Höllen, ins Zentrum der Erde zum Lebensbaum, zu (Hilfs-)Geistern, Ahnen und Schutztieren, deren Beistand und Rat er erfleht und seinem Stamm überbringt.

Bei seiner *Initiation* – Einweihung – reinigt er sich rituell, fastet längere Zeit und sucht die Wildnis auf. Dort wartet er auf den „Großen Geist“, der ihn überkommt und der ihn Tod und Wiedergeburt erleben läßt. Diese geistige Reinigung – *Katharsis* – erneuert ihn, und zwar als Doppelwesen, das ab nun sowohl mit dem Diesseits als auch mit den Jenseitswelten Kontakt behält.

Für den Schamanen ist alles vom Großen Geist durchflutet – Tier, Pflanze, Stein, Gewässer, kurz: alles, was existiert, ist für ihn belebt. Gegenüber dem Weltganzen empfindet er Ehrfurcht und eine tiefe Dankbarkeit: „Die Erde liebt uns. Sie freut sich, wenn sie uns singen hört! Sie versorgt uns mit Nahrung“, jubeln die Blackfeet und achten die Erde als heilig, „denn sie ist uns unsere Mutter.“[136] Tiere, Pflanzen und Menschen sind Kinder der Mutter Erde, die daher als Verwandte betrachtet und nicht mißbraucht werden dürfen, im Gegenteil, es besteht die Verpflichtung, miteinander zu teilen und großzügig zu sein.

Der Große Geist verläßt den Schamanen nicht; er ermöglicht ihm, seinen Aufgaben als Priester, Medizinmann, Philosoph, Wahrsager, Ratgeber, Sänger, Hexer, Einweiher, Weiser, Therapeut und Herr über die Riten nachzukommen, der die Balance seines Volkes zwischen Diesseits und Jenseits, zwischen Heiligem und Profanem zu halten hilft. Der Schamane befragt Götter und Geister, versucht Böses fernzuhalten und Heil zu (er)wirken. So verbindet er die beiden Welten. In seinem überwachen – *luziden* – Bewußtsein behält jedoch er die Kontrolle und wird nicht von den Göttern oder Geistern beherrscht.

Der Schamanismus stellt keine eigene Glaubensrichtung dar, sondern ist in vielen Religionen verbreitet. Viele mystische Varianten unterschiedlichster Herkunft – beispielsweise der Sufismus – klingen an schamanische Praktiken und Vorstellungen an, und manche moderne Hexen kann man durchaus als Schamaninnen bezeichnen. Jedenfalls findet sich diese älteste Kultform der Menschheit heute noch auf allen Kontinenten.

Ob allerdings Bemühungen sinnvoll sind, dem Schamanismus auch in unseren Breiten zu einer Renaissance zu verhelfen, bleibt zu bezweifeln, zu weit schon hat sich der moderne Mensch von dessen Entstehungs- und Umfeldbedingungen entfernt. Trotzdem kann eine Beschäftigung mit (zwangsläufig) modifizierten Formen des Schamanismus positiv wirken, weil sie eine völlig andere, harmonischere Sichtweise der Welt auch emotionell erleben läßt. Zeitgemäße Bewußtseinstechniken (wie etwa das *katathyme Bilderleben*) lassen sich teilweise mit schamanischen Vorstellungen verbinden.[137]

Esoterische Strömungen in der Antike

Atlantis

Das Thema Atlantis zählt zwar nicht unmittelbar zu esoterisch-spirituellen Systemen oder Praktiken, taucht jedoch immer wieder im Rahmen der Reinkarnations- und Weissagungsszenerie auf.

Atlantis meint ein untergegangenes Inselreich, das sich einmal im Atlantischen Ozean befunden haben soll. Platon berichtet die Legende in seinen beiden Dialogen „Kritias“ und „Timaios“. Der griechische Staatsmann und Gesetzgeber Solon habe in der von Pharao Psammetich gegründeten Übersetzerschule zu Sais in Ägypten von Priestern erfahren, die Griechen seien historisch gesehen „kleine Kinder“, denn sie besäßen nicht „das aus grauer Vorzeit überlieferte Wissen . . . vielfältige Ursachen haben schon viele Male zu einer Ausrottung der Menschheit geführt . . . und werden wieder dazu führen . . ., alle schriftlichen Aufzeichnungen aus alter . . . Zeit werden in unseren Tempeln aufbewahrt . . ., und wenn die Flut vom Himmel wie eine Seuche über euch hereinbricht und nur die der Schrift Unkundigen und Ungebildeten am Leben läßt, dann müßt ihr wieder wie Kinder von vorne anfangen, ohne zu wissen, was bei euch oder bei uns in alten Zeiten geschah . . .“. Das Inselreich sei „jenseits der Säulen des Herakles“ gelegen gewesen, also westlich Gibraltars, „größer als Asien und Libyen zusammen“ (Asien meint Kleinasien), von den Inseln sei man „zum gegenüberliegenden Festland gelangt“. Durch eine Katastrophe sei es „in einer einzigen Nacht“ im Meer versunken.[138]

Schon Aristoteles vermutete, Platon habe mit dieser Legende eine Art idealisiertes Utopia schaffen wollen, mit einem moralischen Aspekt: Wer die Gesetze nicht einhält, wer seine Macht mißbraucht, wer falsche Werte vertritt, ist wie die Atlanter zum Untergang verurteilt. Demgegenüber betont Platon dreimal, er berichte die Wahrheit.

Tatsächlich finden sich bei allen Völkern rund um den Atlantik Berichte von einem durch Katastrophen und Kriege versunkenen Inselreich, ob es sich nun um Indianer, um Westafrikaner oder um die Basken handelt. Viele erzählen in ihren Legenden, sie seien die Nachfahren während der Katastrophe Geflüchteter, auch die Hopi und ebenso die Guanchen, die Ureinwohner der Kanarischen Inseln. Zu diesen gemeinsamen Legenden (oder Erinnerungen?) kommen sprachliche Verwandtschaften, allen voran tritt die Lautfolge *„a(z)tlan"* rund um den Atlantik bei allen Völkern immer wieder auf, auch wenn sie Tausende Kilometer voneinander entfernt leben. Ebenso gibt es kulturelle Ähnlichkeiten, von Riten und Kulten bis zu Ballspielen.

Die Azteken berichten von der Überfahrt ihrer Vorfahren von der Hauptstadt Aztlan auf den amerikanischen Kontinent.

Die Atlanter sollen eine hochstehende Technik besessen haben. Azteken, Maya, Hopi und andere Völker berichten in ihren Legenden (die Maya in ihrem Popol Vuh) von Luftschlachten mit fliegenden Maschinen, ähnlich wie die bereits zitierten altindischen Gesänge (etwa im Epos Mahabarata). Das amerikanische Medium Edgar Cayce (1877–1945), der „schlafende Prophet", berichtete in Trance vom Leben auf Atlantis vor rund 15.000 Jahren (nach Platon existierte die Insel rund 9000 Jahre v. Chr.) und von gewaltigen Waffen gebündelten Lichts, lange bevor unser Laser erfunden war (dessen Entdeckung innerhalb der nächsten 25 Jahre Cayce übrigens 1932 prophezeite). Mit Hilfe von Kristallen und deren Schwingungen hätten die Atlanter die Sonnenenergie genutzt.[139]

Archäologen und Hobbyarchäologen wollen Atlantis insgesamt auf rund einem halben hundert Stellen auf unserem Planeten geortet haben (am bekanntesten ist die These von Spyridon Marinatos, Atlantis habe sich auf der griechischen Vulkaninsel

Thera/Santorin befunden). Deshalb und weil sich Parapsychologen immer wieder auf Atlantis berufen (in Hypnosesitzungen werden häufig Berichte von früheren Leben in Atlantis aufgezeichnet), wird die Legende vom versunkenen Inselreich vornehmlich als Spinnerei abgetan. Dazu ist allerdings zu bemerken, daß auch Heinrich Schliemanns Suche nach Troja jahrelang von der offiziellen Wissenschaft als fixe Idee denunziert wurde, exakt so lange, bis der deutsche Hobbyforscher die sagenhafte Stadt an der kleinasiatischen Küste bei Hissarlik ortete. Über die Zweifler ist die Historie gnädig hinweggeschritten, in Troja wird heute noch gegraben . . .

Angesichts neuerer Forschungsergebnisse über gewaltige Katastrophen in (nach heute gültiger Bewertung) vorgeschichtlicher Zeit fordert der österreichische Geologe Alexander Tollmann in einer Analyse, mit der er die Sintflut nachweisen will, es müßten „die ebenso detailliert und wirklichkeitsnahe erzählten alten Atlantis-Traditionen erneut und gründlich, objektiv und unvoreingenommen überprüft werden, was mit Sicherheit zu einem ganz neuen Verständnis des Anfanges der Hochkulturen . . . führen wird“.[140] – In diesem Zusammenhang ist es nicht uninteressant, daß Mythen und Legenden weltweit (besonders aber jene indianischen, asiatischen und nordgermanischen Ursprungs) eindeutig auf einen in sehr frühen Zeiten vor sich gegangenen Polsprung hindeuten, also auf eine Änderung oder Umkehrung der magnetischen Erdachse, wie sie nach den Forschungen der Geowissenschaften im Verlauf der gesamten Erdgeschichte häufig vorgekommen ist.[141]

Ägypten

Das Land am Nil spielt in der Esoterik eine herausragende Rolle: Es stellt eine der ältesten bekannten Hochkulturen dar, seine Mythen haben die Menschen aller Zeiten fasziniert – Mozart hat ihnen sogar eine Oper, „Die Zauberflöte“, gewidmet -, die Pyramiden existieren als einziges der Sieben Weltwunder der Antike immer noch und sind geheimnisvoll wie eh und je.

In die ägyptischen Mysterien fanden Einweihungen – Initiationen – statt, deren Riten teilweise im *Ägyptischen Totenbuch,* teilweise in den Pyramidentexten, teilweise in anderen Weisheitsbüchern überliefert sind. Der Myste unternimmt in Trance Reisen in Jenseitswelten und muß Prüfungen bestehen, er erleidet den Tod und erfährt durch seine Wiedergeburt, daß das Leben nicht endet – getreu dem Mythos von der Göttin Isis, der es gelingt, ihren von ihrem Bruder Seth zerstückelten Bruder Osiris wieder zusammenzufügen. Nach seiner Auferstehung fährt Osiris in den Himmel.

Nach manchen Vorstellungen sind die Pyramiden keine Begräbnis-, sondern Einweihungsstätten, dem Mythos der Wiedergeburt gewidmet und gebaut, um der Ewigkeit zu trotzen. („Der Mensch fürchtet sich vor der Zeit – die Zeit fürchtet sich vor den Pyramiden", lautet ein ägyptisches Sprichwort.)

Die Pyramide (dieses aus dem Griechischen stammende Wort bedeutet „Weizenkuchen", weil die Griechen bei ihrem Anblick daran erinnert wurden) hieß bei den Ägyptern „mer" („Ort des Aufstiegs"). Durch die Schächte, die von der Königs- und der Königinnenkammer an die Pyramidenoberfläche führen, konnten die Seelen entweichen, auf ihre Reise gehen. Der eine Schacht ist auf den Orion gerichtet, den Stern des Osiris, der andere auf den Sirius. Nach den gut belegten Theorien von Robert Bauval und Adrian Gilbert sind die Pyramiden und Tempel Ägyptens ein perfektes Abbild des Sternenhimmels über dem Nil.[142] Der Neigungswinkel der Cheopspyramide ist identisch mit dem Polwinkel eines alten magischen Symbols, des aus zwei ineinandergeschobenen gleichseitigen Dreiecken bestehenden Hexagramms (Davidsterns).

Viele alte Legenden, der griechische Historiker Herodot und Mystiker, darunter Paul Brunton, behaupten, die Sphinx und die Pyramiden seien viel älter, als die Ägyptologie heute annimmt. Sie sollen überdies Räume und Hallen enthalten, in denen Dokumente aus der Menschheitsgeschichte aufbewahrt würden. Der amerikanische Geologe Robert Schoch will an der Sphinx Erosionsspuren festgestellt haben, wie sie nur von einer ungeheuren Flut verursacht worden sein könnten.[143] Der deutsche Forscher Rudolf Gantenbrink hat mit Hilfe eines von ihm konstruierten Miniroboters am Ende eines Ganges in der Cheopspyramide ein Gebilde gefilmt, das wie eine Steintür mit Metallgriffen aussieht. Seine Arbeit wurde mittlerweile vom Hohen Rat für Archäologie in Kairo gestoppt.[144] Möglicherweise können wir von der Archäologie in Ägypten noch manche Überraschungen erwarten, ähnlich der jüngsten Entdeckung des riesigen Gräberkomplexes der Ramses-Söhne im Tal der Könige: einer der Gründe, warum die weltweite Ägyptomanie wohl nie enden wird.[145]

Aus Ägypten stammt auch Hermes Trismegistos, der „dreifach Größte", der mit Thot, dem Gott der Weisheit und Magie der alten Ägypter, gleichgesetzt wird (von ihm kommt unser Wort „hermetisch" = „dicht", „verschlossen"). Seine „tabula smaragdina" = „Smaragdtafel" aus dem „Buch Thot" postuliert in poetischer Weise eine kosmische Ordnung, die vier Grundprinzipien der Esoterik beschreibt:

- Alles, was auf einer Ebene geschieht, findet seine Entsprechung auch auf anderen Ebenen: *wie oben, so unten.*
- Alles in der Welt ist auf *Polarität* aufgebaut (positiv-negativ, männlich-weiblich, Yin-Yang . . .).
- Diese beiden Pole bringen aus ihrem Spannungsverhältnis heraus etwas *Drittes* hervor.
- Alles im Weltall verläuft *rhythmisch, zyklisch,* nach den Prinzipien der *Harmonie* und *Balance.*

Aus einer Zeit, da die katholische Kirche mystischen Traditionen noch aufgeschlossener gegenüberstand, stammt das Antlitz des Hermes Trismegistos im Steinfußboden des mittelalterlichen Doms Santa Maria Assunta in Siena . . .[146]

Griechenland und Rom

Die Griechen haben viel mehr von der ägyptischen Kultur und auch aus Asien übernommen und weitergetragen, als bisher angenommen wurde. Auch Herodot hat ja darüber berichtet. Über das überraschend große Ausmaß dieser kulturellen Befruchtung Griechenlands ist in jüngster Zeit eine heftige Diskussion entbrannt.[147]

Neben den Isiskulten waren in der Antike vor allem die *Mysterien* („mysterion" = „Geheimnis") von Eleusis, Samothrake oder Theben bekannt, bei denen Gottheiten wie Demeter (die Fruchtbarkeitsgöttin), deren Tochter Persephone, Attis (ein Gott der Vegetation), Kybele (die „Große Mutter"), Dionysos (der Gott des Weines, römisch Bacchus) oder auch Mithras (ein persischer Gott des Lichtes) verehrt wurden. Dem Sohn Apollos, dem Sänger Orpheus, galt ebenfalls ein derartiger Kult. *Einweihung* („Initiation" = „Anfang"), *Todes-* und *Wiedergeburtserlebnis* (Orpheus in der Unterwelt) standen auch bei den Mysterien im Mittelpunkt, in Trance tritt man „aus sich heraus" („Ekstase") und wird „voll des Gottes" („enthusiasmos"). Bewegung und Tanz waren wichtig, wegen erotischer Rituale wurden die Mysterien seitens des Christentums als „Orgien" (das Wort bedeutet eigentlich „Weihe") bekämpft. Zum Ritus gehörte auch die Reinigung: Wer an verschiedenen Kulten teilnahm, war „mit allen Wassern gewaschen". Oberstes Gebot für die Eingeweihten war die Geheimhaltung, weswegen die Informationen über die antiken Mysterienkulte auch höchst lückenhaft blieben. Nicht jeder hatte Zutritt zu den „höheren Weihen".

Einen Mysterienorden begründete *Pythagoras* (ca. 582 bis 500 v. Chr.) in Kroton (dem heutigen Crotone in Süditalien). Nach Initiation und Prüfungen wurden die Mysten mit den Lehren des Bundes vertraut gemacht: Die Seelen sind unsterblich und werden wiedergeboren, durch Askese und Kontemplation kann man den ewigen Kreislauf der Reinkarnationen durchbrechen. Wissenschaftlich vertrat Pythagoras ein heliozentrisches Weltbild. Er war der Meinung, der Kosmos gründe sich auf die *Harmonie der Zahlen* (Sphärenharmonie und -musik, Sphärenklänge) und auf die Geometrie. Wegen der strikten Geheimhaltung wurden die Pythagoreer den Bewohnern von Kroton bald unheimlich, und es kam zu einer Revolte gegen den Geheimbund, bei der Pythagoras und viele seiner Anhänger getötet wurden.

Einen wahren Siegeszug trat der persische *Mithras* im Römischen Weltreich an. Er war ursprünglich ein Gott des Vertrages bzw. der Vertragstreue und wuchs später mit dem unbesiegten Sonnengott – Sol invictus – zusammen. Als Soldatengott blieb sein Kult Frauen verschlossen. Mithras überwand im Opfer den Tod und wurde wiedergeboren, bei seinen Mysterien feierte man ihn mit einem gemeinsamen Mahl in Gestalt von Brot und Wein. Als Mittler stand er zwischen dem guten Schöpfergott Ahura-Mazda und den Menschen. Es gab sieben Einweihungsgrade, die man mittels einer Art Himmelsleiter erreichte, und eine eigene Priesterschaft, die „magoi" (Magier = die in die Riten des Gottesdienstes Eingeweihten; Priester, später: Zauberer). Sein Geburtstag wurde am 25. Dezember gefeiert. Wegen der vielen Parallelen zum Christentum wurde der Mithraskult von den Christen erbittert bekämpft.[148]

Druiden, Wotan & Co.

Daß heute „neue Druiden" weißgewandet in Stonehenge Sonnwend- und andere Feste feiern, daß sich „weise Frauen" und moderne Hexen bei ihren Tänzen in heiligen Hainen ebenso wie Rutengänger und „Auspendler" gerne auf das Keltentum berufen, kann nicht darüber hinwegtäuschen, daß wir von Religion und Kult dieses alten europäischen Kulturvolkes nicht sehr viel wissen. Das hat zweierlei Gründe: Zum einen wurden die Weisheiten und Geheimnisse der Druiden dem jeweils Nächsten in zwanzigjähriger Lehre nur mündlich überliefert, wir besitzen demnach nur sehr spärlich schriftliche Berichte; zum anderen hat das Christentum die keltische Religion ziemlich komplett integriert und inhaliert – so wurden im ersten Jahrhundert Druiden en masse getauft und zu christlichen Priestern geweiht, und die alten Vorstellungen der Kelten gingen nach und nach in der „Siegerreligion" auf.

„Druide" bedeutet soviel wie „Waldkundiger" und „weit Sehender", „Vielwissender". Der Druide ist dem Schamanen nicht unähnlich und dem König übergeordnet. Er ist Mittler zu den Göttern und Geistern, er ist Heilkundiger, Erzieher, Richter, Magier. Er besitzt geheimes Wissen über die Natur(geister), über

die geheiligten Orte und Wege, über die Sterne und die unsterblichen Seelen und deren Wanderungen ins Land „Anderswo", in die westliche Jenseitsinsel Avalon, die auch eine Insel der Seligkeit und der Seligen ist (für viele eine Erinnerung an Atlantis). Der Druide deutet die Geschehnisse in die Zukunft und fungiert als Orakel.

Viele ihrer Heiligtümer haben die Kelten von der älteren *Megalithkultur* übernommen, die sich im gesamten westeuropäisch-atlantischen und im Mittelmeerraum findet und die ebenfalls als eine der vielen Ortungen von Atlantis herhalten mußte.[149]

Die verchristlichten Sagen von König *Artus,* dem *Gral* und dem Zauberer *Merlin* sind überwiegend keltischen Ursprungs. Der Gral ist jene Schale, die das Blut Christi aufgefangen hat; bei ihren Menschenopfern haben die Kelten das Blut der Getöteten ebenfalls in heilige Kessel fließen lassen. In der Gralssage spiegelt sich das Weltbild, der Mensch müsse sich auf die Suche begeben, denn das ganze Leben ist eine auf die persönliche Weiterentwicklung angelegte Einweihung, der sich niemand entziehen könne. Letzteres macht den Reiz dieser Religion für romantische „Neo-Kelten" offenbar ebenso aus wie die Verehrung des Weiblichen, die der Behandlung der Frau im (katholischen) Christentum so diametral entgegengesetzt ist: In einem der überlieferten Götterhimmel der Kelten herrscht ein weibliches Dreigestirn, eine der Göttinnen hat der „Grünen Insel" der Kelten, Irland, ihren Namen – Eire – gegeben (die bayerische „Drude" oder „Trute" = „Zauberin", „Hexe", ist übrigens sprachverwandt mit dem Druiden und dem Drudenfuß, dem Pentagramm oder Fünfstern, einem magisch-esoterischen Schutzsymbol, das umgekehrt dargestellt als Teufelszeichen gilt).[150]

Durchaus schamanische Züge zeigt auch die germanische Götterwelt: In des obersten Gottes – *Wotans* – Namen klingt die Ekstase, die „Wut" des tanzenden Schamanen an. Eine zyklische Weltauffassung taucht im Mythos von Ragnarök, der Götterdämmerung, auf, der die Wiedergeburt der Erde und der Schöpfung folgt. Vorchristlich wird das Gottesopfer thematisiert: Neun Nächte hängt Wotan/Odin am Weltenbaum, der Weltesche

Yggdrasil, bis ihn die Heilkraft der magischen Schriftzeichen, der *„Runen"*, erlöst (diese sind mit dem „Raunen", dem geheimnisvollen Flüstern, sprachverwandt; sie werden mit einem Stab in das Buchenholz geritzt – ursprünglich unser Wort „Buchstabe". Das englische „to write" = „schreiben" bedeutet eigentlich „ritzen").

In der (esoterischen) Ideologie des Nationalsozialismus und seiner Vorläufer feierten Germanenmythen fröhliche Urständ, sie sind teilweise auch Vorbild neoheidnischer Hexenriten.[151]

Zarathustra und die Parsen

Durch Friedrich Nietzsches „Also sprach Zarathustra" und Richard Strauss' großartige gleichnamige Tondichtung ist der altpersische Prophet *Zarathustra* („Zoroaster" = „der Kamelreiche") wieder einem breiteren Publikum bekannt geworden. Er lebte im sechsten vorchristlichen Jahrhundert und hatte mit 30 Jahren die Vision von Ahura-Mazda („Ormazd" = „Herr der Weisheit"), dem höchsten Gott und Weltenrichter, und Ahrimanu, dessen Sohn, dem von Ahura-Mazda abgefallenen „bösen Geist". Auf seinen Wanderungen durch Persien und Afghanistan lehrte er seine mystische Schau vom *ewigen Kampf zwischen Licht und Dunkel* (der sich auch im Schachspiel, einem der ältesten Spiele der Welt, symbolisiert). Er wandte sich gegen die blutigen Stieropfer des Mithraskultes: Auch Tiere besitzen Seelen, sie sind daher zu schützen. Auf Wunsch des Königs, der einen Beweis für seine Lehre verlangt, entfacht Zarathustra ein ewiges, unauslöschliches himmlisches Feuer. Die Schöpfung, die Welt, erachtet Zarathustra – im Gegensatz zur Gnosis – als gut; es ist Aufgabe jedes Menschen, sich in seinem Leben für das Licht und gegen die Finsternis zu entscheiden. Als Zarathustra 77jährig stirbt, steigt er in die Unterwelt hinab, besiegt den Tod und fährt am dritten Tag in den Himmel. Am Ende des zehnten, elften und letzten Jahrtausends einer insgesamt zwölftausendjährigen Weltperiode seiner Zeitrechnung (als er mit 30 seine Visionen hatte, war dies das Jahr 9000) werden ihm von

Jungfrauen drei Söhne geschenkt werden, die die Welt erlösen und wieder heil machen – diese zarathustrischen Messiasse werden das Reich der Finsternis besiegen und die Auferstehung der Toten bewirken.

Nach der Eroberung Persiens durch den Islam wanderten die meisten Anhänger Zarathustras, die *Parsen* (aus der Ortschaft Pars, heute Fars im Iran), nach Indien aus. Ihre Religion, der das Feuer heilig ist, haben sie im 8. Jahrhundert in den poetischen Schriften der „Avesta“ (was soviel heißt wie „Wissen“) niedergelegt. Heute noch leben rund 200.000 Parsen, die meisten davon in Indien.

Der Dualismus und der Kampf des Lichtes gegen die Finsternis ist ein immer wiederkehrendes Prinzip in beinahe allen Religionen, Mythen und esoterischen Systemen. Der Zoroastrismus besaß daher einen bedeutenden Einfluß, der möglicherweise bis zu den Essenern reichte. Auch die Magyaren kamen bei ihren Wanderungen nach Europa über die Turkvölker mit diesem Gedankengut in Berührung, von dem auch die Gnosis fasziniert war. Rudolf Steiner hat einige dieser Vorstellungen in seine Anthroposophie eingebaut.[152]

Esoterische Spiritualität in Judentum, Christentum, Islam

Judentum – die Kabbala

Das Erscheinen von zehn Sephirot aus dem Nichts,
in Form eines Lichblitzes oder eines gleißenden
Feuerstrahles ohne Anfang und ohne Ende.
Das Wort Gottes ist mit und in ihnen, beim
Aufsteigen und beim Absteigen.

Buch Sepher Jezirah

Die Juden sind das einzige Volk aus der Antike, das noch existiert. In der Bibel wurde dem Volk Israel seine Vertreibung mehrfach angekündigt: „Und der Herr wird euch zerstreuen unter die Völker, und wird euer ein geringer Haufe übrig sein unter den Heiden ..." (5. Mose 4, 27), ebenso der Tod: „... aber will ich ... das Schwert ausziehen hinter euch her, daß euer Land soll wüst sein und eure Städte zerstört. Und ihr sollt umkommen unter den Heiden, und euer Feinde Land soll euch fressen" (3. Mose 26, 33), aber auch die Heimkehr: „Siehe ich will die Kinder Israel holen aus den Heiden, dahin sie gezogen sind, und ich will sie allenthalben sammeln und ich will sie wieder in ihr Land bringen" (Hesekiel 37, 21).

Die Landnahme des Gebietes von Palästina durch israelitische Stämme dürfte im 13. Jahrhundert erfolgt sein, eine erste außerbiblische Erwähnung der Juden findet sich auf der „Israelstele" des Pharao Merenptah (1224–1202 v. Chr.), in dem dieser triumphiert: „Israel verwüstet, sein Samen ist dahin."[153]

Das Judentum besitzt eine starke esoterische Komponente, die sich vor allem in der *Kabbala* und im *Chassidismus* äußert. Wie alt die Kabbala ist, wissen wir nicht; es wird behauptet, daß sie auf das zweite vorchristliche Jahrhundert zurückgeht, ja noch ältere Elemente, sogar aus der Zeit Abrahams und Moses', enthalten soll. Das ist zwar wahrscheinlich ins Reich der Legendenbildung zu verweisen, sehr alte Elemente sind jedoch nicht auszuschließen, bedeutet doch „Kabbala" soviel wie „Überlieferung, die man (mündlich) empfängt", und mündliche Tradierungen haben sich häufig als erstaunlich alt, zuverlässig und zählebig erwiesen. Von Interesse ist in diesem Zusammenhang die Ähnlichkeit israelitischer und ägyptischer Traditionen: exoterisch – nach außen hin – verehrten die Ägypter viele Götter, esoterisch – innen, im geheimen – den einen göttlichen Urgrund; bei den Juden verdeckte hingegen der exoterische Eingottglauben ein esoterisches Vielgottheitenreich. Der Name *Moses* ist ägyptischer Herkunft und bedeutet „Sohn", „Kind". Da Moses am Königshof aufwuchs, ist anzunehmen, daß er mit der ägyptischen Religion und den Mysterienkulten wohlvertraut war. In seine Zeit fällt Pharao Echnatons Verkündung des einzigen Gottes Aton.

Jedenfalls zählt die Kabbala zu den wesentlichsten esoterischen Strömungen Europas. Sie besteht aus den beiden Büchern *Sepher Jezirah* und *Sohar*, die die Schöpfungslehre und -gesetze

(„Berschit“ = „im Anfang“, das erste hebräische Wort des Alten Testaments) ebenso umfaßt wie die Lehre von Gott und der Offenbarung („Merkaba“ = das Fahrzeug der Übermittlung der Gottesbotschaft). Nach der kabbalistischen Kosmogenie, der Schöpfungslehre, ist das Göttlich-Geistige, „Unendliche“, *En-Sof,* der Urgrund des Seins, das nur durch sich selbst verstanden werden kann. En-Sof schafft in einem Urblitz zehn Sphären, *Sephirot,* die verschiedene Energieschwingungen manifestieren (z. B. die Erkenntnis, die Weisheit, die Krone, die Gnade, die Macht . . .). Die Sephirot bilden in einem Stufenaufbau den Baum des Lebens, der *Adam Kadmon,* den (ersten) Menschen repräsentiert. Sie werden symbolisch verschiedenen Körperteilen des idealisierten Adam Kadmon zugeordnet und sind dabei beinah völlig identisch mit den *Chakren* im Yoga (Energiezentren in einem „Astralleib“ des Menschen). Da wie dort ist der Mensch ein Abbild des Kosmos. Den Chakren-Meditationen entsprechen daher kabbalistische Sephirot-Meditationen.

Die Schöpfung selbst gebiert vier Welten oder Ebenen: Atziluth, die grenzenlose Welt der göttlichen Schöpfung, Beriah, die Ebene des Geistes, Jezirah, die Ebene der Seelen, Engel und Dämonen, und Assiah, die materielle Welt (es gibt hier mehrere Systeme mit unzähligen Zuordnungen). Der Mensch sollte danach streben, in die oberen Ebenen aufzusteigen, indem er das Böse überwindet. Wenn ihm dies gelingt – in einem Zyklus von Wiedergeburten –, so stillt er die Ursehnsucht der Schöpfung, nämlich deren Wiederkehr und Heimkehr in den Urgrund des Seins, zu Gott.

Die „praktische“ Seite der Kabbala beruht auf den 22 Buchstaben des hebräischen Alphabets, deren jeder einer Hieroglyphe, einem Zahlenwert, einem bestimmten Gedanken oder einer definierten Idee, einem besonderen Ton oder Klangwert entspricht. Durch Buchstabenkombinationen, die konzentriert gedacht oder intoniert werden, können Kraftfelder, Chakren, ja Mächte aus den „höheren Welten“ aktiviert bzw. angerufen, „evokiert“ werden – der magische Aspekt der Kabbala, der zu einem unübersehbaren Wirrwarr von Zauberformeln, Beschwörungssprüchen und Ritualen degenerierte. Durch die Verknüpfung von Zahlwerten mit Buchstaben sind bestimmte Gesamtzahlen von Namen, Dingen, Ideen, Gedanken, Gegebenheiten etc. eruierbar, die man dann nach diversen magisch-kabbalistischen Systemen bewerten kann.

Diese Systeme der *Numerologie* oder „Gematria" (d. h. eigentlich Geometrie) werden, oft verbunden mit dem Tarot, zur Deutung heiliger Texte, von Namen usw. herangezogen und immer wieder in magischen, auch schwarzmagischen Systemen verwendet.[154] Mittlerweile wuchert die Zahl der Systeme: Im hebräischen Alphabet werden nur die Konsonanten geschrieben, es ergaben sich durch das Einfügen unterschiedlicher Vokale unzählige Konsonantenkombinationen, außerdem wurden unterschiedliche Zahlwertsysteme auf andere Sprachen und deren Buchstabensysteme übertragen – die Zahl der Interpretationen ist also Legion . . .[155]

Ein Beispiel möge als Verdeutlichung genügen: Der unaussprechliche *Name Gottes* besteht aus den Buchstaben JHVH – *Jod-He-Vau-He.* Dieselbe Buchstabenfolge besitzt der hebräische Name Jesu, nämlich Jehoschua (u wird v gleichgesetzt), dazwischen ist jedoch ein sch, das Schin, eingeschoben, das die göttliche Dreieinigkeit der ersten drei Sephirot repräsentiert, Gott den Vater, Gott die Mutter und den allumfassenden Gott, dessen Zeichen die Flamme, das Licht ist. Die vier Buchstaben JHVH bedeuten die vier Elemente Feuer, Luft, Wasser und Erde. Der hebräische Name Jesu steht also für die Materiewerdung der göttlichen Dreiheit, die das Licht in die Finsternis bringt und zur Ganzheit führt. Das Symbol Christi ist das Kreuz: eine zweifache Verknüpfung zweier entgegengesetzter Pole, deren waagrechte Verbindungslinie Raum und Zeit, die senkrechte Himmel und Erde eint.

Die Kabbala hatte, wie dieses Beispiel zeigt, nicht nur jüdische, sondern auch sehr viele christliche Anhänger, darunter die Mystiker Pico de Mirandola, Johannes Reuchlin, Jakob Böhme und Franz von Baader. Auf kabbalistischer Basis beruht die jüdisch-mystische Bewegung der *Chassidim* („die Frommen"), deren Ideen auch der Religionsphilosoph Martin Buber propagierte.[156]

Christentum – die Gnosis

> *Wer sucht, soll nicht aufhören zu suchen, bis daß er findet. Und wenn er gefunden hat, wird er verwirrt sein. Und wenn er verwirrt ist, wird er verwundert sein und über das Universum herrschen ...*
> *Erkenne, was vor deinem Gesichte ist, und was dir verborgen ist, wird sich dir entbergen; denn nichts Verborgenes, das nicht manifest gemacht würde.*
>
> Jesus Christus

„Gnosis" bedeutet „Erkenntnis", eher noch Ein-Sicht in sich selbst oder An-Sicht des eigenen Selbst. Sie ist eigentlich der „Urgrund", der von religiösen Strömungen interpretiert wird.

Als esoterische Richtung enthält sie Elemente aus den verschiedensten religiösen und mystischen Systemen: aus Babylon, Ur und Chaldäa etwa die Astrologie; aus Ägypten Teile der Mythologie; von Zoroaster, den Mandäern und Manichäern die Licht-Dunkel-, Gut-Böse-Dualität; von den Griechen die den Mysterien ähnlichen Riten, Geheimkulte und Einweihungen; aus dem Judentum den Endzeitglauben; vom Christentum die Worte und die Gestalt Jesu Christi ...

Die Gnosis zerfiel in zahlreiche Richtungen, Kirchen, Sekten und Gruppierungen, die teils unterschiedliche Lehren vertraten. Gemeinsam war ihnen meist der Glaube an eine ewige Urgottheit, die jenseits des Universums – transzendent – existiert, ohne zu handeln. Aus den Gott innewohnenden dualen Prinzipien – dem Männlichen und dem Weiblichen – entstehen „Emanationen" („Hervorbringungen"), deren eine rebelliert, dem Reich des Lichtes entflieht und als *„Demiurg"* („Schöpfer") die Materie in die Welt setzt. Diese Welt als Schöpfung einer abgefallenen Lichtgestalt repräsentiert das Reich des Bösen, der Finsternis. Nachdem er aber ursprünglich aus Gott stammt, sind im Menschen sowohl Elemente des Hellen als auch des Dunklen enthalten. In seiner Lebensführung entscheidet er letztlich, wem er sich zugehörig fühlt. Der Welten Lauf ist ein steter Kampf der „Söhne des Lichts" gegen die „Söhne der Finsternis". Sehnsucht und Bestimmung des tragisch in die Welt „geworfenen" Menschen ist die Rückkehr zu Gott, sie ist durch die Erkenntnis – Gnosis – erreichbar. Gnosis erlangt man durch Gnade, durch einen Mittler – Jesus Christus – und vor allem durch eigene Anstrengung (meist Konzentration, Askese, Umkehr). Wer die Gnosis nicht erzielt, wird nicht erlöst und muß in einem weiteren Leben nach Erkenntnis streben. Damit sei nur knapp ein Grundtypus gezeichnet: Im vielfältigen Kosmos gnostischer Strömungen sind zahlreiche andere Varianten zu finden, nicht nur leibfeindlich-asketische, sondern durchaus auch sinnenfroh-libertinistische.

Auch Jesus wird oft mit der Gnosis in Verbindung gebracht, einige Forscher halten Jesus für einen Gnostiker. Ein gut Teil des Jesus-Bildes der Gnosis entstammt jenen Evangelien und Schriften, die kirchlicherseits nicht in den Kanon der heiligen Evangelien aufgenommen worden waren, wie etwa den 1945 aufgefundenen Nag-Hammadi-Texten (dem Thomasevangelium) und ähnlichen „apokryphen" („verborgenen") Evangelien und Quellen. Aber auch die „offiziellen" Evangelien enthalten gnostisches Gedankengut, ebenso die Schriften des heiligen Augustinus oder vieler Mystiker. Deutliche Anklänge finden sich überdies in den Schriften der Qumran-Sekte der *Essener*, deren Anhänger Jesus nach Ansicht einiger Forscher gewesen ist. Zu Leben, Person und Sterben Jesu Christi gibt es Legenden sonder Zahl, so soll er beispielsweise in Indien bzw. Kaschmir gelebt haben und dort auch begraben sein.[157] Wollte man alle Berichte und Vermutungen für bare Münze halten, hätte Jesus an neun verschiedenen Orten sterben müssen ...

Der Gnostizismus besaß zu allen Zeiten eine erhebliche Anziehungskraft – von Glaubensgemeinschaften, Orden und Geheimgesellschaften wie den Katharern oder Templern über die Freimaurer bis hin zu manchen Formen des Protestantismus oder zu literarisch-philosophischen Strömungen wie dem Existentialismus. Jenseits esoterischer Geheimgesellschaften sind gnostische Ideen zum Teil auch in die deutsche Romantik, in die Psychologie Carl Gustav Jungs, in die Philosophie Arthur Schopenhauers und Martin Heideggers, in die Christuslehre Rudolf Steiners eingeflossen. Auf diese Verbindung und auf gnostische Elemente in nationalsozialistisch-antisemitischen Ideologien hat Micha Brumlik überzeugend hingewiesen.[158]

Die Kirche verfolgte die Gnosis, weil diese Erlösung durch Erkenntnis, *Selbsterlösung* und ohne priesterliche Mittler verhieß und weil sie die innere, mystische Schau ebenso als Weg zum Göttlichen anerkannte. Schließlich räumte die Gnosis dem Weiblichen einen Stellenwert ein, wie es die katholische Kirche nie über sich gebracht hat.

„Die Gnosis war die größte Herausforderung des Christentums, und sie wird es auch bleiben", sagt der katholische Theologe Jean Baptist Metz.[159]

Eine einzige ungebrochene Tradition erhielt sich durch die Jahrhunderte: Die gnostische Religion der Mandäer hat sich vom Altertum bis in die Moderne hinübergerettet, rund 35.000 Mitglieder dieser Gemeinde leben im Irak und im Iran. Sie berufen sich auf Johannes den Täufer und werden von ihren islamischen Nachbarn „Täufer" genannt.[160]

Islam – der Sufismus

In einem Augenblick hebe dich heraus aus Zeit und Raum.
Leg die Welt beiseite, und werde Welt in dir.

Schabistari

Über eine beachtliche esoterische Tradition verfügt auch der Islam. Im Gegensatz zum Christentum hat sich jedoch der orthodoxe Islam nach anfänglichen Widerständen mit den esoterisch-mystischen Strömungen versöhnt. Repräsentanten dieser Strömungen sind die *Sufis,* die „Wollbekleideten". Einige ihrer Traditionen und Lehren sind älter als die Religion Mohammeds und gehen auf Zoroaster, auf Buddhismus, Judentum, Gnosis und Christentum zurück.

Ziel der Sufis ist es, zum Einen, zu Gott, zu Allah zurückzukehren. Dem steht die menschliche Selbstsucht entgegen, die überwunden werden muß. Die Sufis leben einfach, häufen keinen Besitz an (sie tragen das Wollkleid der Besitzlosen) und konzentrieren sich auf den *vierteiligen Weg („Tariqa")* der Befreiung: die sinnliche Wahrnehmung ist zu reduzieren, individuelle Eigenschaften und schließlich das Ego sind auszulöschen, damit es zur Einheit mit Gott kommt.

Eines der Vehikel auf diesem Wege sind die Trance- und Ekstasetechniken der heulenden *Derwische* (persisch: „Bettler"), die sich möglichst rasch um ihre eigene Achse drehen und dabei den Namen des Herrn rufen, denn die Welt besteht aus Klang und nur die Wiederholung diszipliniert den Geist. Durch den Tanz, durch Meditation und Kontemplation nähern sie sich dem geliebten Göttlichen, das sie von allem befreit: „Einmal ans Meer gelangt, sprichst du nicht mehr von Nebenflüssen", heißt es im „ummauerten Garten der Wahrheit" des Hakim Sanai.[161] In Männerorden werden esoterische Weisheiten weitergegeben und Riten gepflegt.

Der Sufismus, der eine tolerante Tradition besitzt, hat bedeutende wissenschaftliche Erkenntnisse und eine sehr poetische Philosophie hervorgebracht. Über das maurische Spanien war er daran beteiligt, das Wissen des Ostens in das damals kulturell unterlegene christlich-abendländische Europa zu vermitteln (so kam die von den Indern „erfundene" Null in die Mathematik) und eine Renaissance der griechischen Philosophie zu ermöglichen. Zu den wichtigsten islamischen Wissenschaftlern und Philosophen, die auch für Europa bedeutend waren, zählen Avicenna und Averroes.[162] Einiges vom spirituell-esoterischen Wissen ist in westliche Orden und Vereinigungen eingeflossen, z. B. in die Systeme der Templer, Rosenkreuzer und Freimaurer.

In moderner Zeit erfährt das Sufitum auch im Westen eine Renaissance, die nicht mit dem islamischen Fundamentalismus, sondern mit einem Erstarken des Spirituellen zusammenhängt.[163]

Esoterische Strömungen im Mittelalter

Das Christentum hatte sich im Laufe der Jahrhunderte gegen viele konkurrierende Religionen und Kulte durchzusetzen, auch rang es jahrhundertelang in den verschiedensten Richtungen und Spaltungen um die konkrete Bestimmung seiner Glaubensinhalte (so wurde etwa der *christliche Glaube an die Wiedergeburt* erst durch das ökumenische Konzil von Konstantinopel im Jahre 553 als häretisch ausgeschlossen). Im Jahre 311 wurden nach der Bekehrung Kaiser Konstantins die Christenverfolgungen mit dem Toleranzedikt von Mailand eingestellt, 380 erklärte Kaiser Theodosius I. das Christentum zur verbindlichen Staatsreligion.

Dieser Machtzuwachs erleichterte es dem Christentum, gegen seine Konkurrenten vorzugehen. Speziell gnostisch-esoterische Strömungen wurden in den Untergrund gedrängt: Mystiker und spirituelle Menschen, die den „Direktkontakt“ zum Göttlichen suchen und sich weniger auf die vermittelnde Rolle von Priestern oder einer Organisation verlassen wollen, sind schwerer zu kontrollieren, außerdem können sie der Institution ihre Schäfchen abspenstig machen. So kam es allmählich zu einer Umkehrung der Positionen: Waren es in der Frühzeit des Christentums Glaubensstarke, die als Märtyrer für ihre Überzeugung und für ihren Herrn Jesus Christus den Tod fanden, so malträtierte nunmehr die Kirche im Namen ebendesselben Herrn Jesus Christus Abweichler und schlug den vermeintlichen Häretikern für deren Überzeugungen den Kopf ab.

Die Katharer

Die Institutionalisierung und Hierarchisierung der Kirche, ihr Machtzuwachs aufgrund des Bündnisses zwischen Thron und Altar riefen jedoch immer wieder Widerstände, Reformbewegungen und Rebellionen hervor. Eine dieser Bewegungen, verknüpft mit im Untergrund weitergetragenem gnostischem Gedankengut, wuchs zu einer beachtlichen Gegenbewegung an. Als sich die Rebellion ebenfalls institutionalisierte und Gegenbischöfe einsetzte, läuteten in Rom die Alarmglocken.

Die *Katharer* (griechisch: „katharoi“ = „die Reinen“, von daher kommt unser Wort „Ketzer“) haben einen guten Teil ihres Weltbildes von den Manichäern übernommen: Einem bösen Gott, dem Teufel des Alten Testaments, steht in ständigem Kampf der gute Schöpfergott gegenüber, mit dem reinen Engel Jesus Christus an seiner Seite. Gewalt gegenüber jedweder Kreatur ist abzulehnen. Selbsterlösung ist durch Aufnahme in die Gruppe und durch Askese möglich. Nachdem es mit letzterer so seine Schwierigkeiten hat, gab es zwei Kreise: einen inneren Kreis der „Vollkommenen“ und einen weiteren der „Gläubigen“.

Die Katharer wurden alsbald eine Volksbewegung und stießen auch bei der örtlichen Staatsmacht auf gewisse Sympathien (vor allem in Südfrankreich, aber auch in Norditalien und im westlichen Deutschland). Ähnliche, zum Teil sich überschneidende Bewegungen waren die *Albigenser* (nach der südfranzösischen Stadt Albi), die *Waldenser* (nach dem Kaufmann Peter Waldes) und die *Bogumilen* (bulgarische Manichäer, die nach der Eroberung des Balkans durch die Türken in Bosnien großteils zum Islam übertraten; von daher rührt das islamische Element in Bosnien-Herzegowina). Speziell die Waldenser betonten die Rückkehr zu den Evangelien und das Armutsgelübde, ihre Forderungen waren denen der Reformation nicht unähnlich.

Die Kirche begann ihre Feldzüge gegen Katharer, Albigenser und Waldenser 1209 mit den Albigenserkriegen; im Jahre 1229 wurden Zigtausende Menschen hingemetzelt. Allein in Béziers wurden 30.000 Menschen durch die kirchlichen Truppen ermordet. Eine kleine Gruppe konnte sich einige Zeit auf der Burg Montségur halten, der legendären Gralsburg Montsalvat aus der Parzivalsage des Wolfram von Eschenbach.[164]

Obwohl die Inquisition ganze Arbeit geleistet hat, flossen einige der ketzerischen Ideen in den teilweise parallel bestehenden Templerorden ein.

Die Templer

Die Jahrtausendwende brachte eine Welle religiöser Begeisterung (und Furcht) mit sich, man erwartete das nahende Weltende samt der Wiederkunft Christi. Als die türkischen Seldschuken den Kalifen von Ägypten das (638 von den Mohammedanern eroberte) Jerusalem entrissen und ein byzantinisches Heer vernichtend schlugen, tauchten im Westen erste Ideen auf, den orientalischen Christen zu Hilfe zu eilen.

Das tödlich bedrängte Byzanz wandte sich nunmehr offiziell an Rom, mit der dringenden Bitte um Unterstützung, was Balsam auf die wegen des Abfalls Ostroms wunde Seele des Papstes war. Auf der Synode von Clermont 1095 ruft Papst Urban II. zur Befreiung des Heiligen Landes von der Herrschaft der Ungläubigen, zu den Kreuzzügen auf – „Deus lo volt" („Gott will es"). Die Parole heißt „Jerusalem", das Symbol wird das weiße Kreuz auf rotem Grund.

Die Kreuzzüge bieten der Kirche mehrere Chancen: Christen und auch potentielle Ketzer sammeln sich unter dem Banner des Papstes, die gewaltige Kraftanstrengung des Abendlandes erfolgt unter einer geistigen Idee und stärkt somit den Papst gegen Kaiser und weltliche Macht, Ostrom könnte endlich diszipliniert werden. Wer sich dem Kreuzzug anschließt, erhält nicht nur Lohn, sondern ihm werden auch seine Sünden erlassen.

Doch Jerusalem ist weit und die religiöse Begeisterung groß. Ungeduldig hält man sich an europäischen Ungläubigen, an Juden, schadlos; in deutschen Landen beginnt der „Heilige Krieg" mit dem ersten Holocaust. Auf dem Weg ins Heilige Land werden später Byzanz geplündert und Ostchristen massakriert.

1099 ist es soweit: Jerusalem ist befreit! Unter dem französischen Ritter Gottfried von Bouillon bilden sich mehrere kleinere christliche Lehensstaaten auf dem Boden des Heiligen Landes. Gottfried wird „Beschützer des Heiligen Grabes", halb Europa bricht auf, um zu den heiligen Stätten zu pilgern.

Dieser Pilgerzug muß gesichert und betreut werden. Orden entstehen, die das asketische mit dem ritterlichen Ideal vereinen: Der *Deutsche Orden* widmet sich der Krankenpflege (Ordenstracht: weißer Mantel mit schwarzem Kreuz; heutiger Sitz: Wien); die *Johanniter* bewahren die Pilger vor Überfällen und betreiben Spitäler (Ordenstracht: schwarzer Mantel mit weißem Kreuz; nach dem Verlust des Heiligen Landes ist Rhodos neuer Sitz, später Malta – daher Malteser; heutiger Sitz ist Rom); die *Templer* („Arme Ritterschaft Christi vom Salomonischen Tempel") schützen die Wallfahrer militärisch auf ihren Wegen ins Heilige Land und während ihres Aufenhalts. Ihr Kennzeichen wird das rote Kreuz auf weißem Mantel.

Gründer des Templerordens im Jahr 1118 ist Hugo von Payns, die Ordensregeln stammen höchstwahrscheinlich von Bernhard von Clairvaux. Als Hauptquartier erhielten sie jenen Platz zugewiesen, an dem sich früher der Tempel Salomons befunden hat, den die Römer 70 n. Chr. zerstört hatten. Den Felsendom wandelten sie in eine Kirche um. Bei archäologischen Grabungen auf dem Tempelberg legten sie die „Stallungen Salomos" frei und brachten dort ihre Kavallerie unter. Das Heilige Grab unterstand ihrem Schutz.

Militärischer Schutz war teuer, doch die Beiträge der Pilger konnten sich sehen lassen. Hinzu kamen beträchtliche Spenden dankbarer Fürsten und Könige, die die Ritter sicher zu den heiligen Stätten geleiteten. Templer und Johanniter überzogen das Heilige Land und die Wege dorthin mit einer Unzahl befestigter, gewaltiger Burgen. Allein in Frankreich gab es rund 2000 Komtureien. Zur Erhaltung dieses umfangreichen logistischen Systems entwickelten sie ein Handels- und Finanzsystem und übernahmen von Venezianern und Lombarden die Einrichtung des Wechselbriefs.

Doch 1187 nimmt Sultan Saladin Jerusalem wieder ein, und 1291 fällt Akkon als letzte christliche Bastion. Damit verlieren die Templer einen Teil ihrer Machtbasis. Zudem geraten sie in das Machtspiel zwischen Papst Clemens V. und Philipp dem Schönen von Frankreich, der ein Auge auf ihre Schätze und Besitzungen geworfen hat. 1305 wird der Orden angeklagt, 1309 werden alle Templer in Frankreich verhaftet. Der letzte Großmeister, Jacques de Molay, widerruft am 17. März 1314 seine erpreßten Geständnisse. Einen Tag später wird er in Paris auf dem Scheiterhaufen verbrannt. Der Papst stirbt einen Monat, der König sechs Monate später.

Soweit kurz die äußeren, „exoterischen" Fakten.

Um die „innere", „esoterische", „geheime" Geschichte der

Templer ranken sich unzählige Legenden. Die Anklagepunkte haben es jedenfalls in sich: Man beschuldigte die Ritter, bei ihren (geheimen) Ritualen Christus, die Jungfrau Maria und die Heiligen zu leugnen, eine Teufelsfratze – *„Baphomet"* – zu verehren, die Leiber verstorbener Templer zu braten und das Kreuz anzuspeien. Dazu kam der Vorwurf ritueller homosexueller Praktiken. Die Anklage stützte sich auf Geständnisse. Wer alles zugab, wurde begnadigt, ja erhielt nach Versöhnung mit der Kirche eine Pension. Wer leugnete, wurde langsam qualvoll verbrannt.

Die ganze Wahrheit wird wohl kaum ans Licht kommen. Es wurde immer wieder versucht, einen wahren Kern der Anklagepunkte zu finden, von Sexualmagie über gnostischen Satanismus kamen schon alle möglichen Varianten an Erklärungen ins Spiel.

Nach neueren Forschungen scheinen die Templer ein manichäisch-gnostisches Weltbild vertreten zu haben. Auf ihren Bauten, Insignien etc. wurden zahlreiche gnostische Symbole entdeckt (Rosetten, Kreuze, Sterne, Buchstaben etc.; einige wurden allerdings europaweit auch von der Kirche offiziell verwendet). Gerüchteweise haben sie die Gesetzestafeln Moses' oder die Bundeslade der Israeliten gesucht und/oder gefunden. (Inschriften in der Kathedrale von Chartres könnten darauf hindeuten. Der britische Hobbyarchäologe Graham Hancock ortet die Bundeslade in einer Kirche in Akzum in Äthiopien, der Heimat der Falascha, der „schwarzen Juden", die 1984 in einer – nach ihren Legenden prophezeiten – Flugbrücke namens „Operation Moses" nach Israel ausgeflogen wurden. In Äthiopien gibt es zahlreiche Kirchen mit Templersymbolen.[165])

Ebenso ist die Sage des *Heiligen Grals* mit den Templern verknüpft.

Fast mit Sicherheit läßt sich sagen, daß die Templer Kontakte mit dem Islam und mit Sufi-Orden hatten und daß sie auf diese Weise mit älteren ägyptischen, gnostischen, manichäischen und zoroastrischen Traditionen in Berührung gekommen sind. Ihre Kampftaktik sollen sie von der ismaelitischen *Assassinen*-Sekte des „Alten vom Berge" übernommen haben. („Assassinen" heißt eigentlich „Haschisch-Raucher" und bezieht sich auf die Praxis der Sekte, sich mittels der psychedelischen Wirkung der Droge in Trance zu versetzen; aufgrund ihrer terroristischen Überfälle wurde im Französischen dann aus ihrem Namen die Bezeichnung „assassin" = „Mörder".) Möglicherweise kam auch das persische Alchemistensymbol der Rose durch die Templer nach Europa, wo es dann mit dem Kreuz zum *Rosenkreuz* verschmolzen wurde (die Rose gilt auch als Symbol der Verschwiegenheit).

Überliefert ist, daß auf Anregung der Templer den Baumeistern der großartigen Kathedralen des Mittelalters besondere Freiheiten und Privilegien eingeräumt wurden. Sie waren dann „freie Maurer". Schon vorher hatten sich Baumeister zu (religiösen) Bruderschaften zusammengeschlossen.

Fast in ganz Europa wurden die Besitztümer des Ordens beschlagnahmt, die Templer verboten. Manche gingen in den Untergrund. Für die vermutete Flucht einiger starker Templergruppierungen mit einer ordenseigenen Flotte vom Kontinent nach Schottland spricht eine Kette von Indizien. Die (englische) *Freimaurerei* führt einen Teil ihrer Traditionen auf die Tempelritter zurück.[166]

Das Geheimnis der Templer hat esoterisch Interessierte immer wieder fasziniert, auch Napoleon ließ sich die entsprechenden Akten aus den Vatikanarchiven bringen, und die „braunen Magier" um Hitler entfachten im verborgenen einen wahren Templerkult. Schon der „Mann, der Hitler die Ideen gab" (wie Wilfried Daim ihn nannte), Lanz von Liebenfels, war Gründer eines Templerordens. Heute gibt es zahlreiche Templer- und Grabesritterorden, die sich teilweise auf ihr mittelalterliches Vorbild berufen.[167]

Der Mythos vom Heiligen Gral

Der Gralsmythos spiegelt ein esoterisches Grundthema wider: die Suche nach dem Göttlichen und dem eigenen Selbst. Sie führt über mannigfache Irrwege zur inneren Wandlung und zu einem reifenden Werden. Initiation und stufenweise Einweihung in spirituelle Geheimnisse sind darin ebenso enthalten wie das Aufsteigen zu einer erhabenen Gruppe weiser Menschen.

Im Gralsmythos sind angelsächsische, keltische, christliche und östlich-esoterische Traditionen verschmolzen. Der *„Gral"* kommt sprachgeschichtlich wahrscheinlich vom altfranzösischen „graal" und bedeutet soviel wie „(heiliges) Gefäß". In diesem Gefäß soll Christus beim letzten Abendmahl Wein in sein Blut verwandelt haben.

Andere Deutungen halten den Gral für jenen Kelch, mit dem das Blut des Gekreuzigten aufgefangen wurde. Josef von Arimathäa, der Christi Grab gestiftet hat, habe dann den Gral auf einer Seereise nach England gebracht. In Wolfram von Eschenbachs „Parzival" (der sich an Chrétien de Troyes anlehnt) erscheint der Gral einmal als „heiliges Ding", dann wieder als Edelstein, der Luzifer bei seinem Sturz aus der Krone gefallen ist und den (nach teilweise anderer Überlieferung) Engel zur Erde brachten.[168]

In weiteren Quellen wird er als wundertätige Schale bei König Artus' Tafelrunde dargestellt.

Eine Schar geheimer Ritter bewacht den Gral auf der sagenhaften Burg *Montsalvat,* an ihrer Spitze steht ein alter, gebrechlicher und verwundeter König. Parzival, zum nächsten Oberhaupt der Ritterrunde bestimmt, findet die Burg zufällig, erkennt jedoch nicht den Sinn dieser Fügung und wird abgewiesen. Nach Irrfahrten und innerer Reifung kehrt er zurück und kann den Thron übernehmen.

Bisweilen erscheint auf dem Gral eine Schrift, die ankündigt, daß auf der Welt Not herrscht. Dann brechen Ritter in geheimer Mission auf, um den Menschen zu helfen. Nicht jeder, der den Gral sucht, kann ihn auch finden, denn zum Gralsritter wird man berufen und auserwählt. Richard Wagner hat den Motivkomplex in seinen Opern „Lohengrin" und „Parsifal" vertont.

In den Legenden herrscht eine eigentümliche melancholische Stimmung, eine Mischung aus christlichem Erlösungs-, keltischem Schicksalsglauben, östlich-spiritueller Hoffnung und griechischem Drama. In einer der Artusvarianten scheitert der

König, weil sich seine Ritter und er selbst entgegen ihrer Bestimmung zu sehr dem Weltlichen ergeben: Neue Zeiten und neue, würdigere Menschen könnten ihr Schicksal eher erfüllen. Bis dahin muß Artus' Schwert Excalibur, von Artus selbst in die Meeresfluten versenkt, auf den Retter warten. König Artus selbst, enttäuscht und seiner Sendung nicht gerecht geworden, segelt in einem Schiff gen Westen, ins ferne Avalon, das vielleicht Atlantis gewesen sein mag . . .

Das ist natürlich ein klassisches Thema für esoterische Orden – da ist alles drin: Heilserwartung und -gewißheit, Einweihung in letzte Geheimnisse, Tragik des Lebens und Werdens, Verstrikkung in Verheißung und Verdammnis, Schuld und Sühne. Hinzu kommen heilige Schauer, Rückblicke auf Jahrtausende und uralte, mystische Prophezeiungen.

Über den wahren, verborgenen Sinn der verschiedenen Aspekte des Gralsmythos ist immer wieder gerätselt worden. Es ist schwierig, einen Zugang zu finden, wenn sich verschiedene Legenden und damit Sinnelemente, die einander teilweise widersprechen, überlagern. Manche identifizieren den Gral mit der Bundeslade der Israeliten.[169] Ein britischer Hobbyarchäologe will ihn nach siebenjähriger Suche als Onyxkelch in Rugby identifiziert haben.[170]

Eine ebenfalls relativ junge These besagt, „Heiliger Gral" sei die Übersetzung der aus dem altfranzösischen „sangue royal" („heiliges Blut") durch falsche Trennung entstandenen Verballhornung „san gral". Jesus habe Nachkommen gehabt, die nach Südfrankreich geflüchtet sind. Aus ihnen seien die Merowinger und andere europäische Adelshäuser hervorgegangen. Die Templer hätten von dem Geheimnis gewußt, und sie hätten es gehütet. Vor allem deshalb habe die Kirche den Orden beseitigen müssen. Noch heute wache eine geheime Bruderschaft mit politischen Ambitionen über die Nachkommen Christi, das heilige Blut, nämlich die Prieuré de Sion, die die Idee eines paneuropäischen Königtums predigt, in dem geistliche und weltliche Macht (möglicherweise unter Habsburgischer Führung) (wieder)vereinigt würde.[171]

Der Gralsmythos ist von politischer Seite wiederholt mißbraucht worden. In seinem okkulten Wahn ließ etwa der Reichsführer SS Heinrich Himmler auf der Wewelsburg seinem Geheimorden „Ahnenerbe“ ein sakrales Quartier bauen, wie er es sich für Artus' Camelot vorstellte, und nahm überdies den Gralsfanatiker und Arierpropagandisten Otto Rahn in die SS auf.[172]

Auch heute noch gibt es zahlreiche Gralsritterschaften, darunter die des Otto Ernst Bernhardt, der behauptete, in einer Offenbarung erfahren zu haben, Gottes Sohn und der wiedergeborene Christus zu sein. Dieser Gralsorden ist in Tirol beheimatet.[173]

Eine kurze Reise in Teilregionen von „Eso-Land“

Bei unserer schnellen Zeitreise durch einige Epochen der Esoterik halten wir jetzt inne.

Das Mittelalter war eine Hoch-Zeit auf diesem Gebiet. Mit dem Aufkommen der Wissenschaften an der Schwelle zur Neuzeit ist das esoterische Denken wieder etwas in den Hintergrund getreten, erst in der Renaissance und im 19. Jahrhundert lebte es wieder auf.

Wir sehen uns nun, ohne einer bestimmten Systematik zu folgen, in einigen Teilregionen im so riesigen „Eso-Land“ um (Anmerkungen, Quellen und Literaturverzeichnis bieten Tips für die „Weiterreise“). Beginnen wir bei einer der ältesten Ideen der Menschheit: bei dem Traum, Zukunft oder Schicksal aus dem Stand der Sterne deuten zu können.

Astrologie

> *Alles hat seine Stunde. Für jedes Geschehen unter dem Himmel gibt es eine bestimmte Zeit: eine Zeit zu gebären und eine Zeit zu sterben, eine Zeit zu pflanzen und eine Zeit zu ernten, eine Zeit zu töten und eine Zeit zu heilen, eine Zeit niederzureißen und eine Zeit aufzubauen, eine Zeit zu weinen und eine Zeit zu lachen, eine Zeit zu klagen und eine Zeit zu tanzen, eine Zeit Steine zu werfen und eine Zeit sie einzusammeln, eine Zeit zu umarmen und eine Zeit sich zu trennen, eine Zeit zu suchen und eine Zeit zu verlieren, eine Zeit zu behalten und eine Zeit wegzuwerfen, eine Zeit zu zerreißen und eine Zeit zusammenzufügen, eine Zeit zu schweigen und eine Zeit zu reden, eine Zeit zu lieben und eine Zeit zu hassen, eine Zeit für Streit und eine Zeit für den Frieden. Ein jegliches hat seine Zeit.*
>
> Salomo

Die chaldäischen Könige ließen die Schlacht nur beginnen, wenn die Sterne für sie günstig standen. Ronald Reagan glaubte den Sterndeutern ebenso, wie Adolf Hitler es getan hatte. Rund die Hälfte der Deutschen glaubt, daß die Sterne ihr Schicksal beeinflussen.[174] Und in Österreich boomt die Wirtschaftsastrologie, die Managern, Unternehmern, Firmen und Produkten die Zukunft anhand der diversen Planetenkonstellationen vorhersagt.[175]

Seit Urzeiten beschäftigt sich der Mensch mit dem Sternendach über seinem Haupt. Die *Astrologie* entstammt dem Zweistromland. Die Beobachtung von Sonne, Mond und Sternen diente landwirtschaftlichen Zwecken, sie gab zuverlässige Richtzeiten für Aussaat und Ernte. Alsbald wurden die Himmelskörper vergottet und rituell verehrt. Alle Hochkulturen besaßen eine auch unter heutigen Begriffen erstaunlich detaillierte und genaue Astronomie. Selbst Stonehenge und die Pyramiden der Ägypter und der Maya dienten auch astronomischen Zwecken.

Die Astrologie nimmt grundsätzlich an, nach dem esoterisch-hermetischen Prinzip des „Wie oben, so unten“ gäbe es Entsprechungen zwischen Sternenkonstellationen und (menschlichen) Lebenswegen (Entsprechungslehre). Nach der Strahlenhypothese geben die Himmelskörper (uns noch unbekannte) Strahlungen ab, die das Geschehen auf der Erde beeinflussen. Die Feldtheorie wiederum geht davon aus, daß alles Sein im gesamten Universum durch umfassende (Energie-)Felder verbunden ist, deshalb fänden ständig Wechselwirkungen statt.

Einflüsse von Sonne und Mond etwa auf Wachstum und Rhythmen sind heute unbestritten. Sie sind die ältesten Zyklen, denen die Menschheit begegnete. Die Menstruation ist eine Mondperiode. Ebbe und Flut sind Signale der Mondeinflüsse. Der Vollmond wirkt auf viele Menschen. Durch die Jahrhunderte hat sich uraltes Wissen in die Gegenwart hinübergerettet und wird heute wieder angewendet. So ist es keine Seltenheit, wenn Termine für Operationen und viele andere Vorhaben nach einem Mondkalender angesetzt werden.[176]

Die Frage, ob Sternenkonstellationen tatsächlich Schicksal, Charakter, Lebensverlauf und Zukunft (mit)bestimmen, ist jedoch nach wie vor umstritten. Daß Schützen und Löwen die meisten, Fische und Stiere die wenigsten Unfälle bauen, daß Stiere und Wassermänner am häufigsten unter Managern und Fische unter Künstlern zu finden sind, mag vielerlei Ursachen haben, und es kann auch andere Zusammenhänge und Korrelationen geben.

Dasselbe gilt allerdings fairerweise auch für die verschiedensten Vermutungen der Astrologie.

Skeptiker betonen, Astrologen neigten entweder zu undeutlichen oder zu Was-sonst-Aussagen („Wenn Sie heute nicht ganz scharf aufpassen, könnten Sie einen Unfall erleiden"), außerdem seien manche Prognosen klassische Selffulfilling prophecies, das bedeutet, wenn man an eine Deutung glaubt, verhält man sich so, daß sie sich erfüllen muß. Chinesen, die im – laut Astrologie – „krebsgefährdenden" Jahr der Erde geboren wurden, starben bei einer tatsächlichen Erkrankung bis zu fünf Jahre früher als Menschen anderer Jahrgänge. Forscher erklären sich das damit, daß die relativ horoskopgläubigen Chinesen ihre Krankheit gleichsam „erwarteten" bzw. sich fatalistisch ihrem Schicksal ergaben und nicht psychischen Widerstand leisteten.[177] Ein weiteres skeptisches Argument bezieht sich darauf, daß verschiedene Zeiten und Völker jeweils unterschiedlichste astrologische Systeme entwickelt haben, die einander teilweise sogar widersprechen: Welches stimmt nun, welches ist falsch?

Astrologen deuten immer wieder daneben. Da werden Helmut Kohl und Franz Vranitzky Wahlniederlagen, Rudolf Scharping und den österreichischen Grünen hingegen Siege vorausgesagt[178], tatsächlich ging es 1993 in Deutschland und 1995 in Österreich genau umgekehrt aus. Und entgegen den düsteren Prophezeiungen der Sternenkundigen hat der Papst das Jahr 1994 überlebt, und Bill Clinton ist als US-Präsident im Amt geblieben.[179] Allerdings muß man zugestehen, daß es auch immer wieder erstaunlich zutreffende Prognosen gibt.

Was die Forschung indessen festgestellt hat, sind gewisse Korrelationen zwischen einem „Lebensfreudeindex" und der Jahreszeit der Geburt. Wer im Frühjahr oder Sommer geboren wird, besitzt eher die (statistische) Chance, eine Frohnatur, extrovertiert und etwas intelligenter zu sein als Herbst- oder Wintergeborene.[180] Aber um derlei geht es in der Astrologie nicht.

Die esoterische Astrologie geht gemäß der Entsprechungslehre davon aus, daß gewisse Himmelskonstellationen *Lebensmuster* abbilden. Dabei gibt es aber tausenderlei Varianten, dieses (eher allgemein gehaltene) Grundmuster zu leben, zu verwirklichen – ein konkret detailliertes Lebensschicksal ist daher nicht deutbar. Gestirne repräsentieren Urprinzipien, der Mond etwa das Seelische, Empfängliche, die Sonne das Geistige. Zum Geburtszeitpunkt herrschen Himmelskonstellationen, die dem rein quantitativen Aspekt der Zeit (griechisch: „chrónos") auch einen qualitativen Aspekt (griechisch: „kairós") verleihen.

Wer nun ein *Horoskop* erstellt – „in die Stunde blickt" – („hora" = „Stunde", „skopein" = „blicken"), kann diese qualitativen Aspekte einsehen und deuten. Dieses Horoskop enthält nun eine Art Lehrplan des Lebens, dem ähnlich einem Samenkorn bestimmte Lebenschancen innewohnen und dessen Erkenntnis zur Selbsterkenntnis führt und bei der Lebensbewältigung hilft.[181]

Wallenstein war ganz dem Sternenglauben ergeben. Die Sterne könnten nicht ein ganzes Schicksal im Detail bestimmen, aber die Stunde gewogen machen, sagt sein Astronom Seni bei Friedrich Schiller – und sie „lügen nicht".

Sicher ist, daß unterschiedliche Zeiten unterschiedliche Qualität besitzen können: Die Zeit ist für etwas *reif,* das aber nicht eintreten muß. Letztlich bleibt aber die Astrologie – wie so vieles auf spirituellem und esoterischem Gebiet – eine Glaubensfrage.[182]

Alchemie

Studier nun daraus du bist,
So wirstu sehen was du bist . . .
Alles was ausser unsser ist,
Ist auch in unss, Amen!
Salomon Trismosin

„Wenn der materialistische Mensch das Okkulte beurteilt, dann weiß er, daß dies alles nur Spinner waren"[183]: Wenn es ein esoterisches Gebiet gegeben hat, das für Scharlatane ein wahres Eldorado darstellte, dann war es die Alchemie (die sich entweder vom koptischen „kemi" = „dunkles Land", „dunkle Erde" = Ägypten; oder vom griechischen „chymos" = „Saft", „Flüssigkeit" herleitet, auch aus dem arabischen „chama" = „Feuer" ist die Herkunft möglich). Die Alchemie kam über die Araber via Spanien nach Europa, die sich damit als Kulturmittler aus China, Indien, Mesopotamien, Palästina und Ägypten erwiesen. Nach *Hermes Trismegistos* wird sie auch die *hermetische* Kunst genannt. Alsbald beschäftigte sich halb Europa mit der *Goldmacherkunst,* ermutigt von Fürsten und Herrschern, die mittels des alchemistischen Goldsegens dem Diktat ihrer leeren Kassen zu entrinnen suchten. Erlauchte Geister von Albertus Magnus, Nikolaus von Cues über Jakob Böhme bis zu Roger Bacon und sogar Isaac Newton beschäftigten sich mit ihr.

Die Alchemisten verfolgten materielle wie spirituelle Absichten. Grundgedanke ist, daß die Welt aus einem Urstoff („prima materia") besteht, aus dem die Urmaterialien Erde, Wasser, Luft und Feuer jeweils als Gegensatzpaare hervorgingen; durch Vereinigung oder Auflösung lassen sich die Stoffe der Welt (weil sie ja letztlich nur aus einem Urstoff bestehen) ineinander verwandeln, transmutieren. Ziel der Alchemie ist die *Transmutation* unedler Stoffe in edle; und der edelste aller Stoffe ist das Gold, das materielle Abbild der Sonne und das Symbol der Verbindung des Göttlichen mit dem Materiellen, Menschlichen.

Diese Verwandlung kann mit Hilfe eines (rötlichen) Pulvers gelingen, des *Steins der Weisen* oder roten Löwen. Wird Gold erzeugt, so ist das „Große Werk", das „Opus magnum", erreicht. Dazu ist ein mehrstufiger, komplizierter Vorgang notwendig: Trennung: Erkenntnis von Innen- und Außenwelt; Schwärzung: Selbstaufgabe; Weißung: Öffnung des Selbst; Rötung: Vereinigung aller Gegensätze. Der Stein der Weisen hilft aber auch, als *Lebenselixier* das Dasein zu verlängern (darin gleicht er der Substanz, die einst Gilgamesch suchte und der unsere Biochemiker mit Inbrunst nachjagen) oder den künstlichen Menschen zu erzeugen: den *Homunculus.*

Aber nicht nur die Materie und die gesamte Welt ist (im gnostischen Sinne) unvollkommen, auch der Mensch ist es, und er bedarf daher der Veredelung. Der materiellen Transformation entspricht eine spirituelle: Durch Einweihung, Erkenntnis und Läuterung kommt der Mensch zum „inneren Gold", er wird er selbst und wiedergeboren, er transzendiert in eine Einheit mit Gott, in der „Unio mystica", der „mystischen Hochzeit". Damit kehrt er zu seinem Ursprung zurück, die Zweigeschlechtlichkeit ist aufgehoben, männliches und weibliches Prinzip sind im Androgyn wiedervereint, der Mensch ist zum Hermaphroditen, der er einmal war, zurückgekehrt. – Ein Symbol der Alchemie ist daher die zu einem Kreis gewordene, sich in den eigenen Schwanz beißende Weltenschlange *(Ouroboros):* Eins ist alles.

Die Parallelität von Materiellem und Spirituellem erweist sich in ihrem Streben nach Ganzheitlichkeit und Ganzheit. Obwohl die Kirche die Alchemisten kritisch beäugte, gab es doch auch christliche Alchemisten, unter ihnen viel Mönche, Ärzte, Mystiker und Philosophen, wie Jakob Böhme (für den Jesus der Stein der Weisen war), Paracelsus und sogar Thomas von Aquin.

Die Alchemisten waren eifrig darauf bedacht, ihr Wissen nur an Würdige weiterzugeben, und verklausulierten ihre Werke in komplizierten Symbol- und Geheimsprachen. Auch in esoterischen Vereinigungen wurde ihre Kunst geübt, vor allem bei den Rosenkreuzern.

Immer wieder wurde von Alchemisten, darunter etwa von Rudolf II., behauptet, die materielle Transmutation sei ihnen gelungen. Nachgewiesen ist einzig und allein die (unbeabsichtigte) Erfindung des (Meißner) Porzellans durch den Alchemisten Böttger. Was von der Alchemie bleibt, ist nicht nur ein umfangreiches heilkundliches Wissen, sondern auch ihre Betonung der spirituellen Höherentwicklung des Menschen.[184] Carl Gustav Jung hat dieses ihr Streben und ihre Symbolik tiefenpsychologisch und archetypisch gedeutet.[185]

Magie, Okkultismus, ASW und Psi

Wunder geschehen nie im Widerspruch zur Natur,
sondern nur im Widerspruch zu dem,
was wir von der Natur wissen.

Augustinus

In italienischen lokalen Fernsehstationen haben nicht nur Astrologen und Hellseher ihre eigenen Sendereihen, sondern auch Magier und Okkultisten. Auf dem evangelischen Friedhof von Seewalchen fechten jugendliche Satanisten mit ausgerissenen Grabkreuzen.[186] Der Fachhandel mit Hexenzubehör blüht.[187] Schamanische Maya-Mediziner touren durch Europa, ihre Methoden und Heilerfolge erweisen sich „als Herausforderung rationalen Denkens".[188] Im deutschen Fernsehen erklärt ein Skilangläufer, er sei von seinem Bundestrainer verflucht worden und trinke seither nur noch Weihwasser.[189] Deutsche „Esoteriker" fliegen nach Haiti und nehmen an Voodoo-Kulten teil.[190] Die Rituale der „neuen Hexen" werden immer beliebter.[191] Der Erzbischof von Turin sieht sich veranlaßt, sechs neue Exorzisten einzustellen, denn in der Stadt tobt ein wiederaufgeflammter „fürchterlicher Kampf zwischen Weißer und Schwarzer Magie".[192] Okkulten Vereinigungen werden immer wieder (magische) (Ritual-)Morde vorgeworfen.[193]

Ist unser doch so aufgeklärtes Zeitalter in wirren Aberglauben und Irrationalismus zurückgefallen?

Aber was ist davon zu halten, wenn sich in der Erforschung der „Grenzgebiete der Psychologie"[194] nach genauester Systematik und Methodik mehrerlei herausstellt:

- Patienten, für die *gebetet* wird, weisen statistisch signifikant bessere Heilungsergebnisse auf und haben seltener mit Komplikationen zu rechnen als entsprechende Kontrollgruppen – doch weder sie noch jene Patienten, für die nicht gebetet wird, wissen darum; es kann sich also nicht um einen *Placebo*-Effekt handeln, bei dem eine Wirkung wegen Einbildung, positiven Denkens etc. eintritt[195];
- Phänomene der *Außersinnlichen Wahrnehmung* (ASW, oder Psi-Phänomene) wie Hellsehen, Fernbeeinflussung von Gegenständen (Telekinese), Gedankenlesen (Telepathie), Zukunftsschau (Präkognition) etc. sind mittlerweile immer öfter wissenschaftlich „sauber dokumentiert und experimentell erhärtet"[196], die Trefferquoten Psi-Begabter bei einschlägigen Versuchen am Princeton Engineering Anomalies Research Institute (PEAR) der Universität Princeton, der analogen Institute in Edinburgh, in Freiburg und beim ASW-Labor des Weltkonzerns Sony sind deutlich meßbar und experimentell wiederholbar;[197]
- wenn „magische Angriffe" offenbar „zufällig" zu verheerenden Ergebnissen mit massivsten Negativfolgen für die „Angegriffenen" führen können[198] u. v. a. m. . . .

Beschäftigung mit derlei Phänomenen definieren besonders die Kirchen (die gegen Sekten, Satanisten etc. zu kämpfen haben) als „Selbstmord des rationalen Denkens", als (Geister-)Wahn und religiösen „Analphabetismus". Das ist von der Formulierung her recht nahe dem Edikt der Heiligen Römischen Inquisition vom 5. März 1616 gegen die kopernikanische Astronomie: „Die Ansicht, die Erde sei nicht das Zentrum des Alls und drehe sich sogar einmal im Tag um sich selbst, ist philosophisch falsch und zum mindesten ein Irrglaube."[199]

Das Engagement der Kirchen für „rationales Denken" mutet dabei allerdings recht seltsam an: Immerhin liest sich die Bibel phasenweise wie ein Psi-Ratgeber, sie ist außerdem vom „Heiligen Geist" diktiert. Jesus heilte Kranke, trieb Dämonen aus, erweckte Tote zum Leben – und derlei magische Praktiken waren in seiner Zeit durchaus nicht ungewöhnlich. In apokryphen Evangelien und in der jüdischen Überlieferung ist dieses „Psi"-Element Jesu noch stärker betont.[200]

Ganz allgemein können wir Magie definieren als „die Nutzbarmachung der geheimen Kräfte in der Natur und den Versuch, zu eigenen Zwecken Einfluß auf Ereignisse zu nehmen".[201]

Dementsprechend kann man die heilige Messe – neutral formuliert – durchaus als magisches Ritual ansehen: Da finden Anrufungen des Göttlichen und der Heiligen, der Engel- und Heerscharen statt, da gibt es die Sakramente, da wird bei der Erneuerung des Taufgelöbnisses „dem Teufel widersagt", da findet eine mystische Verwandlung von Brot und Wein in Fleisch und Blut statt – wenn das nicht Magie sein soll, worin besteht dann Magie?

Eingefleischte Esoteriker sind sogar mitunter der Meinung, die Geschichte der Kirchen sei aus magischen Gründen immer wieder mit Katastrophen gespickt. Inquisition; Kreuzzüge; Ausrottung der nord- und südamerikanischen Indianer; Judenverfolgungen – und das alles im Namen des Heilszeichens, des Kreuzes: „Die römisch-katholische Dogmatik besteht ja darauf, daß sich der Wein im Meßkelch tatsächlich in das Blut Jesu verwandelt . . . Ein Lebewesen wird getötet, damit dessen Lebenskraft, deren magische Träger das Blut und der Körper des Geopferten sind, für andere zur Verfügung stehen kann. Durch Trinken des Blutes und Verzehren des Leibes wird diese Lebenskraft dann der eigenen hinzugefügt, als Mittel zur Machtsteigerung. Das aber ist schwarze Magie im reinsten Sinn."

Damit werde die christliche Lehre der Liebe in der zentralen christlichen Kulthandlung in ihr Gegenteil verkehrt. Und, schlimmer noch, die Kraft des Rituals sorge auch noch dafür, daß sich die chaotischen, ausbeuterischen Energien stärker zur Geltung brächten als die Kraft der Liebe.[202]

Auch wenn man dieser Ansicht nicht folgt, ist doch schwer einzusehen, wieso eine Institution, deren Glaubensgut Dämonen und Geister ebenso enthält wie magische Praktiken oder zahlreiche Erscheinungen und offiziell anerkannte Wunder, angesichts von ASW- oder Psi-Phänomenen jene, denen derlei widerfährt, des Irrationalismus und des Aberglaubens zeiht.

Doch kehren wir noch einmal zu unseren naturwissenschaftlichen Weltbildern zurück, und zitieren wir den französischen Mathematiker Pierre Simon de Laplace: „Wir sind weit entfernt davon, alle Agenzien der Natur und ihre verschiedenen Aktionsweisen zu erkennen, so daß es unphilosophisch wäre, Phänomene zu leugnen, einzig, weil sie bei dem gegenwärtigen Stand unserer Erkenntnisse unerklärlich sind. Nur müssen wir sie mit um so gewissenhafterer Aufmerksamkeit prüfen."[203] Auch Carl Friedrich von Weizsäcker ist ähnlicher Ansicht: „Ich bin zwar skeptisch gegenüber den Astrologen, aber ich bin auch skeptisch gegenüber der Meinung der Physiker, nur das könne wahr sein, was sie selber schon verstanden haben."[204]

Der Mensch des 19. Jahrhunderts hätte uns, wenn er uns ein TV-Gerät hätte fernbedienen sehen können, für Magier gehalten, so wie sogenannte primitive Stämme Flugzeuge, aus denen Nachschubmaterialien in den Dschungel fielen, in ihren „Cargo-Kulten" zu Göttern erklärt haben.[205] Farbenblinde sehen Menschen, die über Farbe diskutieren, wahrscheinlich für verrückt an, weil sie Farbesehen weder nachempfinden können noch dorthin einen Erklärungszutritt haben. Selbsternannte Rationalisten, die Psi- oder ASW-Phänomene leugnen, verfallen denselben Fehlschlüssen.

Darüber hinaus begehen sie aber auch – im Sinne Karl R. Poppers – den Fehler anzunehmen, es gäbe keine schwarzen Schwäne, bloß deshalb, weil sie bisher nur weiße gesehen haben: Diese Haltung ist weder wissenschaftlich noch rational.

Das weiß auch der berühmte deutsch-britische Psychologe Hans Jürgen Eysenck: „Wissenschaftler sind ebenso gewöhnliche, dickköpfige und unvernünftige Wesen wie irgendwer sonst, und ihre außerordentlich hohe Intelligenz macht ihre Vorurteile nur um so gefährlicher."[206]

Es gibt aber noch einen zweiten prinzipiellen Bruch in der Logik seitens rationalistischer Logikfetischisten: Wie wir in unserem Querschnitt durch die Forschung gesehen haben, ist vor allem die Tatsache, daß die Welt *ist,* ein Mysterium, und weniger, *wie sie funktioniert* (obgleich wir auch das bei weitem nicht aufgeklärt haben). Und der beste materialistische Naturwissenschaftler hat auf die Frage nach dem *Warum* der Existenz keine Antwort parat: Hier versagt sein Rationalismus.

Also ausgerechnet diejenigen, deren rationales Denken bei der wichtigsten aller Fragen versagt, bezichtigen andere des Irrationalismus, bloß weil sie Phänomene erleben oder wahrnehmen, die sie selbst nicht erleben oder die sie sich nicht erklären können? Da klagt doch einer, der lediglich glaubt, den anderen an, lediglich zu glauben – und unterliegt damit dem Ditfurthschen „Mittelpunktwahn".

Sicherlich sind ASW- und Psi-Phänomene erklärbar – wir sind nur noch nicht soweit, sie erklären zu können. Es fehlen uns hiezu noch die Modelle, Apparaturen und Meßinstrumente, so wie uns vor fünfhundert Jahren die Apparaturen für die Herstellung oder Messung von Röntgen- oder Gammastrahlen, für elektromagnetische oder für Mikrowellen gefehlt haben. Aber jetzt, wo wir uns verstärkt der Erforschung des menschlichen Bewußtseins, des Geistes und seiner Funktionsweise widmen, werden wir sicherlich auch auf dem Psi-Gebiet Erkenntnisfortschritte erzielen. Voraussetzung ist allerdings, daß die traditionelle, „offizielle" Wissenschaft diese Phänomene nicht vorurteilshaft als Spinnerei abtut, sondern zum Forschungsgegenstand erklärt.

ASW, Psi, Magie gehören „in allen bekannten Kulturen seit Jahrtausenden zum beinahe selbstverständlichen Erfahrungsschatz".[207]

Die ältesten Hinweise auf magisch-symbolische Rituale finden sich in einer Höhle im Kaukasus. Es handelt sich dabei um einen Bärenkult. Seine Funde werden auf ein Alter von – und das ist jetzt kein Druckfehler – rund 450.000 Jahren datiert.[208]

Das Wort *„Magie"* entstammt dem Altpersischen und bezeichnete ursprünglich eine medische Priesterkaste, kam dann über das Griechische und Lateinische in die modernen Sprachen. Es ist stammverwandt mit dem deutschen „(ver)mögen" und „Macht".[209] Der Magier bezeichnet also eigentlich den „Mächtigen", was den Begriffsinhalt gar nicht so unrichtig wiedergibt.

Liegen gute Absichten zugrunde, so bezeichnet man die Magie als *weiß,* zerstörerische Absichten werden in *Schwarzer* Magie praktiziert. Ausgangspunkt beider ist, folgen wir Sigmund Freud, die Vorstellung einer „Allmacht der Gedanken".[210] Denn das ist das große, „uralte, hermetische Arkanum" (Geheimnis):[211] Die Welt ist aus Geist gemacht, ist eins. (Erinnern wir uns an das Wort des großen Astronomen James Jeans, das Weltall sei ein „großer Gedanke", und an unseren Streifzug durch Physik und Kosmologie!) Dieses Eine bringt durch Emanationen Wesenheiten hervor, darunter den Menschen, der sich seine Herkunft aus dem Einen als Erinnerung bewahrt hat und sich dorthin zurücksehnt (Paradiesmythos).

Am wichtigsten für den Menschen ist Selbsterkenntnis. „Diese Selbsterkenntnis besteht aus der fortschreitenden Erforschung der Schichten der Seele, die weit über das gewöhnliche Alltags-Ego hinaus bis zur Ursubstanz der Schöpfung selbst führt."[212]

Das magische Weltbild ist dem gnostischen ähnlich. Es haben sich unzählige Lehrsysteme gebildet, die auch auf das Entstehen verschiedener Wesenheiten, wie z. B. Engel[213], Dämonen etc. eingehen.[214]

Eine weitere Dualität bzw. Problematik des magischen, aber auch des gnostischen Weltbildes stellt die Existenz des Bösen bzw. dessen Personifizierung dar: Nach der Bibel ist Satan ein „gefallener Engel", noch in seinem Namen – *Luzifer* („Lichtbringer") – ist dies deutlich erkennbar.[215] Durch die „Rebellion" Luzifers kommt es zum „Fall in die Materie" – der Engel wird auf die Erde verstoßen, er wird, und auch Christus bezeichnet ihn so, zum „Herrn dieser Welt". Die Theosophie verehrt ihn als denjenigen, dem der Mensch sein Dasein verdankt, er ist Christus, der nur Zweitgeborener Gottes ist, als Erstgeborener vorgeordnet. Ähnlich die Satanisten und Sexualmagier à la Aleister Crowley und seine Nachfahren . . .[216]

Rüdiger Dahlke meint, auch Luzifer sei ein Geschöpf Gottes, auf Erden sei er nur eine Art „Abteilungsleiter", er spiele in der Bibel nach Anweisung Gottes, des Alleinregisseurs, „den Schurken mit allerhöchster Billigung". Die Kirche hat sich jedoch dadurch, daß sie den Teufel „zu einer Gott gleichberechtigten Figur befördert hat"[217], zahlreiche Hypotheken eingehandelt, darunter ihr so verkrampftes Verhältnis zum Weiblichen und zur Sexualität.[218] „Durch die irrtümliche Gleichstellung von Gott und Teufel kam es im Christentum einerseits zu einer enormen Überbewertung der materiellen Welt, wurde ihr doch ein gottgleicher Rang zugestanden. Andererseits wurde sie als Herrschaftsbereich des Satans verteufelt und mit ihr alles, was unter das weibliche Prinzip fiel."[219]

Auf eine Versöhnung zwischen Gut und Böse hofft auch der Autor des unvergleichlichen Alexis Sorbas, der große griechische Schriftsteller Nikos Kazantzakis: „Ich fragte eines Nachts Gott: ‚Wann wirst Du, Herr, Luzifer verzeihen?' – ‚Wenn er mir verziehen hat', antwortete er. Hast du begriffen, junger Gefährte? Wenn man dich jemals fragen würde, wer der größte Mitstreiter Gottes sei, so sage: Luzifer. Wenn man dich fragen sollte, wer das traurigste von den Geschöpfen Gottes sei, so sage: Luzifer. Und noch dies: Wenn man dich fragen sollte, wer der verlorene Sohn sei, für den der Vater das gemästete Kalb geschlachtet habe und auf den er mit offenen Armen warte, so sage: Luzifer."[220] Das ist nicht als Freibrief für die Verehrung oder den Kult des Bösen mißzuverstehen, sondern stellt eine mythologisch-philosophische Betrachtungsweise dar.

Die Kirche beging aber aus falsch verstandener Anpassung an die Säkularisierung auch den Fehler, das Mystische und Teile des Spirituellen aus ihrem Glaubensgut und aus ihren Ritualen zumindest teilweise zu verbannen: Wenn eine, wie George Steiner formuliert, „unglücklicherweise medioker gewordene Theologie"[221] der katholischen Kirche, die doch selbst dem Spirituellen entspringt, Spiritualität reduziert und, weil dem Zeitgeist entsprechend, einem Scheinrationalismus huldigt, so darf sie sich nicht wundern, wenn sich ihre Gotteshäuser leeren und viele Menschen, die ja nicht vom Brot allein leben, Ersatz bei Okkultisten oder Sekten suchen.

Übrigens hatte auch der Gründer der Scientology-Sekte, die sich selbst als Kirche bezeichnet, Ron L. Hubbard, Beziehungen zum Oberokkultisten und Sexualmagier Aleister Crowley[222], nicht zu unterschätzen dürfte auch die Rolle der Satanisten in der modernen Popmusik sein.[223]

Doch zurück zum Magischen: Das magische Prinzip ist im Grunde dasselbe wie das von Telekinese, Telepathie, Präkognition etc. Techniken der Psychologie wie das neurolinguistische Programmieren, das positive Denken und gewisse Meditationsvarianten sind im Sinne unserer oben zitierten Definition ebenfalls magisch geprägt.[224] Das positive Denken birgt übrigens die Gefahr in sich, das Negative, die Schattenseite, zu verdrängen, anstatt sich ihr bewußt zu werden und sie zu akzeptieren.

Getreu dem Verdacht Albert Einsteins, der Mensch nütze nur einen Bruchteil der Möglichkeiten seines Gehirns, und dem Motto Freuds, der von der Allmacht der Gedanken ausgeht, hat sich der Psychologe Michael Murphy vom kalifornischen Esalen Institute der Erforschung der verborgenen Potentiale des menschlichen Gehirns und Geistes gewidmet und vor kurzem eine beeindruckende Gesamtschau versucht.[225]

Rituale und Symbole

Ein wesentlicher Bestandteil magischen Denkens und Handelns sind Rituale und Symbole. *Rituale* haben den Sinn, Gedankenkraft zu bündeln, um gegebene Ziele eher zu erreichen. *Symbole* bilden nach dem Analogiegesetz bestimmte Zusammenhänge und Sachverhalte ab, sie treten gedanklich an die Stelle des Versinnbildlichten. Damit erleichtern und bündeln auch sie magisches Denken und Handeln.[226] Beide zählen zu den uralten spirituellen Verfahren und Verhaltensweisen der Menschheit.

Nach Symbolen wurde beispielsweise auch Schönbrunn erbaut. Menagerie und Schloßpark wurden nach astrologischen, kabbalistisch-esoterischen und zahlenmagischen Kriterien angelegt und errichtet. Dazu kamen Regeln und Symbole der Rosenkreuzer, der Alchemisten und des chinesichen Feng-Shui[227], einer Geomantie, der Lehre von den Beziehungen zwischen dem Kosmos und „Orten der Kraft", deren Ziel die Harmonie ist. Franz Stephan von Lothringen ließ die magische Ringmauer durch zwölf Ringe (Bäume) unterstützen, so daß sich ein Symbolsystem entwickelte und „ein Talisman entstand, der das ganze Habsburgerreich schützen sollte". 1889 wurden diese gelben Radial- und Ringmauern demoliert – im selben Jahr geschah die Tragödie von Mayerling, der eigentliche Beginn des Endes der Donaumonarchie . . .[228]

Keine „sanfte Verblödung"

Es gibt noch eine Vielzahl von Phänomenen der Esoterik und der außersinnlichen Wahrnehmung wie etwa Spiritismus, Auspendeln, Wünschelruten, Handlesen, Kartenlegen, Bachblüten, Enneagramme, Tonbandstimmen, Channeling etc.[229] Auch in diesem Bereich existiert ein harter Kern unerklärbarer Fakten, den seriöse Forscher nicht mehr wegdiskutieren.

Dennoch sind Psi und Magie ein Einfallstor für (gefährliche) Scharlatane, die in orientierungslos gewordenen, sinnsuchenden Menschen oft leichtgläubige und willige Opfer finden. Vor unkritischer Hinnahme etwa spiritistischer oder okkulter Praktiken ist daher zu warnen. Abgesehen von der seelischen Gefahr droht man dabei auch noch der „sanften Verblödung“ anheimzufallen.[230] Der Übergang zwischen Seriosität und Aberglauben ist leider fließend.[231] Was sich in dieser „Szene“, besonders auf dem Gebiet obskurer „Heiler“, abspielt, spottet leider allzuoft jeder Beschreibung. Bei aller Anerkennung der Macht der Gedanken bleiben ein gesunder Schuß Skepsis und gesundes Mißtrauen als Selbstschutz angebracht.

Wer Macht über Menschen ausüben will, wessen Interessen vor allem materiell ausgerichtet sind, wer das Heil verspricht, wer Handlungen verlangt, die den in allen Religionen ähnlichen Vorstellungen von Anständigkeit widersprechen, vor dem ist zu warnen.

Abgesehen davon: Echte Spiritualität und Esoterik und eine spirituelle Lebensweise kommen ohne Spiritismus und Okkultismus, ohne Psi und Magie aus. Der Weg nach innen kann auf derlei Äußeres meist verzichten. Davon wird noch die Rede sein.

Hellsehen und Prophetie

Wenn Frauen, Hosen tragend, sich wie Männer kleiden,
wenn sie die Locken sich vom Haupte schneiden,
wenn Bilder sich bewegen, wie erfüllt von Leben,
wenn Menschen, Vögeln gleich, sich in die Lüfte heben,
wenn Schiffe sich wie Fische tummeln unter Fluten,
dann wird die halbe Welt vergehen und verbluten.

Mother Shipton, 1641

Wenn ihr aber Jerusalem von Kriegsheeren umlagert seht, dann erkennet, daß sein Ende nahe ist.

Jesus Christus

„Gegen Ende des Jahres 999 brach in Europa so etwas wie eine Massenhysterie aus. Was die Menschen auch taten – alles stand unter dem Eindruck des bevorstehenden Untergangs. ... Man erließ sich gegenseitig die Schulden, Ehemänner und Ehefrauen gestanden und verziehen einander Seitensprünge, Wilddiebe erstatteten Selbstanzeige . . ., Wohnungen wurden vernachlässigt, Häuser dem Verfall preisgegeben; was nützte es, Reichtümer anzusammeln, wenn das dann beim Jüngsten Gericht gegen einen sprach . . . Die Kirchen- und die Klosterpforten wurden ständig von Menschenmassen belagert, die beichten und die Absolution erhalten wollten. Banden von Flagellanten zogen durchs Land, geißelten einander . . .“[232]

Daß die Apokalypse nicht mehr fern war, wurde den Menschen vor der Jahrtausendwende immer wieder geweissagt.

Prophezeiungen haben die Menschen schon seit Urzeiten fasziniert. Die Zukunftsschau war bei allen Hochkulturen gang und gäbe. Die Chaldäer befragten die Sterne nach den künftigen Ereignissen, bei den Griechen war Aristoteles der Schirmherr der Astrologie, die bei den Chinesen Staatskunst war. Die Babylonier vertrauten der Deutung des Vogelfluges, die Römer der Eingeweideschau von Milz, Leber, Magen und Herz. Auguren interpretierten das Omen (Vorzeichen). In Delphi weissagte die Priesterin Pythia. Die Germanen warfen zum Zwecke des Orakels Holzstäbchen.[233]

Ein sehr altes Orakel, das jetzt wieder modern geworden ist, ist das Tarot. Dabei handelt es sich um ein Karten„spiel“, mit dessen – mythisch-mystischen – Figurenkombinationen man die Zukunft deuten kann.[234]

Die wohl berühmteste Vorausschau oder Vorahnung erhielt Noah von Gott, der ihm befahl, seine Arche zu bauen. Die gewaltigsten Künder und Warner waren wohl die biblischen Propheten, sie waren „von Gott gepackt“.[235]

Jesus kündete ebenfalls von kommenden Ereignissen, ob er sein eigenes Schicksal oder das dreimalige Leugnen Petri voraussah.

Die Hopi-Indianer hatten von ihren Vorfahren den Auftrag, die geheime Prophezeiung des Unterganges der „vierten“ von sieben Welten – dies ist die gegenwärtige – dann zu offenbaren und davor zu warnen, wenn ein „Flaschenkürbis voll Asche“ vom Himmel fällt, das Meer zum Kochen bringt und das Land verbrennt. Als sie Atomexplosionen sahen, identifizierten sie die Bombe mit dem „Flaschenkürbis“ ihrer Prophezeiung und fuhren 1959 zur UNO, um die Menschheit vor der „großen Reinigung“ zu warnen. Seither reisen einige von ihnen um die Welt, um an das drohende Ende zu erinnern.[236] Die nordamerikanischen Indianer haben das Auftreten der Weißen, die Erfindung der Flugzeuge und die Weltkriege vorausgesehen.[237]

Einer der schillerndsten „Seher“ war der französische Arzt *Nostradamus* (Michel de Nostre-Dame), der im 16. Jahrhundert in 966 Vierzeilern („quatrains“) das kommende Schicksal der Welt offenbarte – allerdings auf so verschlüsselte und geheimnisvoll-dunkle Weise, daß er auf vielerlei Arten, vor allem im nachhinein, interpretiert werden kann.[238] Briten und Deutsche deuteten Nostradamus' Prophezeiungen während des Zweiten Weltkrieges in jeweils für sie günstigem Sinne und produzierten Flugblätter, um sie über dem Feindesland abzuwerfen und der gegnerischen Bevölkerung die für diese ungünstige Prognose auf diese Weise nahezubringen.[239] Welches Schindluder damit getrieben werden kann, zeigt eine Nostradamus-Deutung, nach der 1985 in Italien (und im Vatikan) eine blutige Revolution und 1987 überhaupt der Dritte Weltkrieg ausbrechen sollte – samt der Zerstörung New Yorks. Für das Jahr 1989 wäre dann der Beginn einer dreijährigen Christenverfolgung angesagt gewesen . . .[240]

Nostradamus ähnlich ist die (möglicherweise gefälschte) sogenannte Malachias-Prophezeiung, nach der es nach Papst Johannes Paul II. nur noch zwei Päpste geben soll. Der irische Bischof Malachias hat im 12. Jahrhundert angeblich eine Liste von 111 Päpsten verfaßt, die er jeweils nur ganz kurz charakterisierte. Rund um das Jahr 2000 soll Rom während des Pontifikates des letzten Papstes zerstört werden.[241]

In moderner Zeit war Edgar Cayce der wohl bekannteste Seher. Der „schlafende Prophet“ hat in Trance die Geschichte der Menschheit und deren Zukunft gedeutet und geweissagt. Dabei schilderte er den Untergang Atlantis' und sprach während seiner Rückversetzung in frühere Leben in verschiedenen, nur teilweise bekannten Idiomen. Er prophezeite einen Polsprung – eine Verschiebung der Erdachse – und große geologische Katastrophen: Überschwemmungen, das Versinken halber Kontinente und großer Landstriche (etwa Japans und der USA). Auch sprach er von der Ermordung zweier US-Präsidenten und einer kommenden Freundschaft zwischen den USA und Rußland. Er sah sich im 22. Jahrhundert als Wiedergeborener, wie er mit einer Gruppe von Wissenschaftlern in einem Luftschiff über das zerstörte New York fliegt. Die Katastrophen, das Jüngste Gericht und die Wiederkehr Christi bezeichnete er als nahe.[242] Edgar Cayce starb 1945.

Die Erwartung eines Erlösers kennen nahezu alle Religionen. Die Christen erwarten die Wiederkehr Jesu, die Juden hoffen auf den Messias (für den die Christen Jesus halten)[243], der Islam auf einen neuen Mahdi[244], die Buddhisten auf den wiedergeborenen Maitreya-Buddha (für etwa das Jahr 2000), die Tibeter erhoffen die prophezeite erlösende Wiederkehr der Völker von Agarthi und Shangri-La. Ähnlich die Mythen der Hopi, Maya, Inka und Azteken.

Auch für die nahende Jahrtausendwende häufen sich die Untergangsprophezeiungen, egal, ob es sich um mediale Aussagen wie die des Edgar Cayce handelt oder um teils uralte indianische, buddhistische, tibetische (Vorhersage des Endes der Herrschaft des Dalai Lama und der chinesischen Invasion), islamische oder christliche Weissagungen (hier vor allem in Form von Marienerscheinungen, etwa in der angeblichen „3. Botschaft von Fatima“).[245] Die wohl gewaltigste Untergangsprophetie ist die Apokalypse des Johannes.[246]

Im Laufe der Geschichte hat es immer wieder Vorahnungen und Visionen gegeben, die sich auf die Zukunft bezogen haben. Sie werden jetzt immer häufiger wissenschaftlich erforscht. Relativ bekannt geworden ist der holländische Seher George Croiset, der der Polizei bei zahlreichen Kriminalfällen mittels seiner medialen Begabung helfen konnte.[247] Gut belegt ist auch ein Vorfall in Alberfan in Wales im Jahre 1966, als viele Menschen in England ein Unglück vorausgeträumt haben, bei dem dann 116 Kinder durch das Abrutschen einer Abraumhalde getötet wurden.[248]

Bei vielen Experimenten mit ASW-Begabten zeigen sich Präkognitionstrefferquoten, die erstaunlich hoch und somit statistisch signifikant sind.[249] In der modernen Physik gibt es, wie schon dargestellt, mehrere Modelle, die das Vorauswissen erklären sollen und die sich dabei auch auf die „Gleichzeitig-Überall-Matrix“ des holistischen Weltmodells und auf die Möglichkeit der Zeitumkehr berufen.[250]

Der Traum von der Wiedergeburt

Hier ruht eine Speise für die Würmer,
der Körper Benjamin Franklins, des Buchdruckers,
wie die Schale eines alten Buches,
dessen Blätter zerrissen sind
und dessen Einband abgenutzt ist.
Aber das Buch selbst wird nicht verlorengehen.
Es wird wieder erscheinen sicherlich,
in einer neuen Ausgabe,
durchgesehen und verbessert
von seinem Schöpfer.

Grabinschrift Benjamin Franklins

Der Glaube an eine *Wiedergeburt* („Reinkarnation“ = „Wiederfleischwerdung“) der Seele ist vor allem im Hinduismus, im Buddhismus, in Afrika, bei den Indianern Nordamerikas, in Südamerika, bei vielen Schiiten sowie bei den Aborigines in Australien und bei vielen sogenannten Naturvölkern verbreitet. Auch die Kelten, die Germanen und die antiken Kulturen vertraten diese Lehre. Große Mystiker waren vom Gedanken der Wiedergeburt und Seelenwanderung überzeugt, und eine (nur auszugsweise zitierte) Liste jener Denker, die sich ebenfalls dazu bekannten, liest sich wie eine Ehrentafel aus Philosophie, Wissenschaft und Kunst: Pythagoras, Plato, Plotin, Cato, Seneca, Hegel, Schiller, Goethe, Kant, Schopenhauer, Lessing, Friedrich der Große, Busch, Ibsen, Voltaire, Emerson, Tolstoi, Flaubert, Hesse, Schrödinger . . .

Auch im Alten Testament und im Talmud finden sich immer wieder Hinweise auf eine Seelenwanderung und -wiederkehr, ebenso im Neuen Testament (die aber von der offiziellen Theologie teilweise abgestritten werden).[251] Apokryphe Evangelien berichten ebenfalls davon.[252] Ein halbes Jahrtausend nach dem Tod Christi war jedenfalls der Reinkarnationsgedanke auch im Christentum gang und gäbe, bis zum bereits genannten Konzil von Konstantinopel im Jahre 553. Viele Theologen wollen heute, daß die (katholische) Kirche den Dialog mit den Vertretern des Wiedergeburtsgedankens erneut aufnimmt.[253]

Es gab jeweils unterschiedlichste Spielarten der Wiedergeburtslehre. Grandiose „Reiseführer ins Jenseits" schufen die Ägypter und Tibeter mit ihren Totenbüchern, mit genauen Anweisungen, wie sich die Seele (und teilweise die Priester) in den verschiedenen Stadien der Fahrt ins „Jenseits" bzw. vor einer Wiedergeburt zu verhalten haben.[254] Den tibetischen Vorstellungen sind jene der Maya sehr ähnlich.[255]

In Frankreich wurde 1994 ein damals Vierjähriger feierlich in einer religiösen Zeremonie zur Reinkarnation des 1989 gestorbenen geistlichen Führers Lama Kalu Rinpoche erklärt.[256] Die Volksrepublik China hat einer 1995 vom Dalai Lama ernannten Reinkarnation des Pantschen Lama (der zweithöchsten religiösen Autorität im tibetischen Buddhismus) einen Sohn eines Parteifunktionärs als Gegen-Reinkarnation entgegengesetzt und inthronisiert.[257] Schon vorher gab es Auseinandersetzungen um zwei Kinder als rivalisierende Reinkarnationen des Karmapa.[258]

Die „ausgefeilteste" Lehre von der Wiedergeburt haben Hinduismus bzw. Buddhismus entwickelt. Sie ist mit dem Gedanken des *Karma* verbunden („Karma" = „Tat"), dem Gesetz von Ursache und Wirkung durch die Handlungen des Lebens. Positive Taten häufen positives Karma an, negative negatives. Wie jemand wiedergeboren wird, ist das Resultat seines bisher angesammelten Karma – er erntet also in seinem Leben die Früchte seiner Taten in all seinen bisherigen Existenzen. Ziel des Menschen ist seine (spirituelle) Weiterentwicklung, schließlich die Durchbrechung des „(Leidens-)Rades der Wiedergeburt" und das Eingehen ins Nirwana, in die große Einheit, in Gott. Damit kehrt die Seele nach vielen Leben zu ihrem Ausgangspunkt, zu ihrem Schöpfer zurück.

Hierzulande, in unserer Todes- und Sterbe-(Un-)Kultur, die

den Tod verdrängt und Sterbende abschiebt, hat die Leere, die der (in Wahrheit postchristliche) Materialismus nach sich zog, zu einer Hinwendung zu östlichen Religionen und Weisheitslehren geführt. Im Zuge dessen hat auch der Glaube an eine Reinkarnation in Europa deutlich zugenommen. 1990 glaubten 29 Prozent der Briten und 27 Prozent der Deutschen an die Wiedergeburt.[259] Den (im Buddhismus vor Jahrhunderten) prophezeiten Siegeszug asiatischer Ideen im Westen hat der deutsche Philosoph Peter Sloterdijk in seiner blitzgescheiten und amüsanten Studie „Eurotaoismus" untersucht.[260]

Mittlerweile nimmt sich auch die Forschung des Themas intensiver an. Berichte, in denen sich Kinder an die genauen Umstände früheren Lebens erinnern, an ihre Eltern, Geschwister, Lebensbedingungen und an ihren Tod, haben sich oft als erstaunlich genau erwiesen und wurden in mehreren wissenschaftlichen Arbeiten ausführlich dokumentiert – so beispielsweise von Ian Stevenson, einem Psychiater an der Universität von Virginia, der eine wissenschaftlich-systematische Methode für die Überprüfung von Reinkarnations-Behauptungen entwikkelt hat und der sich nach Abwägung der Fakten zur Hypothese der Wiedergeburt positiv äußert. Auch andere Forscher haben sich intensiv damit beschäftigt.[261]

Spektakulär war der Fall des Inders Ravi Shankar, der als Kleinkind von seinem früheren Leben und von seiner Ermordung zu erzählen begann. Er schilderte die Mörder, die Tatumstände und den Tatort und verlangte seine „richtigen" Eltern zu sehen. Bei einer Begegnung der beiden Familien stürzte er sich sofort auf seine früheren Eltern und erkannte sein altes Spielzeug wieder. Stevenson stellte fest, daß die Reinkarnation gewaltsam ums Leben gekommener Kinder im Schnitt nach drei Jahren geschieht, jene, die eines natürlichen Todes starben, kehrten nach sechs Jahren wieder. Ermordete berichten, sie hätten ihr früheres Leben als ungerecht zu früh beendet empfunden.[262]

Beeindruckend ist auch das Material, das die Niederländerin Joanne Klink über Reinkarnationserinnerungen von (drei- bis zehnjährigen) Kindern zusammengetragen hat. Diese Erinnerungen weisen untereinander erstaunliche Ähnlichkeiten auf, etwa wenn sie davon sprechen, daß Gott „in allem ist, was lebt", daß er „Licht ist" und „Licht in uns ist".[263] Das erinnert an das Johannesevangelium ...

Häufig erinnern sich Menschen unter Hypnose an frühere Leben. Einer der am besten dokumentierten Fälle ist jener der Amerikanerin Ruth Simmons, die sich in Trance an ihr Leben als Bridey Murphey im Irland des 19. Jahrhunderts erinnerte. Detektivische Nachforschungen ergaben eine erstaunliche Bestätigung ihrer Angaben.[264] Im deutschen Sprachraum hat vor allem Thorwald Dethlefsen diese Technik praktiziert.[265]

Das Erstaunlichste an allen Berichten ist, daß die sich Erinnernden mitunter fremde Sprachen sprechen, die sie nie erlernt haben, detailliert Orte, Landschaften oder Menschen beschreiben, die sie nie gesehen oder gekannt haben und ähnliches mehr. Der Schriftsteller und Mystiker Paul Brunton hat den gesamten Themenkomplex ausführlich behandelt.[266]

Die Realität mehrerer Leben und Wiedergeburten zöge vor allem für die westlich-materialistische Lebensweise gewaltige philosophische (und auch praktische) Konsequenzen nach sich: Alle „Paradise now"-Lebenskonzepte und Tänze ums Goldene Kalb wären eigentlich kontraproduktiv, die Ersten würden die Letzten sein – und umgekehrt ...

Nah-Toderlebnisse

In Zusammenhang mit diesem gesamten Themenkomplex sind zwei Phänomene von Interesse: *Nah-Toderlebnisse* („near-death-experiences", kurz NDEs) und *außerkörperliche Erfahrungen* („out-of-the-body-experiences", kurz OBEs).

Bei Nah-Toderlebnissen verspüren „die Hälfte bis zwei Drittel der Menschen, deren Leben am seidenen Faden hing und im letzten Augenblick gerettet wurde, ... das Gefühl,

- den Körper zu verlassen;
- ihn von einem Punkt außerhalb zu betrachten;
- einen langen, dunklen Raum zu durchdringen, oft einen Tun-

nel, manchmal auch ein Tal, eine Höhle, einen Schacht oder einen Zylinder;

- abrupt in den Körper zurückzukehren."[267]

Oft läuft (bei Erwachsenen, kaum bei Kindern) ein „Lebensfilm" ab, man sieht in Sekunden Handlungen seines Lebens an sich vorbeiziehen, die häufig schon längst vergessen schienen, und bewertet sie unter ethischen Gesichtspunkten. Man begegnet Helfern oder Verwandten oder Freunden, die vor einem gestorben sind. Dann sieht man ein gleißendes Licht und empfindet ein Glücksgefühl.

Jene, die Nah-Toderlebnisse hatten, konnten, obwohl sie bewußtlos waren, meist minutiös berichten, was mit ihnen geschah, während sie bewußtlos waren (Handlungen und Gespräche von Unfallhelfern, Ärzten etc.). Halluzinationen oder unbewußtes Aufnehmen derartiger Vorgänge scheidet meist aus, etwa wenn ein nach einem Verkehrsunfall an der Kippe zum Tod stehendes Kind berichtete, sein Vater und seine Mutter warteten schon „im Jenseits" – wobei das Kind vom Tod seiner Eltern keine Ahnung haben konnte.

Bei Erwachsenen kommt es oft zu einer „Entpersönlichung" des eigenen Ichs, das mit dem All offenbar zu „verschmelzen" scheint. Das ähnelt mystischen Erfahrungen von Astronauten, die, wenn sie die Erde aus dem Weltall betrachten, fühlen, das All sehe sich gleichsam selbst, alles sei eins und untereinander verbunden.[268]

Mittlerweile hat sich ein ganzer Forschungszweig etabliert, die Sterbeforschung (Thanatologie), die derartige Fälle untersucht und dokumentiert.[269]

Außerkörperliche Erfahrungen

Außerkörperliche Erfahrungen sind Bewußtseinszustände, bei denen sich der Erlebende als außerhalb seines Körpers befindlich erfährt. Bei regelrechten „Bewußtseinsreisen" sind Wahrnehmungen an anderen Orten möglich, werden anderswo Anwesende, Ereignisse etc. geschildert, die sich nachher als zutreffend herausstellen. Außerkörperlich „Schwebende“ haben auf Karten notierte Zahlen erkannt, die sie unmöglich haben sehen können, u. ä. m. Auch mit diesem Bereich beschäftigt sich jetzt die Forschung.[270] Derartige Bewußtseinszustände können spontan auftreten (oft in existentiell bedrohlichen oder in Streßsituationen, aber auch in alltäglichen Normalsituationen) oder beispielsweise durch Suggestionen – es gibt Seminare, bei denen der Trainer „out-of-the-body“-Erlebnisse vermittelt. Das funktioniert aber nicht bei allen Menschen. „Psi-Begabte“ können diese Fähigkeit trainieren.[271]

Die außerkörperlichen Erfahrungen ähneln den Schamanenreisen, bei denen sich das Bewußtsein des Schamanen in ferne Gegenden begibt (und dort Erlebnisse hat, die er nachher berichtet und die sich nach Überprüfung als richtig herausstellen), während sich sein Körper in einem (oft tagelangen) starrkrampfartigen Zustand befindet.[272]

Derlei Erfahrungen „sind im Laufe der Geschichte in allen Kulturen aufgezeichnet worden, und die Berichte ganz verschiedener, voneinander unabhängiger Quellen stimmen in so vielen Punkten überein, daß das Phänomen nicht einfach als Aberglauben oder Hysterie abgetan werden kann. Statistische Untersuchungen lassen vermuten, daß außerkörperliche Erfahrungen bei jedem fünften Menschen auftreten.“[273]

Der Biologe Rupert Sheldrake verbindet die Frage nach der Beziehung zwischen „Geist“, „Seele“ und „Körper“, wie schon erwähnt, mit seinem Konzept der „morphogenetischen Felder“ und meint, der Geist (oder die Seele) seien Felder, die sich (teilweise) vom Körper lösen könnten.[274] Der Physiker Hans-Peter Dürr ist der Ansicht, daß sich das Bewußtsein nicht an einem bestimmten Ort (Gehirn, Körper) befinden müsse, außerkörperliche Erfahrungen seien die Änderung der Perspektive in einem raumzeitlich nicht fest definierten Bewußtseinsfeld.[275]

Es gibt Kulturen (wie etwa jene des tibetischen Buddhismus), die Bewußtseinsreisen zu einem ganzen System ausgebaut haben. Sie kennen verschiedene Bewußtseins-/Geist-/Seele-(Körper-)Stufen, auf denen man sich mittels teils komplizierter und langwierig zu erlernender Meditationstechniken auch räumlich bewegen kann.[276]

Diese Lehren treffen sich mit Überlieferungen der westlichen Esoterik über Geist, Seele, Körper und Bewußtseinsreisen.[277]

Sind wir allein im Kosmos?

Wenn wir schon bei Reisen – wenn auch des Bewußtseins – sind, so seien noch ein paar Sätze zu den *„Unidentifizierten Flugobjekten“* („unidentified flying objects“, *UFOs*) gestattet, die ja, wenn es sie gibt, über interstellare Distanzen zu uns gekommen sein müssen und deren Sichtungen sich jetzt zu häufen scheinen.

Wahrnehmungen „außerirdischer“ Flugobjekte und Wesen sind jahrtausendealt. Die australischen Aborigines berichten von Begegnungen mit Fremden, die ihre Rückkehr ankündigten, in uralter „Traumzeit“, und haben sie auch gezeichnet.[278] Die Aborigines-Erinnerungen reichen offenbar – wie jene der Ainu, der weißen Ureinwohner Japans und anderer Völker – bis in die Zeiten des Wechsels des Erdmagnetfeldes zurück, ihre Berechnung großer Zeiträume ähnelt jener der Hindu. Das Aborigines-Weltbild enthält außerdem ungewöhnliche Anschauungen über die Zusammenhänge zwischen den Energiefeldern der Erde, den Himmelskörpern und des menschlichen Gehirns, die manche Psi-Phänomene in einem anderen Licht erscheinen lassen.[279]

Von Begegnungen mit himmlischen Lehrern, den Kachinas, sind die Legenden der Hopi übervoll.[280] Nicht nur Robert Oppenheimer fühlt sich bei Lektüre der Veden an gewaltige atomare Kriege in der Vorzeit der Menschheit erinnert, als sich Flugzeuge („vimanas“) durch die Lüfte bewegten.[281]

Der biblische Prophet Ezechiel schildert, wie die Erde von oben aussieht, und zwar von weit oben – aus dem All. Und eine schlüssige Erklärung, wieso etwa uralte Landkarten exakteste Küstenverläufe, teilweise sogar des Landes unter dem Eis von Grönland, der Antarktis und der Arktis mit Projektionen beschreiben, wie man sie nur von der Aufsicht auf die Erde aus großer Höhe sieht und die zur Zeit der Herstellung dieser Karten niemand kennen konnte – eine plausible Erklärung auch dafür wurde bis jetzt noch nicht gefunden, es sei denn, man nimmt entweder technisch untergegangene Zivilisationen in grauer Vorzeit an oder aber Besucher aus dem All, die als Lehrer dieses Wissens fungierten.

Niemand erklärte ebenfalls bis jetzt ausreichend, wieso die afrikanischen Dogon in ihren alten Legenden genaue Kenntnisse vom Doppelsternsystem des Sirius besitzen, mit exakten astronomischen Daten, und Planetensysteme im All nennen, ohne daß sie die technischen Erkenntnismittel hiefür besäßen. (Einige der Behauptungen der Dogon haben sich mittlerweile bewahrheitet, andere konnten mangels unserer eigenen technischen Möglichkeiten noch nicht bestätigt oder widerlegt werden.) Die Dogon sprechen jedenfalls von Sternengöttern, die vom Siriussystem kamen und die auch wieder dorthin zurückkehrten.[282]

Erich von Däniken hat derlei Rätsel, deren es weltweit viele gibt, jahrzehntelang untersucht und der Allgemeinheit präsent gemacht. Er hat dabei sicherlich das eine oder andere Mal über das Ziel geschossen, etliches bleibt jedoch von der traditionell-offiziellen Wissenschaft unerklärt und wird durch eine Raumfahrt im Altertum[283] durchaus plausibel. Wo es Dampf gibt, müssen Hitze und Wasser existieren ... Man nehme Däniken und seine Mitstreiter, ziehe ein Drittel Übertreibung und fanatisches Engagement ab – es bleibt mehr als genug Rätselhaftes übrig.

Abgesehen davon: unterliegen wir nicht wieder dem „Mittelpunktwahn", wenn wir annehmen, wir seien einzigartig? Wenn es uns geben kann, wieso sollte es ausgeschlossen sein, daß es anderswo andere geben könnte? Allein auf diesem unserem Planeten gibt es Tausende von Lebensformen – wer würde zwischen einem Einzeller, einer Qualle, einer Fledermaus, einer Ameise, einem Menschen und einem Delphin die Herkunft aus einem Urgrund und ihre Verwandtschaft vermuten? Haben wir uns mit apodiktischen Behauptungen, daß nicht sein kann, was nicht sein darf, nicht allzuoft geirrt?

Wenn *wir* möglich sind, wäre dann nicht *alles* möglich und jede andere Einschätzung Hochmut?

Jene, die eine Existenz Außerirdischer oder „phantastischer Phänomene“ absolut von vornherein für ausgeschlossen erklären, begehen genau jenen Fehler, den sie bei anderen für möglich halten – den der Gläubigkeit und außerdem den des Irrationalismus: denn wer schwarze Schwäne ausschließt, bloß weil er bisher nur weiße zu Gesicht bekam, verhält sich in gutem altem Popperschen Sinn unlogisch und unwissenschaftlich. Es wurde schon erwähnt. Da ist Augustinus zuzustimmen, der meinte, es gäbe keine Wunder, sondern es gäbe nur Vorgänge, für die wir noch keine Erklärung gefunden haben. Das heißt nun nicht, der unkritischen Paragläubigkeit das Wort zu reden, sondern nur, im Denken ein wenig demütiger zu sein, denn Irren ist bekanntlich menschlich ...

Die neuen Weltraumteleskope liefern uns beinahe täglich Aufnahmen unzähliger neuentdeckter Galaxien, Sternenhaufen. Die Wahrscheinlichkeit, daß dort Planeten existieren, auf denen sich Leben entwickelt hat (vielleicht auch nicht in der uns bekannten Form), nimmt ständig zu.

Jene, die UFO-Berichte a priori unter „Psychiatrie“ einzuordnen pflegen, müssen sich damit abfinden, daß es vor kurzem eine Entdeckung gegeben hat, die, so der amerikanische Astronom Geoffrey Marcey, „die Astrophysik auf den Kopf stellt“[284]: Es wurden bei Pegasus 51, 70 Virgin und 47 Urae Marjoris Planeten gefunden. Auf letzteren könnte aufgrund ihrer Temperatur Leben möglich sein. Alle sind, gemessen an der Weite des Alls, nicht allzu weit von uns entfernt, Pegasus 51 etwa 40 Lichtjahre.[285]

Die Astronomie nimmt aufgrund dieser Funde an, daß Planeten im Kosmos relativ häufig vorkommen – und damit steigt eben die Wahrscheinlichkeit von Leben deutlich, noch dazu unter den Annahme einer quasi „automatischen“ Selbstorganisation des Lebens als eines der Materie innewohnenden Prinzips. „ET“ (der Extraterrestrier, Außerirdische) kann also durchaus existieren ...

Derzeit gibt es eine Diskussion um jenen Film, in dem ein angeblich „raumschiffbrüchiger“ Außerirdischer aus dem sogenannten „Roswell-Zwischenfall“ (Juli 1947) seziert wird.[286]

Natürlich sind viele UFO-Sichtungen aufklärbar, und es handelt sich um IFOs, nicht um UFOs – um identifizierte (identifizierbare) Objekte und nicht um unidentifizierte. Und selbstverständlich mögen etliche Berichte über Begegnungen der ersten, zweiten, dritten, vierten ... Art der überengagierten Phantasie entsprungen sein. Einige Vertreter der traditionellen Wissenschaft meinen, Berichte über Begegnungen entsprängen dem individuellen Unbewußten oder den Archetypen – den Bildern des gemeinsamen kollektiven Unbewußten der gesamten Menschheit.[287]

Bei dieser Argumentation handelt es sich offenbar um Rückzugsgefechte.

Sigmund Freud und Carl Gustav Jung werden sich freuen, kommen sie doch auf diese Weise zu späten Ehren: Ihre Ideen sind noch vor wenigen Jahrzehnten von der damals traditionellen Wissenschaft als Hirngespinste heftig abgelehnt worden ... Aber selbst Jung, der viele UFOs den Archetypen zuordnete, gab einen unaufklärbaren materiellen Rest zu, der aus dem Weltraum kommt.[288]

Mittlerweile beschäftigen sich auch seriöse Wissenschaftler und „Nicht-Spinner“ mit der UFO-Forschung, und die Beurteilungen werden vorsichtiger. Ebenso wie der Physiknobelpreisträger Murray Gell-Mann nimmt etwa der Leiter des Heidelberger Max-Planck-Institutes für Astronomie, Steven Beckwith, an, „daß es irgendwo im Weltraum intelligentes Leben gibt ... Es gibt noch viele offene Fragen für die Menschheit, etwa ob es einen Gott gibt oder was unsere Aufgabe hier ist. Viele Menschen finden diese Fragen unangenehm, und die meisten möchten eine einfache Antwort darauf.“ Und der Soziologe Gerald Eberlein meint, „vielleicht gibt es doch etwas. Vielleicht existieren wirklich Abdrücke von UFOnen, die Tausende Jahre alt sind.“ Eberlein hält die „Berührungsängste von uns Schulwissenschaftlern für viel gefährlicher. Wir drücken uns davor, uns mit UFOs zu beschäftigen.“ Deren Existenz könne man jedenfalls nicht ausschließen.[289]

Viel Staub aufgewirbelt hat der Bericht des Pulitzerpreisträgers und Psychiatrieprofessors an der Harvard Medical School, John E. Mack, der Erzählungen von Menschen untersuchte, die behaupteten, von UFO-Insassen entführt, manipuliert und mißbraucht worden zu sein. Anfangs war er skeptisch, doch später habe er seine Meinung geändert: „Denn die Palette ihrer Symptome und die Intensität ihrer Gefühle machen mich glauben, daß ihnen wirklich etwas zugestoßen ist. Daß da draußen etwas Gewaltiges passiert. Es ist keine Phantasie, kein Traum, keine Psychose ... Was den Hintergrund betrifft: Ich glaube, wir wissen nicht, warum es geschieht. Es scheint aber, daß eine Bewußtseinsevolution angestrebt ist. Alle Phänomene weisen auf einen kosmischen Prozeß hin, auf ein Programm der Kontinuität des menschlichen Lebens für den Fall der ökologischen oder militärischen Zerstörung der Erde." Dabei betont er, aus einem „rationalistisch-säkularen Elternhaus" zu kommen.[290]

Kollegen der Harvard-Universität waren jedenfalls empört, und Mack mußte sich einer Kommission stellen, die 14 Monate lang inquirierte. Dann durfte er seine UFO-Forschungen fortsetzen.

Die Existenz Extraterrestrischer würde Identität und Stellung des Menschen im Universum natürlich komplizieren, denn die tatsächlich einfache Antwort auf alle Berichte, Indizien und Wahrscheinlichkeiten ist deren glatte Leugnung ...

Mack betont gegen Ende seines Berichtes, die Trennung von Religion und Wissenschaft seit dem 17. Jahrhundert habe zu einer Entspiritualisierung geführt, die die Ursache vieler Probleme und Gefahren der gegenwärtigen menschlichen Entwicklung darstellt. Um dieser Fehlentwicklung fünf Sekunden vor zwölf entgegenzusteuern, müsse man die Selbstüberhöhung des Menschen, den Anthropozentrismus, überwinden und damit unserer intellektuellen „Hybris von kosmischen Ausmaßen" endlich ein Ende setzen.[291]

Orden, Schulen und Bünde

Und solang du das nicht hast,
dieses „Stirb und Werde!"
Bist du nur ein trüber Gast
auf der dunklen Erde.
Johann Wolfgang von Goethe

Die „wundersame Einrichtung von Männerbünden"[292] gibt es schon seit Menschengedenken. Manche, wie etwa der Kulturhistoriker Hans Biedermann, führen Männerbünde auf die Frühzeit des Menschen zurück, „als die großen Wildtierherden der Eiszeit verschwanden" und sich „das ökonomische Übergewicht beim Nahrungserwerb immer mehr den Frauen" zuneigte, die mit dem Sammeln und auch dem Kultivieren von Pflanzen dazu beitrugen, daß die einstigen Jägerstämme seßhaft wurden.[293] Die Folge waren mutterrechtlich organisierte Gesellschaften, von den „Urmüttern" der Altsteinzeit über Göttinnenkulte und Matriarchate bis zu den sagenhaften Amazonen.[294]

Gegen diese Dominanz der Frauen habe die Männerwelt revoltiert, und zwar mit einem „Masken- und Geheimbundwesen", dessen Ziel es war, „die wirtschaftlich überlegene Frauenwelt durch ein auf Geheimnisse aufgebautes Terrorisieren in die Schranken zu weisen".[295] (In der Primatenwelt gibt es sowohl männlich wie auch weiblich geführte Spezies und Populationen. Schimpansensozietäten sind männlich dominiert, Zwergschimpansen – Bonobos – weiblich. Erstere sind aggressiver, letztere sexuell freizügiger; und beide sind die nächsten Verwandten des Menschen. Dies nur als Anmerkung . . .[296])

Biedermann vermutet einen (direkten) inneren Zusammenhang zwischen altsteinzeitlich-schamanischen „Ein-Mann-Liegeräumen" in Höhlen, in denen Einweihungen stattfanden, den heiligen Stätten der Megalithkultur, den Initiationstraditionen Ägyptens, Persiens, des alten Israel und der Mysterien der Griechen bis hin zur Gnosis, den Sufis und den Tempelrittern. Kernpunkte sind jeweils (teils mehrtägige) Prüfungs- und Aufnahmerituale, in denen sich Tod und Wiedergeburt als Reifungsprozeß spiegeln: „Du schläfst, damit du aufwachst, du stirbst, damit du lebst“, heißt es in den Pyramidentexten.[297]

Der Ritus strukturiert Zeit, Raum und Leben, denn ein Ritual ist eine „bewegte Ordnung mythischer Symbole“ mit einem „Affektwert“, der sich dem rationalen Diskurs entzieht, denn sonst ist die „Magie des Ritus dahin“ . . .[298]

Darin liegt auch ein Fehler der Kirchen, denn sie „begehen den Irrtum zu erklären, was ihre Symbole ‚bedeuten‘. Es macht aber den Wert eines wirksamen Ritus aus, daß er jeden seinen eigenen Gedanken überläßt, die durch Dogmen und Definitionen nur wirr werden. Rational behauptete Dogmen und Definitionen sind zwangsläufig Hindernisse, keine Hilfen der religiösen Versenkung, denn das Gespür für die Gegenwart Gottes kann für keinen Menschen mehr sein als ein Ausfluß seiner eigenen geistlichen Empfänglichkeit“, sagt der Mythologe Joseph Campbell.[299]

(Gold- und) Rosenkreuzer

Die Ursprünge der *Rosenkreuzer* sind legendär. Angeblich gehen sie auf Christian Rosenkreutz zurück, der im 15. Jahrhundert gelebt haben und auf Reisen in den Orient in ägyptische, jüdische und arabische Geheimwissenschaften eingeweiht worden sein soll. Er hat dann angeblich eine Bruderschaft gegründet, um die Kirche zu ihren Ursprüngen zurückzuführen. In mehreren Werken an der Wende vom 16. zum 17. Jahrhundert, die dem Tübinger Theologen und Universitätskanzler Jakob Andreae zugeschrieben werden, sind ihre Lehren niedergelegt.

Das Gedankengut der Rosenkreuzer ist eine Mischung aus Manichäismus, Kabbala, Gnosis, Magie, Mystik, Astrologie und Alchemie. Das „Wie oben, so unten“ des Hermes Trismegistos ist ihnen wichtig, ebenso der Glaube an ein geistiges, übernatürliches, göttliches Licht. In verschiedenen Einweihungsgraden gewinnt der Rosenkreuzer Erkenntnisse in esoterisches Gedankengut.

Die Rosenkreuzer gingen im 18. Jahrhundert mehr oder weniger in der Freimaurerei auf. Es gibt allerdings heute noch Rosenkreuzer-Organisationen, die ihre Herkunft auf Christian Rosenkreutz und dessen Lehren berufen, so etwa den A.M.O.R.C., die Rosenkreuzergemeinschaft und das Lectorium Rosicrucianum.[300]

Freimaurer

Die moderne Freimaurerei wurde 1717 in London gegründet, Vorstufen gehen auf die mittelalterlichen Dombauhütten zurück. Eine ältere Herkunft, die sich auf die Templer und deren Geschichte beruft, wird vermutet[301], manche Autoren gehen noch weiter, bis in ägyptische Traditionen, zurück.[302]

Die *Freimaurer* haben ein eigenes Legenden- und Symbolsystem, das sie in Ritualen pflegen und das aus ägyptischen, gnostischen, jüdischen, mittelalterlich-baumeisterlichen und anderen Quellen stammt. Die Freimaurerei besitzt eine exoterische und eine esoterische Komponente. In drei Graden – Lehrling, Geselle, Meister – erfahren die Mitglieder ihre Einweihungen. Jeder Grad besitzt eigene Erkennungszeichen und -worte, die geheimzuhalten sind. Es gibt auch Hochgradsysteme.

Ziel ist es, „an der Errichtung des auf Weisheit, Stärke und Schönheit gegründeten Tempels der allgemeinen Menschenliebe zu arbeiten".[303] Dies geschieht durch „Arbeit" im „Tempel", in der „Loge", sowie durch Selbsterkenntnis, Selbsterziehung und Selbstveredelung.

Der Tempel ist für die Freimaurer symbolisch der Tempel Salomos (der übrigens – Ironie der Geschichte – auch als Modell für Bauten ausgerechnet des Nationalsozialismus diente).[304]

Den Freimaurern wird die Vorbereitung und Durchführung der Französischen Revolution nachgesagt. Gesichert ist, daß sie sich im Sinne der Aufklärung engagierten. Prominente Mitglieder waren Friedrich der Große, Herder, Goethe, Mozart, Lessing, Voltaire, George Washington u. v. a. m. Die Kirche hat die Freimaurer – sie bekennen sich zu einem „Allmächtigen Baumeister aller Welten" – lange Zeit bekämpft, unter dem Nationalsozialismus und in den meisten totalitären Staaten wurden sie verboten.

Weltweit umfaßt der Bund heute rund neun Millionen Mitglieder, es gibt mehrere internationale Systeme.[305]

Theosophie

Die Wende zur Neuzeit und die damit verbundenen „Paradigmenwechsel“ waren äußerst fruchtbare Zeiten für Bünde und Vereinigungen verschiedenster Art, nicht nur für Rosenkreuzer und Freimaurer. Das rationalistische Weltbild der Aufklärung, die Behauptungstendenzen spiritueller Anschauungen, die Aufsplitterung und gegenseitige Bekämpfung kirchlicher und politischer Systeme führten zu dieser Hochkonjunktur, denn jeder sah in diesen Schulen, Orden und Verbindungen auch ein Instrument, um seine Vorstellungen zu verbreiten und seine Ideen durchzusetzen.

Die *Illuminaten* des Bayern Adam Weishaupt wollten im 18. Jahrhundert die Gesellschaft in Richtung Aufklärung und Selbstbestimmung für den einzelnen entwickeln; die *Asiatischen Brüder* wollten „Licht und Wahrheit“ verkünden; die *Odd Fellows* („seltsame Gesellen“) wollten Freundschaft und Nächstenliebe zum Durchbruch verhelfen; Griechenlands ersehnte Freiheit beruhte zu einem guten Teil auf der Tätigkeit einer geheimen politischen Bruderschaft.[306]

Weniger auf exoterischem als vielmehr auf esoterischem Gebiet wirkte später die *Theosophische Gesellschaft* („Theosophie“ = „Gottesweisheit“), die 1875 vor allem durch die Russin Helena Petrowna Blavatsky, die „Sphinx des 19. Jahrhunderts“[307], gegründet wurde. Blavatsky interessierte sich früh für mediale und spiritistische Phänomene, für Magie und Okkultismus. Sie behauptete, in Trance „Geheimlehren“ von „Meistern“ zu empfangen, die sie in teilweise endlosen, komplizierten Abhandlungen niederschrieb.[308] Später gab sie dann zu, daß diese „Meister“ nur Produkte ihrer Phantasie waren – aber in ihrer (bis heute) gläubigen Gemeinde wird dies nicht zur

Kenntnis genommen, und die „Meister“ werden weiter eifrig zitiert . . .[309]

Laut Theosophie ist das Wesen des Menschen unsterblich, denn er besteht aus einem Astral-, Äther- und körperlichen Leib. In einem Zyklus der Wiederkehr inkarniert das höhere Selbst als Teil eines göttlichen Strahls – zunächst geschieht dies im Tiermenschen, dann entwickelt sich das Selbst in einer Reihe von Wiederverkörperungen im Menschen immer weiter, bis es durch Weisheit, Meditation und Yoga zu Gott zurückkehren kann. Es gibt keine tote Materie, alles ist lebendig. Eine „große weiße Bruderschaft“ von Meistern, der auch Jesus Christus angehört, hilft der Menschheit durch ständige Eingriffe in die Evolution, so wird es auch bei Christi Wiederkehr sein.

Auf eine Rehabilitierung des Prinzips des Bösen und Luzifers in der Theosophie weist Rudolf Passian hin[310], der sich auch gründlich mit ihrem System (z. T. kritisch und warnend) auseinandersetzt.

Blavatsky ist zum Buddhismus übergetreten und erklärte den indischen Jungen Jiddu Krishnamurti zum Weltheiland, worauf dieser von den Theosophen in Europa als wiedergeborener Christus, in Asien als reinkarnierter Maitreya-Buddha verehrt wurde. Gleichzeitig schilderten die Theosophen frühere Inkarnationen Krishnamurtis zurück bis ins Jahr 21.000 v. Chr. Er selbst wurde später ein geachteter Philosoph und Weisheitslehrer.[311]

Da theosophische Weltheilande hartnäckig zu sein pflegen, ist der nächste schon wieder unterwegs: Der Schotte Benjamin Creme gab 1982 bekannt, Jesus (nur ein Meister des vierten Grades, Buddha hatte sechs!) sei in Gestalt eines Pakistani wieder inkarniert und nunmehr in London gelandet. Sein in einer beispiellosen weltweiten Inseratenkampagne angekündigtes Auftreten des Christus-Buddha-Weltheiland-Maitreya in allen Rundfunk- und Fernsehstationen der Erde („Christus weilt jetzt unter uns. Wie aber werden wir ihn erkennen? Wer ist dieser Christus? Was wird er zu berichten haben? Wann werden wir ihn wahrnehmen?“)[312] ist bis jetzt nicht zustande gekommen.[313]

Anthroposophie

Die Verkündung Krishnamurtis zum Heiland und das Überhandnehmen indischer Elemente in der Theosophie Blavatskys und ihrer Nachfolgerin Annie Besant führte zu einer weiteren Spaltung der Bewegung und veranlaßte schließlich deren langjährigen Generalsekretär Rudolf Steiner 1913 zur Gründung der *Anthroposophischen Gesellschaft.*

Der „Gottesweisheit" („Theosophie") stellte Steiner die „Menschenweisheit" („Anthroposophie") – entgegen. Der Mensch kann erlöst werden, aber nur durch sich selbst, Gott sieht gleichsam zu. Die Goethesche Methode der „Schau" kann nach innen ergänzt werden: Durch „Innenschau" gelangt der Mensch zu höheren esoterischen Erkenntnissen und Fähigkeiten.

Der Mensch selbst besitzt Seele, Geist und Körper. Letzterer besteht aus einem Astralleib, einer beseelenden Kraft, die sich vom Körper lösen und Materie durchdringen kann, sowie aus einem Ätherleib, einer Art feinstofflichen Körpers, der als Träger der Seele fungiert und mit dessen Hilfe Reinkarnationen nach dem Gesetz des Karma stattfinden.[314]

Durch Innenschau, Konzentration, Meditation, bewußtes Träumen etc. erlangt man esoterische (Er-)Kenntnisse, lernt seinen Astralleib lenken und mit „höheren Wesen" – Geistwesen – kommunizieren und gewinnt Einblick in die „Akasha-Chronik", in der alle Entwicklungen, Ereignisse und Begebenheiten seit Anbeginn des Universums gespeichert sind.[315]

Steiners Ehrgeiz war es, Universalwissenschaft zu betreiben. Er widmete sich daher neben anderem auch der Medizin (Kunsttherapie etc.), der Soziologie, Ökonomie, Landwirtschaft und Pädagogik (Waldorfschulen).[316]

O.T.O., Crowley, Gurdjieff & Co.

Als Okkultist war Steiner Mitglied des O.T.O. – des *Ordo Templi Orientis,* des Orientalischen Templerordens, der 1895 vom deutschen Okkultisten Theodor Reuß gegründet worden ist. Zum

O.T.O. wurde auch der Magier Aleister Crowley angeworben, der sich für den Antichristen, das Tier 666 der Apokalypse, hielt. 1920 gründet Crowley in Sizilien die *Abtei Thelema,* deren Gesetz „Tu, was du willst!" lautet.

Auf Crowley berufen sich bis heute zahlreiche magische und okkulte Orden und Vereinigungen. Er war auch Mitglied des *Ordens der Goldenen Dämmerung* (Golden Dawn) mit ebenfalls magischen Zielsetzungen, dem der Literaturnobelpreisträger William Butler Yeats angehörte. Gustav Meyrink und Aldous Huxley besaßen ebenfalls Kontakte zu diesen esoterischen Vereinigungen.[317]

Es würde hier zu weit führen, auf die zahlreichen Verbindungen, Gruppen und Orden einzugehen, die es teilweise bis heute gibt. Erwähnt sei noch Georg Iwanowitsch Gurdjieff, (angeblich) Georgier und eine magisch-charismatische Persönlichkeit, der zahlreiche Menschen in seinen Bann zog und eine eigene Schule mit mystischen Inhalten aus den verschiedensten Kulturkreisen gründete.

Dem Menschen sprach Gurdjieff die Seele ab, er bezeichnete ihn vielmehr als Roboter, und so verhielt er selber sich auch: Er terrorisierte seine Schüler und machte sie sich völlig hörig, dies feierte er dann als seinen Beitrag zu deren Selbstentfaltung. Seine Anhänger und zielverwandte Seelen verehren ihn heute noch und versuchen, seine Schattenseiten als bewußten Entwicklungsbeitrag für seine Schüler darzustellen[318], andere halten ihn für einen „Schwarzmagier von geringerer Intelligenz als Crowley, aber keineswegs minder brutal und durchtrieben", weil sein Entwicklungsweg „nicht zu Gott, sondern zu Macht über andere" führte.[319] Georg I. Gurdjieff starb 1949.

Östliche Esoterik

So kam ich also vom Ideal der christlichen Liebe zum Ideal der buddhistischen Weisheit, von Agape zu Bodhi. Ich mochte die christliche Liebe nicht, wie ich sie im Leben derer verwirklicht fand, die sie predigten. Sie führten immer Krieg mit anderen Menschen, um sie zu retten. So scheint mir, daß diejenigen, die christliche Liebe predigten, sie nicht besaßen.
Ich wußte, daß der Buddha gegen Huren und Saufen war, aber er nannte es nie eine Sünde – einen verdammenswerten Verstoß gegen die letzte Wirklichkeit. Wenn jemand auf diese Weise seine Erlangung des Nirvana hinauszögerte, so war das seine Sache.

Alan Watts

Der amerikanische Mythenforscher Joseph Campbell zieht „den wesentlichen Trennungsstrich zwischen Orient und Okzident senkrecht durch den Iran . . . Man kann dies als eine kulturelle Wasserscheide ansehen".[320] Es ist durchaus nicht unbedeutend, daß Ost und West einander kulturell in früheren Zeiten sehr viel näherstanden als heute, man denke nur an die ursprünglichen Vorstellungen und die Religion der Griechen, die aus dem Osten und Süden befruchtet wurden, auch an die Gnosis.

Die Entwicklung der Naturwissenschaften und der herausragenden Bedeutung des Individuums, das nur einmal – hier und heute – lebt, das in Wahrheit seine Transzendenz verloren und gegen den Materialismus des Lebens als „letzte Gelegenheit"[321] eingetauscht hat, ist in ihren weltweiten Auswirkungen gar nicht zu überschätzen. Die durchaus sinn- und wertvolle Ausprägung der Individualität, der Persönlichkeit mit ihren Rechten wird im Westen bisweilen falsch verstanden und überbetont. Daß es nicht nur Menschenrechte gibt, sondern auch Menschenpflichten[322], verdrängen wir hingegen allzugerne. Die Welt geriet daher „aus dem Gleichgewicht" – die Indianer nennen das „koyaanisquatsi".

Der westliche Mensch überhöht die Individualität, der östliche hingegen sagt: „Du bist nicht dein Leib. Du bist nicht dein

Ich. Beide mußt du als Verblendungen begreifen."[323] – „Löscht die Ichhaftigkeit mit Euren Begierden und Ängsten aus"[324], dann seid ihr vom Leid erlöst und gelangt ins Nirwana.

Was für ein weiterer Gegensatz, daß dem westlichen Menschen die Wiedergeburt als etwas im Grunde Tröstliches erscheint, dem östlichen hingegen als etwas Drohendes! Das ist eine weitere wesentliche „Wasserscheide" im Denken.

Einen dritten bedeutenden Unterschied hat Walter Weiss am knappsten formuliert: „Für uns ist die Vernunft das EIN und ALLES. Für den Osten sind Widersprüche Schimären, das EIN-ALLES ist jenseits der Vernunft."[325]

Zur Zeit findet eine gegenseitige Durchdringung statt: Der Westen materialisiert den Osten, der Osten spiritualisiert den Westen.

Dennoch bleiben die Kulturunterschiede erheblich, und es ist fraglich, ob das gegenseitige Verständnis zwischen westlichem und östlichem Denken zunehmen kann. Der amerikanische Harvard-Gelehrte Samuel P. Huntington hat, ausgelöst durch die Auseinandersetzung mit dem islamischen Fundamentalismus (iranischer Prägung), den Westen vor einem „Kampf der Kulturen" („clash of civilisations") gewarnt und damit eine heftige Kontroverse ausgelöst. Manche sehen schon „die Mullahs am Rhein" . . .[326]

Taoismus – der Weg

Kenne das Männliche, aber halte das Weibliche
und werde so das Strombett der Welt.
Wer das Strombett der Welt ist,
hat die ewige Tugend ungeteilt
und wird wieder wie ein Kind.

Laotse

Der Taoismus zählt zu den ältesten Philosophien der Menschheit. Ursprünglich bedeutet das chinesische *„Tao"* „Weg", später wurde es zum „Weg des Menschen", und, vom Philosophen Laotse („Alter Meister") in seinem *Tao-te-king* („Buch vom Weg und seiner Kraft") dargestellt, zum allumfassenden Gesetz, zum Einen, zum Urgrund des Seins. Als das Eine ist es gleichzeitig Sein und Nichtsein, es ist transzendentes Sein. Über das Tao, das Eine, zu disputieren oder zu sprechen ist eigentlich sinnlos.[327]

Alles, was lebt, und alles, was im Universum existiert, unterliegt dem einen Gesetz, dem Tao. Auch der Mensch, der den Kosmos im kleinen widerspiegelt. Aufgabe des Menschen ist es, mit dem Universum, mit der Natur, mit allem, mit dem Einen, in Harmonie zu leben und dabei den Fluß der („passiven", „weiblichen", „negativen", „dunklen") polaren Kraft, des *Yin,* und des („aktiven", „männlichen", „positiven", „hellen") polaren Prinzips, des *Yang,* die beide zusammen in tausendfältigen Ausformungen das Tao bilden, nicht zu stören.

Der Mensch soll den Versenkungsweg gehen und gut sein, auch zu jenen, die nicht gut zu ihm sind. Am weitesten führt „Wu-wei", die Kontemplation und das schöpferische Nichtstun: „Brich ab Geschicklichkeit, verwirf den Nutzen ..." (Tao-te-king).

Neben der kontemplativen Seite verfügt der Taoismus auch über eine aktivere Komponente, die von Kung-fu-tse, Konfuzius, einem Philosophen und Staatsmann, bestimmt ist. Seine Lehren haben rund zweieinhalb Jahrtausende überdauert und wirken daher auch nach den paar Jahrzehnten Kommunismus in China weiter.[328]

Indirekt zum Taoismus gehören auch

- die *Akupunktur,* eine chinesische Heilmethode, bei der die durch den Körper strömende Lebensenergie *Ch'i* an bestimmten Meridianpunkten durch Nadelstiche heilsam geordnet, geöffnet und aktiviert wird und deren Ergebnisse durch Forschungen der Schulmedizin bestätigt wurden;
- das *T'ai Ch'i,* eine Form der Bewegungsmeditation, die nur sehr unzulänglich als „Schattenboxen" wiedergegeben wird;
- das *I Ging,* das „Buch der Wandlungen", ein uraltes Weisheits- und Orakelsystem, das dem mythischen ersten Kaiser Chinas, Fu-hsi, rund 3000 v. Chr., zugeschrieben wird und von Laotse bearbeitet wurde. In Entscheidungssituationen mit konkreter

Fragestellung wird das I Ging um Rat gefragt – mittels des Münzwurfes. Dabei werden 64 Figuren (Hexagramme) erzielt, die aus durchgängigen Linien (Yang) und unterbrochenen Linien (Yin) bestehen. Jedem Hexagramm sind Sinnsprüche (Weisheiten) des I Ging zugeordnet, die die Frage kommentieren.

Das I Ging hat den Westen immer wieder fasziniert, so auch Carl Gustav Jung, der annahm, im I Ging zeigten sich Archetypen und Gesetze der Synchronizität, des nur oberflächlich „zufälligen", im kollektiven Unbewußten jedoch sinnvoll verbundenen Zusammenhanges.[329]

Hinduismus

Es ist nur e i n e Flamme,
der Menschen Augen aber
sehen sie in verschiedenen Farben.
Ramakrishna

Der Hinduismus, die drittgrößte Weltreligion nach Christentum und Islam und hauptsächlich in Indien beheimatet, stellt eine ungeheure Vielfalt äußerst komplizierter Religions-, Kultur- und Lebenssysteme dar:

Allen Richtungen gemeinsam ist der Glaube an die Reinkarnation und an das Karma-Prinzip. Höchstes Lebensziel ist es, dem leidvollen Rad der Wiedergeburten („samsara") zu entkommen, dadurch Erlösung zu erlangen („moksha") und mittels Erkenntnis der letzten Wirklichkeit zum Göttlichen zurückzukehren.

Letztlich ist die Welt Täuschung, Illusion, „maya". Maya verschleiert den Blick auf die letzte Wirklichkeit, auf *„Brahman"*, das göttliche Bewußtsein und höchste Prinzip, das reine Transzendenz und dem menschlichen Denken nicht zugänglich ist. Der Ausspruch „kham Brahm" („alles ist Brahman") besagt, „daß nur Brahman existiert und wir darauf eine Vorstellungswelt des Denkens projizieren wie eine Schlange auf ein Tau".[330]

Nichterkenntnis führt den Menschen zu mehr Weltlichkeit, zu Leidenschaften, Gier und zu mehr Maya, Erkenntnis führt zu

Spiritualität, ins *Nirwana,* in dem die Individualität erlischt, weil dort das Selbst, „atman“, („Hauch“, verwandt mit unserem „Atem“) mit dem Brahman verschmilzt.

Tritt das ewige Brahman in die Erscheinungswelt, so wird aus ihm Brahma, der Schöpfergott, der mit Wischnu, dem Erhalter, und Schiwa, dem Zerstörer, die Götterdreiheit Trimurti bildet. Auch die Gattinnen dieser drei werden verehrt: die Wahrheitsgöttin Sarasvati, die Gattin Brahmas, die Schönheits- und Glücksgöttin Lakshmi, die Gattin Wischnus, und Kali, die „Dunkle“, grimmige Gattin Schiwas, Göttin der Zerstörung. Schiwa und Kali werden oft im Tanz oder in sexueller Vereinigung dargestellt. Etwa 3,3 Millionen Gottheiten[331] umfaßt die Götterwelt des Hinduismus, dazu kommen zahllose Teufel, Dämonen, Geister und Gespenster.

Das, was die kosmische Ordnung ausmacht, ist „dharma“, die Basis für Gesetz und Ethik.

Die Überlieferungen des Hinduismus sind in den heiligen Schriften, den vier *Veden* (stammverwandt mit „Wissen“, „Weisheit“) niedergelegt. „Veda“ bedeutet demnach „heiliges Wissen“. Die Veden haben den sechsfachen Umfang der Bibel und werden auf das zweite Jahrtausend vor Christus datiert, sie zählen demnach zu den gewaltigsten und ältesten schriftlichen Überlieferungen der Menschheit. Sie wurden nicht geoffenbart, sondern „geschaut“. Sie bestehen aus mehreren verschiedenen Teilen, darunter aus den Upanischaden, philosophischen Gedanken, und den Sutras, erläuternden Lehrsätzen.

Viele Kerngedanken der indischen Philosophie, die etwa die Beziehungen zwischen dem Atman und dem Brahman behandeln, sind im Vedanta enthalten, dem Schluß der Upanischaden („ved-anta“ = „Veden-Ende“). Wenn die heiligen Männer der Hindu ihren Schülern die letzten Erkenntnisse der Vedanta mitteilten, so sagten sie ihnen: „tat tvam asi“ = „das bist du“: du bist mit dem Absoluten, dein Atman ist mit Brahman letztlich wesenseins. Das ähnelt den Erkenntnissen der abendländischen Mysterien: Auf dem Apollontempel zu Delphi stand geschrieben „gnothi seauton“ = „erkenne dich selbst“ . . .

Heilige Überlieferungen sind auch Epen wie das Ramayana

und das Mahabharata, das die Bhagavadgita enthält, den „Gesang des Erhabenen".

Das Kastenwesen – die Einteilung der Menschen in verschiedene Schichten, die sich nicht vermischen dürfen, wie etwa in eine Priester-, Adels-, Kaufleute-, Bauernkaste und in unberührbare Parias – ist in Indien zwar offiziell verboten, religiös aber so stark verankert, daß es nach wie vor besteht.

Wischnu inkarniert in menschlicher Gestalt in verschiedenen „avataren" („Herabkömmlingen"), die eine göttliche Mission besitzen. Krishna war ein Avatar, nach einigen hinduistischen Auffassungen wird auch Jesus zu den Avataren gezählt. Sein „Ich und der Vater sind eins" (Johannes 10, 30) ist auch eine hinduistische Erkenntnis (einige Autoren nehmen ja an, daß Jesus in Indien lernte und lehrte[332]), und dafür wurde er, so Joseph Campbell, „wegen Gotteslästerung gekreuzigt".[333]

Gottesliebe, Askese und *Yoga* erleichtern den Weg zu Erleuchtung und Erlösung. Oft wird das Leben dreigeteilt gesehen: Der erste Abschnitt dient dem Lernen und dem Existenzaufbau, der zweite der Familiengründung und dem Beruf, der dritte der Entsagung, der Loslösung vom Weltlichen und der Pilgerschaft. Heilige Männer und spirituelle Lehrer, Gurus, können helfen, zur Erleuchtung zu gelangen. Hermann Hesse hat die drei Stadien des indischen Lebens in seinem Roman „Siddharta" in eindrucksvoller Weise dargestellt.[334]

Yoga und Tantra

Streiten Sie nie über Religion.
Alle Streitigkeiten über Religion zeigen nur,
daß keine Spiritualität da ist.
Religiöse Streitigkeiten betreffen stets die
äußere Schale. Wenn Reinheit und Spiritualität
verschwinden und die Seele vertrocknet, dann
beginnt der Streit – und nicht eher.
Swami Vivekananda

Einige Religionen haben in ihrem Streben nach Gotteserkenntnis meditative Systeme hervorgebracht, die dem indischen *Yoga* ähneln. Yoga bedeutet „Joch", ein „Anschirren an Gott, Vereinigung mit ihm suchen".[335] Wer den Weg zu Gott auf diese Weise sucht, ist ein *Yogi,* doch „alle nach der fundamentalen Einheitserfahrung (sog. mystische Erfahrung) Strebenden, seien sie indianische Schamanen oder christliche Mystiker, sind in diesem Sinne Yogi".[336]

Die Vedanta-Lehren kennen vier Hauptwege zu Gott:

- *Karma-Yoga:* den Weg des selbstlosen Handelns,
- *Jnana-Yoga:* den Weg der abstrakten Erkenntnis,
- *Bhakti-Yoga:* den Weg der selbstlosen Gottesliebe, und
- *Raja-Yoga:* den „königlichen" Weg der Meditation.[337]

Das, was im Westen meist unter Yoga verstanden wird, ist *Hatha-Yoga:* Körperübungen („asanas") in Verbindung mit Atemübungen („pranayama"). Hatha-Yoga ist jedoch lediglich eine Vorstufe zum Raja-Yoga, dem eigentlichen, „königlichen", meditativen Weg, weil Geistbeherrschung die Beherrschung des Körpers voraussetzt.

Quasi ein „Nebenprodukt" des (fortgeschrittenen) Yoga-Weges sind „siddhis", magische Kräfte und Fähigkeiten, die durch Übungen auch gezielt erworben werden können – so etwa Hellsehen, Gedankenlesen, Materialisationen, Telekinese, Unsichtbarmachung, Eintreten in andere Körper, Levitation (Schweben), Bilokation (Anwesenheit an zwei oder mehreren Orten), geistiges Reisen und dergleichen mehr.

Dies ähnelt den ASW- oder Psi-Fähigkeiten, Astralreisen etc. und kommt in allen spirituellen Systemen vor, auch im Westen.[338] Der indische Heilige und Guru Sathya Sai Baba praktiziert seine Siddhis öffentlich.[339] Der bereits öfter zitierte Schriftsteller und Esoteriker Paul Brunton warnt – neben vielen anderen – vor der Verführung der okkulten Macht, die nicht zu „samadhi", zur Erleuchtung, hinführt, sondern im Gegenteil ein Hindernis auf dem Weg dorthin darstellt.[340] Herbert Tichy, der große österreichische Bergsteiger und Asienkenner, berichtet sogar, strenge indische Mystiker rechneten es dem in ihrem Lande hoch verehrten „Jesus nicht hoch an, daß er Wunder gewirkt hat. Diese Siddhis ... sind nur unerwünschte Nebenprodukte der innerlichen Versenkung, man soll sie nicht pflegen oder zur Schau stellen. Sie schieben sich ‚wie ein Schleier zwischen Gott und die Seele'."[341] Aber nicht wenige betreiben Meditation der Siddhis wegen ...

Ähnlich zwiespältig ist die Haltung zum *Tantra* (Sanskrit: „Erweiterung", „Zusammenhang"): Diese Yoga-Form beruht zwar auf umfassenden (und je nach Schule unterschiedlichen) spirituell-philosophischen Systemen, ist im Westen aber vor allem dadurch bekannt geworden, daß sie sexuelle Energie zur Erlangung der Erleuchtung einsetzt. Erste figurale Tantra-Darstellungen entstammen der Harappa-Kultur 3000 v. Chr.[342], die Texte sind Bestandteil der heiligen Schriften.

Der „ungeläuterte, gefahrvolle ... ‚Linke-Hand-Weg'" des Tantra gibt sich „ungezügelten Riten und sexuellen Ausschweifungen hin", der „Rechte-Hand-Weg" übt ein „läuterndes Ritual und strenge spirituelle Disziplin".[343] Ziel des kontrollierten Geschlechtsaktes, während dessen beide Partner (im Geiste) rituelle Mantras zitieren, ist nicht der Orgasmus, sondern der möglichst lange Weg dorthin („Der Weg ist das Ziel").

Damit wird die „Schlangenkraft" Kundalini geweckt, die vom Wurzelchakra (am untersten Ende der Wirbelsäule; Chakren sind die spirituellen Nervenzentren entlang der Wirbelsäule, fast identisch mit den Sephirot der Kabbala) bis zum Scheitelchakra – dem „dritten Auge" – aufsteigt und sich dort mit Brahman vereinigt.[344] Kundalini wirkt sich deutlich auf die Gehirnströme aus und ist meßbar.[345] Der Körper wird so zu einem „Fahrzeug", das Ego zu transzendieren.

Eine große Rolle spielt das weibliche Element, „schakti". Dem esoterischen Tantra geht es in manchen Ausrichtungen um Lust*kontrolle* mittels Sexualtechnik, die klassischen Tantriker bevorzugten deshalb unattraktive Partner. Das nicht esoterische (vornehmlich westliche) Tantra strebt Lust*optimierung* an. Letzteres für Esoterik zu halten, meint Rüdiger Dahlke, sei allerdings ein vergleichbares Mißverständnis wie „die Vorstellung, bei der Teezeremonie der japanischen Zen-Tradition ginge es darum, den Durst zu löschen".[346]

Instrumente der Meditation können Mantras sein, heilige Silben oder magische Formeln, auf die man sich konzentriert (und/oder immer wieder vor sich her sagt), wie etwa das auch im Westen bekannte „om mani padme hum", das mit „Juwel im Lotos" oder „zum Wohle aller Lebewesen" nur sehr unzureichend übersetzt wird. Die christliche Meditation verwendet als Mantra gerne das „Jesus-Gebet".[347]

Auch geometrische Bilder, die als Tor zum Selbst dienen können, werden in der Meditation verwendet. Mandalas sind solche archetypischen Bilder, auf die man sich konzentriert.

Buddhismus

Dies, ihr Mönche, ist die heilige Wahrheit
von der Entstehung des Leidens:
Es ist der Durst nach Sein, der von
Wiedergeburt zu Wiedergeburt führt,
samt der Lust und der Begier,
der Durst nach Werden, der Durst nach Macht.
Buddha

Der Buddhismus ist aus dem Hinduismus/Brahmanismus hervorgegangen und hat fast ganz Asien erobert, nur in Indien mußte er, obwohl von König Ashoka zur Staatsreligion erklärt, wieder dem Hinduismus weichen. Er geht auf den Prinzen Siddharta Gautama zurück, der im sechsten vorchristlichen Jahrhundert lebte und nach seiner Erleuchtung den Ehrentitel *„Buddha"* („der Erleuchtete") erhielt.

Hermann Hesses bereits erwähnter Roman „Siddharta" zeichnet Buddhas Lebensweg nach. Mit 29 Jahren verläßt Siddharta den elterlichen Fürstenhof, um nach Vollendung zu streben, er geht auf Wanderschaft. Nach mehr als sechs Jahren asketischen Lebens wird er beim Meditieren – unter dem Bodhi-Baum – erleuchtet (das Bild erinnert an den Baum der Erkenntnis in der Bibel). Während seiner 49tägigen Meditation versucht ihn Mara, der Teufel, und verspricht ihm alle Macht und Reichtümer der Erde – ähnlich der Versuchung Jesu in der

Wüste –, wenn er nur innehält. Siddharta weist ihn jedoch zurück.

Die – viertgrößte – Weltreligion des Buddhismus besteht aus unzähligen Varianten und Schulen, weil der Buddhismus Dogmen ebensowenig kennt wie einen persönlichen Gott. Der Buddhismus handelt nicht von Gott, sondern vom rechten Leben. *Karma* und *Wiedergeburt* bestimmen – wie im Hinduismus – das Schicksal der Wesen, die, ob Götter, Menschen, Dämonen oder Tiere, im Prinzip dieselbe Natur besitzen, allerdings auf verschiedenen Stufen.

Der Mensch selbst besteht aus einer Summe vergänglicher Eigenschaften. Er besitzt keine Seele im westlichen Sinne oder im Sinne des hinduistischen Atman, sondern ein *inneres Organ,* das wiedergeboren wird und durch Erkenntnis ins *Nirwana* kommen kann.

Ein Erleuchteter wird zum Buddha, dessen es mehrere Arten gibt. Jeder besitzt eine Anwartschaft, ein Buddha zu werden, das rechte Leben soll ihn dorthin führen. Dazu braucht es die Erkenntnis der „vier heiligen Wahrheiten" und des Einhaltens des *„achtfachen Pfades"*, wie Buddha beide in seiner „Predigt von Benares" schildert:

> *Dies, ihr Mönche, ist die Wahrheit vom Leiden:*
> *Geburt ist Leiden, Altern ist Leiden, Tod ist Leiden,*
> *mit Unlieben vereint zu sein, ist Leiden,*
> *nicht zu erlangen, was man begehrt, ist Leiden, kurz:*
> *Das fünffache Haften am Irdischen ist Leiden . . .*
> *Dies, Ihr Mönche, ist die heilige Wahrheit*
> *von der Entstehung des Leidens:*
> *Es ist der Durst nach Sein, der von Wiedergeburt*
> *zu Wiedergeburt führt,*
> *samt der Lust und der Begier,*
> *der Durst nach Werden, der Durst nach Macht . . .*
> *Dies, Ihr Mönche, ist die heilige Wahrheit*
> *von der Aufhebung des Leidens,*
> *es ist der achtfache Pfad, der da heißt:*
> *Rechtes Erkennen, rechter Wille, rechte Rede,*
> *rechte Tat, rechter Broterwerb, rechtes Bemühen,*
> *rechte Achtsamkeit, rechte Versenkung . . .*[348]

Diese Predigt von Benares ist allen Strömungen des Buddhismus gemeinsam und etwa der Bergpredigt Jesu im Christentum vergleichbar.

Der Weg Buddhas ist nicht unbedingt asketisch, sondern er ist, wie er selbst sagt, ein „Weg der Mitte", der sich weder vom Leben abwendet noch es anbetet. Wichtig ist das richtige Maß. Paul Brunton meint dazu: „Der Gedanke, daß wir in die Welt gesetzt wurden, um uns von ihr abzukapseln, hat etwas Verrücktes ... Wer ein edles Leben inmitten des Betriebs der Welt führt, steht höher als einer, der ein edles Leben inmitten eines Klosters führt"[349], denn „in Wirklichkeit kommt es allein darauf an, wie einer sein Leben lebt".[350]

Der Buddhismus hat mehrere Hauptschulen hervorgebracht: Das „kleine Fahrzeug" (Hinayana, südlicher Buddhismus) ist mehr auf individuelle Erlösung ausgerichtet und „strenger"; das „große Fahrzeug" (Mahayana) will nicht nur die individuelle Erlösung erreichen, sondern auch die der ganzen Menschheit, und das „diamantene Fahrzeug" (Vajrayana), das sich aus dem Mahayana entwickelte und eine eher ins „Esoterische" gehende Ausrichtung besitzt. Es enthält magisch-rituelle Elemente und hat sich in der Mongolei, in Hinterindien und in Tibet den dort vorherrschenden Religionsformen angepaßt.[351]

Der Lamaismus Tibets

Der *Lamaismus* Tibets („lama" bedeutet auf tibetisch „geistlicher Lehrer") ging aus der etwa seit dem 8. Jahrhundert erfolgten Überlagerung schamanischer Religionen durch den Buddhismus hervor. Kennzeichen für ihn sind die Götterbilder, Amulette, Gebetsmühlen und Reliquien in Kult und Ritus. Der berühmte Mönch Milarepa war Tibeter. Es hat sich eine reiche Vielfalt verschiedenster Orden und Schulen entwickelt, etwa jener der „Rotmützen", die an Bedeutung verloren haben, und der „Gelbmützen". Letzteren gehört auch das geistliche und weltliche Oberhaupt des tibetischen Buddhismus, der *Dalai Lama,* an (das heißt etwa „Lehrer, der einem Ozean an Weisheit gleicht“). Der Dalai Lama ist kein Gottkönig, weil der Buddhismus keinen personifizierten Gott kennt.

Nach der Invasion seiner Heimat durch China mußte der Dalai Lama 1959 – er erhielt 1989 den Friedensnobelpreis – aus Tibet flüchten und auch seinen Palast in Lhasa („Sitz der Götter“) verlassen. Er lebt seither in Dharamsala in Nordindien im Exil, und viele Tibeter leben in der Diaspora.

Der jetzige Dalai Lama ist die XIV. Reinkarnation des Lama Chen-re-si. Er ist ein „bodhisattva“, ein „Buddhawesen“, das sich entschlossen hat, so lange nicht ins Nirwana einzugehen und immer wieder zu reinkarnieren, bis alle Wesen erlöst sind. – Nach dem Tode des XIII. Dalai Lama wurde dessen Reinkarnation gesucht. Aus (geheimen) Zeichen, Träumen, Deutungen des „Staatsorakels“ und dergleichen wurde schließlich nach langer Suche ein zweijähriger Junge gefunden, der Gegenstände des XIII. Dalai Lama erkennen und sich verschiedenen Prüfungen unterziehen mußte. Dann wurde er als Reinkarnation anerkannt und im Potala-Palast in Lhasa inthronisiert.[352]

Ein Rivale des Dalai Lama ist der *Pantschen Lama,* ebenfalls Repräsentant einer „Reinkarnationsdynastie“, der eher für die geistlichen Belange Tibets zuständig ist, während sich der Dalai Lama mehr der Politik widmet. Der Pantschen Lama ist traditionell eher nach Peking orientiert, während der Dalai Lama für die Unabhängigkeit Tibets eintritt.

Berühmt ist der tibetische Buddhismus weiters für sein „Tibetisches Buch der Toten“, das „Bardo thödol“ (wörtlich „Befreiung durch Hören im Zwischenzustand“).[353] Sterben ist ein Prozeß, zwischen dem Sterben und der Wiedergeburt gibt es mehrere Zwischenzustände („bardo“).

In der ersten Phase des Sterbens sieht man das Urlicht, das Licht der höchsten Wirklichkeit. Das erinnert an die bereits dargestellten Nah-Toderlebnisse. Während sich die verschiedenen Erscheinungsformen des Körpers nach und nach auflösen und der Geist die verschiedenen Stadien des Sterbens durchläuft, helfen die Lebenden dem Sterbenden, indem ihm Lamas rituelle Anweisungen geben, wie er sich in den verschiedenen Zwischenzuständen zu verhalten hat, damit er ins Nirwana eingeht und die nächste Wiederverkörperung vermeidet.

Durch meditative Beschäftigung mit dem Bardo thödol sollte sich der Lebende auf seinen Tod beizeiten vorbereiten, damit er dem Rad der Reinkarnationen entflieht.

Mit seinen Schilderungen der „Zwischenphasen" zwischen Leben und Tod, der verschiedenen Erscheinungsformen des Geistigen und Körperlichen, ähnelt der tibetische Buddhismus anderen Religionen und spirituellen Erfahrungen, etwa jenen der Ägypter, der Maya, des Schamanismus und mancher westlicher Mystik.

In der gebotenen Kürze unseres Reiseführers können wir die Leistungen und Thesen der tibetischen und indischen Medizin leider nur kurz erwähnen. Beide sind ganzheitliche Heilkunstsysteme. Im Westen besonders bekannt geworden ist das indische *Ayurveda,* das sich am besten mit „Wissen vom Leben" übersetzen läßt.[354]

Zen – ein Weg nach innen

> *Wir können riesige Brücken bauen, um Flüsse von gewaltigen Ausmaßen zu überspannen, aber wir sind unfähig, das Problem „Wer bin ich?" zu lösen.*
> *Der Mensch weiß mehr über das Wesen des Automobils als über das Wirken seines inneren Selbst.*
>
> Paul Brunton

„*Zen*" ist die japanische Abwandlung des indischen „dhyana" (Sanskrit: „Meditation"), das über das chinesische „ch'an" nach Japan gekommen ist. Der Ausdruck bedeutet aber nicht nur Meditation, sondern ebenso eine bewußte, achtsame Lebenshaltung auch im Alltäglichen, wie sie sich beispielsweise ebenso im Blumenstecken (Ikebana), in der Teezeremonie oder im Zen-Bogenschießen äußert.

Diese Achtsamkeit und Konzentration kommt natürlich besonders im *Za-Zen,* im „Sitzen in Versunkenheit", zum Ausdruck. Der Zen-Buddhismus in dieser Ausprägung legt weniger Wert auf religiöse Übungen und Rituale, auf Lehren oder heilige Schriften und die intellektuelle Auseinandersetzung damit, sondern vielmehr auf die Innenschau, auf die Erkenntnis des Wesens des eigenen Selbst und des Universums.

Durch intensive, konzentrierte Schulung und Übung des rechten Sitzens, des rechten Atmens und der rechten Einstellung wird das „Ruhen im Denken" erreicht. Es gibt kein beabsichtigtes Ziel – „der Weg ist das Ziel" –, aber gerade diese Absichtslosigkeit erleichtert die innere Wesensschau, die die Auflösung des eigenen Ego und die Einheit mit dem Kosmos erleben läßt. Durch Loslassen kommt es zur (plötzlichen) Erleuchtung (indisch „samadhi", japanisch „satori").

Bei einer seiner Predigten konnte Buddha das Wesentliche seiner Darlegung durch intellektuelle Analysen nicht begreiflich machen; doch als er schließlich wortlos eine Blüte emporhob und nur lächelte, begriffen die Schüler. Oft wird auch das Paradoxon des *Koan* zu Hilfe genommen.

Mit der Erkenntnis der Einheit des Ichs mit dem Universum verschwindet die „Illusion des Ich".[355] Um dieses kosmische Bewußtsein zu erreichen, muß man in seinem (Nicht-!)„Denken" in bestimmter Weise „werden wie die Kinder" – Erich Fromm hat mit Recht auf die Ähnlichkeit mit der Forderung Jesu hingewiesen (Lukas 18, 17).[356]

Ist schon der Buddhismus dogmenlos, so kann man Zen als von Lehrinhalten völlig losgelöste Meditationstechnik auffassen, was wohl der Grund dafür ist, daß auch sehr viele Christen (und Angehörige anderer Glaubensrichtungen) Zen praktizieren. Im Westen hat sich mittlerweile, auch in Klöstern, ein breites Kursangebot verschiedenster Art aufgebaut. Zu den bekanntesten Zen-Lehrern zähl(t)en der Benediktinermönch Bede Griffiths und der Jesuit Hugo Enomiya-Lassalle.

Auf den Zusammenhang zwischen Meditation, Erkenntnismöglichkeiten und die Bewußtseinsforschung hat der Biologe und Kybernetiker Francisco Varela hingewiesen.[357]

Wir können hier nicht auf die einzelnen Meditationstechniken eingehen und müssen daher auf das Literaturverzeichnis verweisen.[358] Sicher ist jedoch, daß die Meditation, in welcher Form auch immer (ob Yoga, Zen etc.), als „Weg nach innen“ einen spirituellen Hauptweg darstellen kann.

„Philosophia perennis“ – ewige Philosophie ...

Das Leben bleibt, was es ist – todlos und unbegrenzt. Wir alle werden uns wiedersehen. Wisse, was du bist, und sei frei. Der beste Rat ist heute: bleibe gelassen, sei gewahr. Laß den geistigen Druck deiner Umgebung nicht in das einbrechen, was du weißt, was wirklich und letztlich wahr ist. Das ist dein magischer Talisman, der dich beschützt; halte ihn fest! Das letzte Wort ist – Geduld! Die Nacht ist vor dem Morgengrauen am finstersten. Aber die Morgenröte kommt.

Paul Brunton

Wir sind am vorläufig Ende unserer – leider nur sehr kurzen und daher zwangsläufig nicht in alle Gegenden führende – Reise durch das weite Esoterik-Land angelangt. Bevor wir uns der praktischen Seite esoterischen bzw. spirituellen Denkens widmen, wollen wir doch noch ein wenig innehalten und zurückschauen.

■ Die *erste* und wichigste aller esoterisch-spirituellen Fragen ist jene nach dem Urgrund des Seins, auch nach unserem Urgrund, verbunden mit der Frage nach Gott. Daß das Göttliche *ist,* haben alle Religionen und spirituellen Wege aller Kulturen erkannt, alle Sucher und Mystiker – auch wenn es zunächst bei manchen nicht so aussah, wie etwa bei Aldous Huxley: „Es gibt eine Göttlichkeit“, stellte er, der als Agnostiker begonnen hatte, fest, aber er wußte auch, „je mehr vom Ich vorhanden ist, desto weniger von der Göttlichkeit“. Deshalb sah er als Ausweg die Demut, die „Selbstertötung“ und die Ausrichtung auf „Selbsttranszendierung“. Daß dies nicht gelingt, führte er auf unsere Egozentriertheit zurück, und auf diese den bedauernswerten Zustand der Welt und der Gesellschaft, denn „wir bekommen, was wir verdienen“.[359]

Aber „nah ist und schwer zu fassen der Gott“.[360] Und zugespitzt hat die Gottesfrage der polnische Philosoph Leszek Kolakowski: „Dem erdverhafteten Auge erscheint das religiöse Denken wie Ixion *(in der griechischen Mythologie der König der Lapithen und erste Verwandtenmörder),* der mit Wolken kopuliert und Monstren zeugt. Ein Bewohner der ewigen, von Gott gelenkten Ordnung kann genau dasselbe von jenen sagen, die taub sind für die Stimme Gottes; sie hängen nur an dem, was kurzlebig ist und innerhalb eines Augenblicks verschwinden muß, sie jagen also Illusionen nach und streben nach dem Nichts, und deshalb kann die einzige menschliche Gemeinschaft, die sie hervorzubringen vermögen, nur auf der Gier nach fiktiven Gütern und auf der Angst vor der gegenseitigen Vernichtung beruhen."[361]

Diese Frage nach Gott ist gleichzeitig auch eine Frage nach dem Warum.

- Die *zweite* große spirituell-esoterische Frage ist die nach dem Wie: Wie die Welt, wie also das, was ist, ins Sein trat.
- Die *dritte* große Frage ist die nach dem Verhältnis zwischen Geist und Materie – welcher Natur ist die Welt, sind wir „Geist"; gibt es „Geist"? Hier hat die Wissenschaft ihre ursprüngliche Skepsis und überwiegend materialistische Einstellung praktisch aufgegeben und ist beinahe, wie wir zu Beginn unserer Reise feststellen konnten, mit fliegenden Fahnen zu den Mystikern übergelaufen. „Der Okkultismus wird immer wissenschaftlicher, die Physik wird immer okkulter", hat schon Arthur Koestler erkannt[362], und Herbert Tichy brachte den „Paradigmenwechsel" auf einen Nenner: „Gespräch 1930: ‚Glauben Sie an Gott?' – ‚Natürlich nicht. Ich bin doch Wissenschafter.' Gespräch 1980: ‚Glauben Sie an Gott?' – ‚Natürlich. Ich bin doch Wissenschafter.'"[363]

Die Frage nach dem „Geist" ist mit der Frage nach *unserem* Geist verbunden: was wir mit ihm beginnen und wie wir ihn uns besser dienstbar machen können. Der Mensch nutze nur einen Bruchteil der Fähigkeiten seines Gehirns aus, vermutete neben vielen anderen auch Albert Einstein. Daß wir Erstaunliches zu leisten imstande sind, ja daß wir derlei auch trainieren können, zeigen die Psi-Forschung und die Bewußtseinswissenschaften immer deutlicher. Experimente mit außerkörperlichen Erfahrungen, die Erforschung von Nah-Toderlebnissen und ähnliches erinnern uns immer mehr daran, daß wir eigentlich *Geist* sind, daß wir das nur bei unserer wachsenden Entfernung vom „Großen Geist" – so die indianische Bezeichnung für Gott (oder das Göttliche) – vergessen haben.

■ Die *vierte* große Frage ist die nach der Erkenntnis der Welt. Der Kosmos und wir sind eigentlich eins, sagt uns fast jede Religion und Mystik. In allen von uns glimmt Meister Eckharts „göttliches Fünklein". Dieses Einheitserlebnis liefern uns weder Beobachtung und Experiment noch Meßgerät und Zeigerausschlag. Hier hilft nur die Innenschau, der direkte Draht. Nur: *Die Erkenntnis durch die Innenschau setzt diese selbst voraus.* Nachdem wir so sehr in die Außenschau – in Maya, in die Illusion, die Täuschung – verstrickt sind, ist der Weg nach innen verschüttet. Und genauso sieht die Welt auch aus. Wir bekommen schon, was wir verdienen – siehe oben Aldous Huxley.

Aber tief drinnen bleibt bei den meisten doch eine Erinnerung an das „Paradise lost", an die verlorengegangene Einheit, und es glimmt nicht nur das göttliche Fünklein, sondern auch die Sehnsucht der Rückkehr zu ihm. Dazu zählen auch die uralten Menschheitsträume von der Ewigkeit, vom Jenseits und vom Paradies.

■ Dann taucht die *fünfte* große esoterisch-spirituelle Frage auf, nämlich die nach dem Wie einer Rückkehr. Sie ist mit dem Kantschen „Was soll ich tun?" verbunden, verbunden auch mit der Frage nach der Existenz des Bösen, diesem, so Joseph Campbell, mythisch-mystischen „tiefen und schrecklichen Geheimnis"[364], verbunden ebenso mit der großen Schwierigkeit des Menschen, die Frage nach dem Bösen im Sinne des Kantschen Imperativs, des Dekalogs oder der Predigten Buddhas zu beantworten, denn die allerwenigsten haben das Zeug zu einem Jesus, Buddha oder Franz von Assisi . . .

Eine Zeitlang tötete unser Egozentrismus diese spirituelle Sehnsucht, eine Zeitlang wurde die Sehnsucht auch durch die Teilnahme am kirchlichen Leben befriedigt. Trotzdem – oder besser: gerade deshalb – wird immer mehr Menschen eine innere Leere bewußt, und es dämmert ihnen, daß sie eben nicht vom Brot allein leben, daß da *mehr* sein müßte und auch ist.

„Du mußt dein Leben ändern!" lautet der gebieterische Sukkus des Gedichtes von Rainer Maria Rilke über den archaischen Torso Apollos. Wer diesen oben erwähnten Mangel, die Leere und die Sehnsucht spürt, wird nicht umhin kommen, sich auf die spirituelle Suche zu begeben, wird sich der Frage nach seinem Sinn und der Rechtfertigung seiner Inkarnation kaum entziehen können.

Es stehen ihm tausend Wege der *„Philosophia perennis"* zur Verfügung, der immerwährenden Philosophie, wie sie Aldous Huxley nannte, der Erfahrung jahrtausendelanger spiritueller Geschichte und mystisch-esoterischer Erfahrungen der Menschheit. Gebrauchsanweisungen für eine Umkehr, für eine Heimkehr zu sich selbst und damit zum Urgrund des Seins, gibt es zuhauf.

Aber viele haben dieses Bedürfnis nicht oder nur selten, weil sie sich – um Gurdjieff zu zitieren – in einer Art Schlaf befinden, weil sie lediglich, wiederum Gurdjieff, ein dämmerndes Bewußtsein besitzen.

Andere wiederum finden die Wahrheit trotz aller Anstrengung nicht: Hier kommt ein weiteres Rätsel ins Spiel, das der Gnade, und daß es keine Zufälle gibt. „Man findet die Wahrheit nur in dem Maße, als man Anspruch darauf hat", meint Paul Brunton, um mit jenem Mann dieses Kapitel zu beenden, mit dem wir es begonnen haben, und er ergänzt: „Denn die Wahrheit verbirgt sich selbst vor denen, die nicht für sie bereit sind; sie muß nicht erst vor ihnen verborgen werden."[365]

Jetzt wieder ein paar Fragen:

Was hat Sie auf dieser Reise durch „Eso-Land“ angesprochen, was hat Ihnen mißfallen, was hat Sie gestört?

Glauben Sie an Gott, und wie definieren Sie ihn?

Was bedeuten für Sie – ganz persönlich – „Spiritualität“, „Esoterik“, „Religion“, „Mystik“?
Führen Sie ein „spirituelles Leben“? Wenn ja: warum, und wenn nein: warum nicht? Was bedeutet das für Sie?

Worin besteht für Sie der Sinn Ihres Lebens? Leben Sie Ihr Leben diesem Sinn entsprechend,
oder leben Sie eigentlich ein „wider-sinniges“ (oder gar „sinn-loses“) Leben – und warum?

Oder haben Sie bisher noch nicht darüber nachgedacht . . .?

Von der Selbst-Sucht zur Selbst-Sicht

Zwei Seelen wohnen, ach! in meiner Brust,
Die eine will sich von der andern trennen:
Die eine hält in derber Liebeslust
Sich an die Welt mit klammernden Organen;
Die andre hebt gewaltsam sich vom Dust
Zu den Gefilden hoher Ahnen.
Johann Wolfgang von Goethe

Die Vergötzung der Vernunft

Unsere Reise in die spirituelle Welt war eine Fahrt durch eine „Anderwelt". Wir begegneten dem Geist und seiner Macht, dem mystischen Erkennen, der Sehnsucht des Menschen nach dem Höheren.

Spätestens seit Descartes hat das westliche Denken den Verstand vergötzt und Gefühl wie Intuition vernachlässigt. Schon Jahrhunderte zuvor hatte Thomas von Aquin, der forderte, die Vernunft vom Glauben zu trennen, ein gewaltiges Werk vollbracht: die „Summa Theologica": Es fußte auf rationalem Ordnen, Urteilen, Unterscheiden und begründete die Scholastik. Dann hatte der Gottesmann jedoch eine Vision, eine Offenbarung der geistigen Welt, die ihm alles bisher Gedachte und Geschriebene „nichtig wie Stroh" erscheinen ließ, so daß er es nunmehr verbrennen wollte. Noch vor der bereits von Rom geplanten Ketzeranklage starb Thomas, später wurde er heiliggesprochen. Seine Theologie ist heute noch ein Fundament des Glaubens der katholischen Kirche.[366]

Die Betonung der Vernunft brachte dem westlich-abendländischen Menschen jene Ich-Aufblähung und Ego-Überhöhung, unter der wir alle heute noch leiden.

Wir haben es zu Beginn unserer Reise nachvollzogen: Seit

sich der Mensch dem Rationalismus verschrieben hatte, wurde nur das als wirklich erkannt, was die Ratio an-erkannte; die Intuition, die Schau, das Unsichtbare wurden verbannt. Und weil man das Geistige nicht sehen kann, wurde es für nicht existent erklärt: „Ich war im Weltall, doch ich habe dort keinen Gott gesehen", sagte ein atheistischer Kosmonaut; die Seele könne er nirgends erblicken, meint der materialistische Chirurg. Wer Visionen hat, der solle zum Arzt gehen, empfahl gar ein Politiker.

Ein Jesus, ein Franz von Assisi wären bis vor wenigen Jahren Sofortkandidaten für das Irrenhaus gewesen; heute würde sich die ASW-Forschung ihrer annehmen . . .

Wer nur die Vernunft akzeptiert, überhöht meist das Ich und vergötzt das Materielle. Wer das Ich und das Materielle überhöht, dessen Distanz zum Nicht-Ich müßte zwangsläufig wachsen, dessen Wertschätzung für Nichtmaterielles, für Geistiges würde zwangsläufig sinken: *Da*her mag unsere so oft fast feindselig zu nennende (oder bestenfalls: gleichgültige) Einstellung gegenüber dem anderen, gegenüber der Natur, gegenüber dem Nicht-Ich, gegenüber dem „Fremden" kommen. Das Fremde erscheint uns aber deshalb als fremd, weil uns der Verstand diese Fremdheit vorgaukelt und weil wir das Gefühl der Zusammengehörigkeit und der Verbundenheit mit allem verloren haben, weil uns kaum noch bewußt ist, daß alles im Grunde eins ist, daß alle im Grunde eins sind, „Kinder des Weltalls", wie es Hoimar von Ditfurth so poetisch formulierte.

Erst wenn wir dieses Gefühl der Einheit mit allem, der Vernetzt- und der Ganzheit, wiedergewonnen haben, könnten wir ge*heilt* sein. Voraussetzung wäre eine Wiederkehr des spirituellen Denkens und Fühlens, eine Renaissance der Spiritualität.

Das ist weniger schwierig, als es klingt. Im Grunde müßten wir alle nur unsere Heuchelei aufgeben, indem wir unsere Sonntagsreden und unseren Glauben ernst nehmen. „Wir brauchen weder eine neue Religion noch eine neue Bibel, sondern eine neue Erfahrung, ein neues Selbst-Gefühl", fordert der englische Religionsphilosoph Alan Watts.[367]

Wenn wir dieses neue Selbstgefühl besitzen, wird das Nicht-

Ich um uns im Sinne Martin Bubers zum Du, und unser Ego, unser Ich, wird zu unserem (höheren) Selbst, das teil auch am anderen hat und an dem der andere teilhat.

Schichten des Seins, Schichten des Ichs

Im ersten Kapitel haben wir nach und nach erkannt, daß wir nur einen kleinen Ausschnitt der Wirklichkeit sehen können und daß jeder seine eigene, ureigene Realität besitzt. Wir konstruieren uns unsere Wirklichkeit, unsere Welt. Die philosophisch-psychologische Richtung, die davon ausgeht und dieses Konstruieren der Wirklichkeit untersucht, der *Konstruktivismus,* hat von Österreich seinen Ausgangspunkt genommen, die wichtigsten Vertreter sind Heinz von Foerster, Paul Watzlawick und Ernst von Glasersfeld.

Aber nicht nur unser Erkenntnisapparat enthält uns einen wesentlichen Teil der Wirklichkeit vor, auch unser Selbsterkenntnisapparat zeigt uns bei weitem nicht alle wichtigen Schichten unseres Ich. Wir müssen gar nicht bei Sigmund Freud ansetzen, der das Unbewußte entdeckte und vom „Es" (dem unbewußten Antriebsteil der Psyche), dem „Ich" (dem bewußten Kern der Psyche) und dem „Über-Ich" (der aus Familie und Gesellschaft übernommenen Summe der ethischen Werte) sprach. Wir müssen auch gar nicht zu den „Archetypen" des Carl Gustav Jung gehen, den kollektiven inneren Urbildern der menschlichen Seele. Denken wir allein an den Schlaf, der einen ganz anderen Ich- und Bewußtheitszustand bedeutet, aber auch an bestimmte Tagträumereien, an Trance oder Hypnose. Wir kennen sehr viele verschiedene Stadien und Grade von Aufmerksamkeit, Wachheit, Ich- und Selbstbewußtheit.

Unser bewußtes Ich besitzt also mehrere Schichten und mehr Formen und Möglichkeiten als unser „Normal-Ich". Unser Normalbewußtsein sei die eigentliche „Trance", meint der Psychologe Charles Tart, und er folgt damit Gurdjieff, der unser Normalbewußtsein „Schlaf" genannt hatte.[368] Dieser Schlaf erlaubt uns nicht, die Wirklichkeit so zu sehen, wie sie ist, sondern gaukelt uns ein Trugbild vor, eine schiefe Sicht, die wir dann für Realität halten.

Ein Beispiel: Existentiell dramatische Situationen – Krankheit oder Tod einer nahestehenden, geliebten Person oder eine eigene schwere Krankheit, Verliebtheit, Glücksgefühle – können uns in andere Bewußtseinszustände versetzen, die uns eine andere Weltsicht nahebringen, eine andere Werteordnung. Dinge, Handlungen, Verhaltensweisen, die wir vorher für ungeheuer wichtig gehalten haben, verlieren an Bedeutung; anderes, zuvor Nichtbeachtetes, gewinnt an Gewicht – etwa wenn man erkennt, daß die Warenwelt doch nicht die wahre Welt ist, wenn eine Blume, ein Sonnenuntergang plötzlich in einem ganz anderen Licht erscheinen, ja leuchten . . .

Die indische Spiritualität kennt bis zu einem Dutzend verschiedener Bewußtseinsstufen[369], ähnlich die westliche Esoterik[370]. Die Mystiker aller Kulturen und Religionen erleben das Bewußtsein ihres „höheren Selbst", der Einheit mit dem Absoluten, Göttlichen. Das ist der Kern der „ewigen Philosophie".[371] Im Indischen heißt dies „Samadhi", im Zen „Sartori", die westliche Psychologie – vor allem Abraham Maslow – nennt es das „Gipfelerlebnis". Aber im Grunde ist alles das dieselbe Erkenntnis- und Erlebnisart.

Im Anschluß an Plotin, der meinte, der Mensch befinde sich auf halbem Wege zwischen den Göttern und den Tieren, bemerkt auch der Psychologe und Bewußtseinsforscher Ken Wilber, der Mensch sei erst in der „Halbzeit der Evolution", auf „dem Weg vom animalischen zum kosmischen Bewußtsein".[372]

Die Erlangung des eigentlichen, des wahren Bewußtseins und Selbst ist Ziel und Sinn des Lebens, sagt – neben vielen anderen Mystikern – Paul Brunton, der die Suche nach der Erkenntnis des höheren Selbst als „einzige Pflicht" und „heiligsten Lebenszweck" bezeichnet.[373]

So selbstverständlich derlei Gedanken der kulturübergreifenden „ewigen Philosophie" oder ewigen Weisheit und östlicher Religion und Spiritualität auch waren, das neuere, rationalistischere Christentum (nicht das ursprüngliche, nicht das mystische, nicht das Christentum der Jesus-Worte) hatte seine liebe

Not damit: Wer Gott in sich sucht, betreibe Selbstvergottung und Selbsterlösung, ward (nicht nur) der Gnosis vorgeworfen, und wer Gott in allem sah, geriet sogleich unter Pantheismus- und Ketzereiverdacht.

Doch hat sich hier – wachsender Fundamentalismus hin oder her, er berührt dies nicht – ein Sinneswandel gezeigt, wenn etwa Papst Johannes Paul II. in seiner Enzyklika über den Heiligen Geist schreibt: „‚Gott ist Geist.' Zugleich ist er aber auf wunderbare Weise dieser Welt nicht nur nahe, sondern in ihr gegenwärtig und ihr *in gewissem Sinne immanent; er durchdringt und belebt sie von innen her.* Das gilt vor allem für den Menschen: Gott ist im Innersten seines Seins gegenwärtig, in seinem Denken, Gewissen und Herzen ... Diese Worte helfen uns, die Antwort Jesu an die Samariterin besser zu verstehen: ‚Gott ist Geist.' Nur der Geist kann innerlicher sein, als ich mir selbst bin, ... nur der Geist kann derart dem Menschen und der Welt immanent sein, ohne jegliche Beeinträchtigung oder Veränderung seiner absoluten Transzendenz."[374]

Damit hat die katholische Kirche eine beachtliche und erfreuliche Lernfähigkeit bewiesen, die allerdings jenen, die wegen ähnlicher Ansichten und der Anklage der Ketzerei ihr Leben lassen mußten, nichts mehr nützt. – Auf die Vereinbarkeit zwischen Christentum und Spiritualität hat neben vielen anderen auch der deutsche Philosoph Günter Schiwy hingewiesen.[375]

Meditation als Beginn

Viele Wege führen nach Rom – und viele „Wege nach innen" erweitern das Bewußtsein. So betreibt heute manch einer Yoga, Za-Zen und/oder andere östliche und/oder westliche meditative Praktiken.

Dafür gibt es exoterische und esoterische Motive. *Exoterisch* wird heute oft meditiert, weil die positiven Auswirkungen auf Physis und Psyche unbestritten und experimentell gesichert sind. Meditation baut Streß und Spannungen ab, steigert Offenheit, Kreativität, Leistungspotentiale und Erholungsfähigkeit.

Sie bewirkt Angstabbau, Leistungsfreude und ein Wachstum der Selbstachtung. *Biofeedback*methoden, die die Änderung biologischer Funktionen mittels elektronischer Geräte rückmelden, unterstützen heute Meditationsübungen und beschleunigen das Erreichen von Entspannungszuständen bzw. der angestrebten Änderung der Gehirnwellen, allerdings nur bis zu einem bestimmten Grad.[376]

Das sind Ergebnisse, die Wettbewerbsvorteile in Beruf und Karriere verheißen. Meditationstraining besitzt daher in Seminarprogrammen für das Management mittlerweile einen fixen Startplatz.[377] Ein Erfolg der Meditation setzt jedoch harte Arbeit und lange Übung voraus. Wenn heute „Meditieren in drei Minuten"[378] angeboten wird, bringt das keine Reise ins Innere, sondern nach Absurdistan, denn richtig verstandene Meditation paßt zu den drei Minuten wie die Faust aufs Auge. Auch „Gotteserlebnisse im Schnellverfahren" sind kaum möglich.[379] Hier zeigt sich dieselbe Naivität wie bei jenen neugierigen „neuen Hexen", die magische Praktiken erlernen wollen und nach der dritten „Sitzung" fragen, wann es denn endlich „ans Zaubern" ginge. In solchen Fällen werden initiatische Wege, die lange (meist lebenslange) dauern und der Selbsterkenntnis und der disziplinierten Persönlichkeitsentfaltung dienen, gründlich mißverstanden.

Ein weiteres exoterisches Meditationsmotiv läßt jene außergewöhnlich-sensationellen Fähigkeiten anstreben, die mit der Körper- und Geistdisziplinierung möglich sind und die etwa Michael Murphy in seinem „Quantenmenschen" zur „Entfaltung des menschlichen Potentials im 21. Jahrhundert" analysiert hat.[380] Je nach Entwicklungsphase sind erstaunliche Fertigkeiten und Techniken, auch paranormaler Natur, üb- und erlernbar. Einigen sind wir bei unserer Reise durch das Land der Esoterik begegnet.[381]

Das *esoterische* Ziel jeglicher meditativer Praxis ist es hingegen, das eigene Selbst, seinen Wesenskern, und somit das Absolute, Göttliche in sich zu erfahren, mit einem Wort, das Einheitserlebnis, die „Erleuchtung". *Das* ist der eigentliche Weg nach innen, das ist das „tat tvam asi", das *„Das bist du!"* der Veden, das ist das Jesus-Wort vom Himmelreich in einem selbst. Diese Art der Meditation ist ein Teil der Suche nach Transzendenz, und diese Suche ist, so Paul Brunton, „kein romantisches oder dramatisches Abenteuer, sondern strenge Selbstdisziplin", sie ist „nichts für müßige Träumer und auch nichts für Neurotiker", und nur, wer „willens ist, sich selbst hart anzufassen, . . . taugt für diese Suche".[382]

Diese Suche bringt sukzessive Verwandlung, Umkehr, „Metanoia", Läuterung. Das eigene Selbst wird transformiert, die Selbstentfremdung endet. Auch das ist kein Honiglecken, schon gar nicht in unserer außengerichteten Zeit. Einer, der das klar erkannt hat, war Teilhard de Chardin: „Doch hier täusche sich niemand. Wer an diesem Geist teilhaben will, muß sterben und dann wiedergeboren werden, für die anderen und sich selbst. Er muß, um zu dieser höheren Ebene der Menschheit Zutritt zu erlangen, nicht nur eine besondere Situation reflektieren, intellektuell sehen – vielmehr muß er in der Tiefe selbst seiner Urteils- und Wirkweise eine totale Transposition vollziehen.

In ihm muß eine *neue* (individuelle, soziale und religiöse) *Ebene eine andere ausschalten.* Das bedeutet innere Qualen und Verfolgungen. *Die Erde wird sich ihrer selbst nur durch die Krise der Bekehrung hindurch bewußt werden.*"[383]

Wieder werden wir an Goethes „Stirb und Werde" erinnert.

Metanoia, Tod und Wiedergeburt: hier begegnen sie uns wieder, die Geheimnisse der Einweihungen seit Urzeiten, die spirituellen Mysterien der Menschheit seit Anbeginn. Sie zielen auf eine Transformation, auf eine Verwandlung des Menschen, auf die – wir sagten es schon: gerade heute so schwierige – eigentliche Menschwerdung.

Doch, wie Antoine de Saint-Exupéry sagte: „Es gibt keine göttliche Amnestie, die dir das Werden erspart. Du möchtest sein: Du wirst nur in Gott sein. Er wird dich in seine Scheune einbringen, nachdem du langsam durch deine Handlungen geworden und geknetet sein wirst, denn der Mensch braucht lang zum Geborenwerden."[384]

Die Bedürfnispyramide

Einer der Hauptvertreter jener psychologischen Richtung, die das subjektive Empfinden der Sinnleere bei vielen modernen Menschen untersucht und Alternativmodelle kreieren möchte, war Abraham Maslow. Hierzulande ist er meist durch seine Darstellung der Bedürfnishierarchie bekannt, die optisch in Form einer Pyramide verdeutlicht werden kann.

Maslow unterscheidet:

- *physiologische* Bedürfnisse (Essen, Trinken, Kleidung, Wohnung . . .) an der Basis der Pyramide, darüber
- *Sicherheits*bedürfnisse (Schutz vor Unvorhergesehenem . . .) – diese beiden bilden zusammen die Grundbedürfnisse,
- *soziale* Bedürfnisse (Streben nach Gemeinschaft, Zusammengehörigkeit . . .),
- *Wertschätzungs*bedürfnisse (Wunsch nach Anerkennung und Achtung . . .) sowie an der Spitze der Pyramide
- das Bedürfnis nach *Selbstverwirklichung*.

Bedürfniskomplexe können sich über mehrere Stufen erstrekken, wie etwa Sex und Liebe.

Nach Maslow wirkt ein Bedürfnis, das zu einem Zeitpunkt bereits weitgehend befriedigt ist, nicht oder kaum mehr motivierend auf ein Tun, daher wird das Verhalten eines Menschen prinzipiell am stärksten von jenem Bedürfnis geleitet, das unbefriedigt ist.[385]

Das klingt ähnlich wie die alte Aussage, daß der Mangel das Verhalten bestimmt. Auf ökonomischem Gebiet hat die Österreichische Schule der Nationalökonomie, begründet von Carl Menger, die Psychologie der Bedürfnisse intensiv untersucht und bis heute zu einem Hauptgebiet der wirtschaftswissenschaftlichen Diskussion gemacht.[386]

Die Maslowsche Bedürfnispyramide ist natürlich kein schwerfällig ruhendes, statisches Bauwerk, sondern dynamisch, in ständiger Bewegung begriffen, weil sich auch die höchstpersönliche Werteordnung und -hierarchie unter dem

Eindruck der täglichen Ereignisse und Erfahrungen jedes einzelnen in Fluß befindet. Das ist ein Prozeß, der einen Menschen während eines Lebens nicht immer nur die Pyramidenstufen hinaufführen muß, es kann auch abwärts gehen.

Maslows Thesen wirkten sehr befruchtend auf die Motivationsforschung: Was bringt einen Menschen dazu, genau so zu handeln, wie er es tut, und warum handelt er nicht anders? Wie kann man Menschen zu einem bestimmten Handeln bewegen, motivieren?

Die Transpersonale Psychologie

Maslows Ansatz berücksichtigte in seiner Systematik auch das Streben der Menschen nach Selbstverwirklichung und nach dem Transzendenten, nach dem, was jenseits der eigenen Persönlichkeit liegt und damit *trans-personal* ist. Er wurde damit einer der Begründer der *Humanistischen* bzw. später ebenso der *Transpersonalen Psychologie*.

Er anerkannte demnach nicht nur *de-needs* („deficiency needs“ = Mangelbedürfnisse – in der obigen Liste vor allem die ersten vier Bedürfnisarten), sondern auch die *be-needs* („being needs“ = Seinsbedürfnisse), die keinen offensichtlichen biologischen oder sozialen Zweck erfüllen (dazu zählen das Bedürfnis nach persönlichem Wachstum und Selbstverwirklichung, nach kreativem Ausdruck, nach Selbsttranszendenz, „Gipfelerlebnissen“, nach Verspieltheit u. dgl.). Die Transpersonale Psychologie nimmt an, daß eine Nichtbefriedigung auch der be-needs direkte psychosomatische Störungen nach sich ziehen und zu körperlichen und sozialen Störungen führen kann.

Und sie will wissenschaftliche Erkenntnisse gewinnen „über den transpersonalen Prozeß, über Werte und Zustände, über das Bewußtsein der Einheit, über Metabedürfnisse, Gipfelerfahrungen, Ekstase, mystische Erfahrung, Sein, Wesen, Glückseligkeit, Ehrfurcht, Staunen, Selbsttranszendenz, . . . über Theorien und Praktiken der Meditation, über spirituelle Wege, Mitgefühl, transpersonale Kooperation, transpersonale Erkenntnis und

Verwirklichung und verwandte Konzepte, Erfahrungen und Aktivitäten".[387]

Dabei bedient sie sich westlicher Forschungsmethoden und integriert Erkenntnisse westlicher wie östlicher Weisheitslehren, von der christlichen Mystik über Zen, Sufi, Taoismus und Yoga.

Als einen ihrer Vorläufer betrachtet sie Carl Gustav Jung, der ja die Bedeutung spiritueller und religiöser Erfahrungen im Prozeß der „Individuation" (Selbstwerdung, Personwerdung) betont. Sie bestätigt auch durch ihre Forschungen die Existenz von so etwas wie dem kollektiven Unbewußten und von Archetypen, also der angeborenen „Urbilder" und Mythen der Menschen wie jener von Mann und Frau, des Göttlichen, des Teuflischen, der Hexe etc.

Landkarten des Bewußtseins

Die „Transpersonalisten" sind von der traditionellen Psychologie aus mehreren Gründen angegriffen worden. Zunächst wollten sie im Unterschied zu bisher in ihren Therapien (Gestalttherapie, Psychodrama, Selbsthilfegruppen, Transaktionsanalyse etc.) den Menschen nicht den gesellschaftlichen und wirtschaftlichen Normen rückanpassen und in die traditionelle Werteordnung reintegrieren. Sie wollen ihm vielmehr nahebringen, sich eines *eigenen, persönlichen Wertesystems* bewußt zu werden und sich dann eben nicht den Bedürfnissen der Gesellschaft gemäß, sondern nach seinen eigenen Bedürfnissen und Fähigkeiten zu verhalten.

Der zweite Kritikpunkt betraf ebenfalls das Konzept der Selbstverwirklichung – damit kam der Vorwurf, Narzißmus und Selbstüberhöhung zu fördern.

Drittens schließlich nahm man es Vertretern dieser Richtung übel, wenn sie zur Bewußtseinsforschung Drogen wie LSD einsetzten. Speziell der tschechisch-amerikanische Psychotherapeut Stanislav Grof hat das in Anlehnung an die Verwendung bewußtseinserweiternder Pflanzen und Drogen durch Naturvölker und Schamanen getan. Auch der Schriftsteller Aldous Huxley hat immer wieder (an sich selbst) experimentiert.[388]

Trotzdem hat sich die Transpersonale Psychologie etablieren können, vor allem an amerikanischen Universitäten. Sie untersucht jene transpersonalen Zustände eines erweiterten Bewußtseins, die meditativ (teilweise auch technisch, etwa mit Hilfe des oben bereits angeführten Biofeedback) erreichbar sind, ohne daß die Verwendung von Drogen nötig wäre.

Ein erweitertes Bewußtsein haben bereits viel früher so rationalistische Forscher wie etwa Max Weber akzeptiert, der eine „metaphysisch-ethische Rationalität" des Menschen annahm.[389] Daß die von der Physik und der Medizin kommende experimentelle Bewußtseinsforschung, wie wir gesehen haben, die Konzepte der Transpersonalen Psychologie im wesentlichen bestätigt, erleichtert deren Position. Ihre „Landkarte des erweiterten Bewußtseins"[390] umfaßt auch Nah-Toderlebnisse, außerkörperliche Erfahrungen, die Aktivierung der Kundalini-Kraft[391] und das Erlebnis des kosmischen Bewußtseins, um nur einige Aspekte zu nennen.

Mittlerweile interessieren sich auch „Nicht-Transpersonalisten" für das transzendente Selbst der „Grenzüberschreiter", wie sie der ungarisch-amerikanische Psychologe Mihaly Csikszentmihaly bezeichnet.[392]

Dennoch werden diese „Grenzgänger" in unserer materialistischen Werteordnung, die den Geist überall hinausgetrieben und, so Günther Schiwy, auch die „Natur entheiligt"[393] hat, von sogenannten realistischen Geistern als Träumer belächelt, wie Teilhard de Chardin bedauernd feststellt.[394] Und das ist noch die positiv-optimistische Variante. Meist sind sie als Rufer in der Wüste Hohnobjekt einer materialismusorientierten Gesellschaft, die ihr eigenes Selbst verloren und die Welt zu dem gemacht hat, was sie heute darstellt und wie sie heute aussieht.

Nur heimlich, in Sternstunden und nur äußerst ungern geben diese sogenannten Realisten zu, es könnte mehr existieren als ihr dürres Selbst- und Weltverständnis, sie könnten manchmal ebenso eine höhere Gegenwart fühlen und spüren, die sie aber nicht zu artikulieren wagen: aus Angst vor sich selbst, vor ihrem Umfeld und schließlich vor den Konsequenzen, die sich aus einer dem höheren Selbst zwangsläufig folgenden Umkehrung der Werteordnung ergeben würden . . .

Haben oder Sein?

Herr, laß mich keusch und rein werden – nur jetzt noch nicht!

Augustinus

„Gesellschaften, in denen Egoismus, Selbstsucht und Habgier nicht existieren, wurden als ‚primitiv‘, ihre Mitglieder als ‚kindlich‘ abqualifiziert“ – so beschrieb der Psychoanalytiker und Philosoph Erich Fromm 1976 die Denunzierung nichtmaterialistischer Lebensmodelle durch das (durchaus auch heute noch) herrschende Paradigma der Gesellschaftspolitik.[395] In dieser vom polnischen Philosophen Leszek Kolakowski so bezeichneten „Give-me-give-me-Gesellschaft“ sind „die Gier nach Geld, Ruhm und Macht zum beherrschenden Thema des Lebens“[396] geworden.

Darin zeigt sich auch am augenfälligsten die Nicht-Spiritualität und die Nach-Christlichkeit unseres Zeitalters: Jesus verwehrte dem Reichen in seinem Gleichnis vom Kamel und vom Nadelöhr den Eintritt ins Himmelreich; er vertrieb die Händler aus dem Tempel mit dem Argument, sie hätten daraus eine „Räuberhöhle“ gemacht; er pries diejenigen, die nichts ansammelten aus Sorge um das Morgen wie die „Lilien auf dem Felde“. Wer sich dem Leben verschriebe, würde es verlieren, die Ersten würden die Letzten sein, sprach Jesus in den Evangelien . . .

Ist es nicht betrüblich, wenn Erich Fromm fragen muß, ob denn Europa tatsächlich christlich sei, und wenn er die Frage „Aber wurde Europa denn je wirklich christianisiert?“[397] bedauernd verneint?

Das christliche Europa hatte seit je seine liebe Not mit den Werten seines Herrn und hat sein Engagement für ihn recht bald auf Lippenbekenntnisse reduziert. Franz von Assisi, der als

Sohn eines wohlhabenden Kaufmannes die – horribile dictu – wahre Nachfolge Christi, also auch die Armut propagierte, entging nur knapp dem üblichen Ketzerschicksal. Vor dem Stuhl Petri als Repräsentanten weltlicher (!) Macht knieten römisch-deutsche Herrscher . . .

In der Kathedrale von Lima wird heute noch Francisco Pizarro verehrt, der Millionen Inka niedermetzelte, einer der größten Massenmörder der Weltgeschichte. Auch die Reformation kam nicht von ungefähr, die Mißstände schrieen buchstäblich gen Himmel.

Selbst christliche Denker erkennen die Gefahr des „Habens oder Seins“: „Die Folgen der Austreibung der Heiligen aus der Natur für die Geschichte des Abendlandes und darüber hinaus für die ganze Welt sind um so gravierender, je mehr sich das Abendland säkularisiert hat und einer materialistischen Weltanschauung huldigt. Die vom Christentum entheiligte Natur wird nun Objekt einer schrankenlosen Ausbeutung. Und diese greift in dem Maße auf den Menschen selbst über, als dieser seine Gottebenbildlichkeit in Frage stellt, weil er nicht mehr an Gott glaubt. Der Mensch selbst wird Objekt wissenschaftlicher, wirtschaftlicher und politischer Herrschaftsinteressen, denen das Christentum erfolglos Einhalt zu gebieten sucht, ohne zu erkennen, daß es mit schuld ist an dieser Entwicklung“[398], meint Günther Schiwy.

Das führt uns zu unserem Thema zurück.

„Erst wenn der letzte Baum gerodet, der letzte Fluß vergiftet, der letzte Fisch gefangen sein wird, werdet ihr feststellen, daß man Geld nicht essen kann“, heißt es in einer alten Weissagung der Cree-Indianer. Und Mahatma Gandhi sagte: „Die Welt hat genug für die Bedürfnisse, aber nicht für die Gier aller Menschen.“

Der einzelne stellt sich natürlich auf dieses Wertesystem ein. Folgen wir weiterhin Erich Fromm: „Obwohl das Verhältnis von beruflichen und menschlichen Qualitäten als Voraussetzung des Erfolges schwankt, spielt der ‚Persönlichkeitsfaktor‘ immer eine maßgebliche Rolle. Der Erfolg hängt weitgehend davon ab, wie gut sich ein Mensch auf dem Markt verkauft, ob er ‚gewinnt‘ (im Wettbewerb . . .), wie anziehend seine ‚Verpackung‘ ist; ob er ‚heiter', ‚solide', ‚aggressiv', ‚zuverlässig' und ‚ehrgeizig' ist; aus welchem Milieu er stammmt, welchem Klub er angehört, und ob er die ‚richtigen Leute' kennt."[399]

Mit anderen Worten: Die Karriere-Auslese fördert gerade jene Eigenschaften, die einer Heilung der Wunden der Welt und des einzelnen diametral entgegenstehen.

Um Mißverständnissen vorzubeugen: Natürlich sollen Unternehmen Gewinn erzielen oder zumindest ausgeglichen bilanzieren, aber als Maßstab für das Ergebnis und als *Mittel zum Zweck*, nicht als *Selbstzweck*.

Viel Zeit für eine Änderung bleibt allerdings nicht. Lassen wir Mihaly Csikszentmihaly zu Worte kommen:

„Die Menschheit kann es sich nicht länger leisten, einfach weiterzupfuschen. Unsere Spezies ist zu mächtig geworden, um sich allein von Instinkten leiten zu lassen. Vögel und Lemminge schaden höchstens sich selbst, aber wir können die gesamte Lebensgrundlage dieses Planeten zerstören . . ."

Für unsere Rolle am Steuer des Raumschiffes Erde benötigen wir ein neues Regelwerk, neue Wertvorstellungen und Ziele, um sicher durch nie dagewesene Gefahren zu steuern. Dies sei, so Csikszentmihaly, ein geistiges Abenteuer, bei dem jeder einzelne sich fragen muß, was oder wer er sei. Und weiter:

„Wenn das Selbst unserer Kinder und Kindeskinder zu ängstlich wird, zu konservativ, zu sehr auf Sicherheit bedacht . . ., wird es schließlich von vitaleren Lebensformen überwältigt werden. Wenn wir andererseits einfach rücksichtslos voranschreiten und unsere Mitmenschen und unsere Umwelt weiterhin skrupellos ausbeuten, wird es auf diesem Planeten bald nicht mehr viel geben, für das es sich zu leben lohnt."[400]

Unser Selbstverständnis ist noch kein Selbst, sondern es ist ein Ich, ein Ego. Nur sprachlich mißverständlich definieren wir die Selbstsucht, die eigentlich eine Ichsucht, eine Egomanie ist. Wir leben in einer narzißstischen Gesellschaft und befinden uns auf dem Egotrip, haben Soziologen festgestellt, und analysieren das Ich als Maß aller Dinge.[401]

Unter drei wesentlichen Süchten leiden wir heute: unter der Sucht nach Geld, unter der Sucht nach Macht und unter der

Sucht nach vermeintlicher Wahrheit. Alle drei Suchtarten sind dazu geeignet, uns als einzelne wie auch als Spezies in den Orkus zu verfrachten.

Damit wir dort nicht landen, brauchen wir eine neue Selbstsicht statt der Selbstsucht. Welche Art von Selbstsicht uns vom Haben zum Sein führen kann, davon soll im letzten Teil dieses „Reiseführers“ die Rede sein.

Spiritualität, Wirtschaft und Management

Wer die Welt gewinnt,
verliert sein Selbst;
und wer sein Selbst gewinnt,
verliert die Welt . . .
G. W. F. Hegel

„Du mußt ein Schwein sein in dieser Welt – ein Schwein sein; du mußt gemein sein in dieser Welt – gemein sein!" singt die deutsche Popgruppe „Die Prinzen", und das ist gar nicht einmal zynisch gemeint.

Zur Umweltverschmutzung gesellt sich die Innenweltverschmutzung.

Von der Innenweltverschmutzung zum Weltbürgerkrieg

Die neue hedonistische „Erlebnis-" und „Risikogesellschaft" scheint solche Uraltmotti wie Fair play als überflüssig und moralinsauer zu empfinden und über Bord zu werfen. „In unserer Ellenbogengesellschaft hat das Mobbing selbst schon die ‚feinere' Managerschicht in den oberen Etagen von Behörden, Banken und Konzernen erfaßt", wird diagnostiziert und die geeignete Therapie gleich mitgeliefert: „Mutieren Sie vom Opfer zum Täter. Jetzt. Mit Spaß, Berechnung und ohne jegliches Schuldgefühl . . . Das beste Krisen- und Streßmanagement . . . ist der Angriff . . . Setzen Sie Ihren Killerinstinkt ein." In der gleichen Tonart klingen die „Tips und Tricks für die Karriere auf die ‚fiese' Art" des Autors Wolfhart Berg in seinem Buch „Mit den Wölfen heulen".[402]

Derlei Ratgeber sind derzeit in. Auch „Macchiavelli im Management" wird propagiert.[403]

„Der Job-Rüpel wird salonfähig", staunt das deutsche Magazin „Focus" und resümiert: „Neue Ratgeber kennen keine moralischen Bedenken: Beruflicher Erfolg ist machbar – je gemeiner, desto besser."[404]

Als einer dieser Ratgeber gefragt wird, ob denn dies nicht eine kaputte Moral sei, antwortet er: „Schauen Sie sich doch mal die Vorstandsvorsitzenden an, die sind alle gleich – ihre stromlinienförmigen Gesichter sprechen für sich. Die sind nicht auf ihren Sesseln gelandet, weil die so anständig sind."[405]

Ein holländisches Handbuch listet Anleitungen für erfolgreiche Schwindler auf – vom Ladendiebstahl bis zum Telefonieren auf Nachbars Rechnung.[406]

Der Philosoph Peter Sloterdijk, grundsätzlich Optimist, meint: „Die erste Welt produziert massenhaft hoch individualisierte Menschen, um es freundlich auszudrücken. Man könnte sie simpel auch als pure Egoisten bezeichnen. Bezeichnenderweise ist ‚Egoïste' ja sogar der Name eines geläufigen Parfüms. Und wo auch immer man durch deutsche Städte geht, hat man das Gefühl, die so Parfümierten sind schon allenthalben unter uns."[407]

In einem „Rausschmiß-Knigge" gibt die „Los Angeles Times" ihren Führungskräften Tips, wie man Mitarbeiter cool und möglichst ohne störende menschliche Regung an die Luft befördert.[408]

Dieselben Führungskräfte haben wahrscheinlich das eine oder andere Seminar über Wirtschaftsethik – ein Gegentrend, auf den wir später eingehen – besucht oder an Unternehmensleitbildern mitformuliert, die meist pathetisch „den Menschen in den Mittelpunkt" stellen. Nun ist die Erkenntnis „homo homini lupus" („der Mensch ist dem Menschen ein Wolf") uralt. Und es stimmt auch, daß es in den Unternehmen und im Wirtschaftsleben bisweilen durchaus dschungelhaft zugeht. „Draußen" allerdings kracht die Welt mittlerweile an allen Ecken und Enden.

Der Schriftsteller und Philosoph Hans Magnus Enzensberger konstatiert, „inzwischen ist das Massaker zur Massenunterhaltung geworden. Film und Video wetteifern darin, den Berufsmörder, den Geiselnehmer, den Serienmörder zum Publikumsliebling zu machen, und das subventionierte Staatstheater trampelt mit seinen Blut- und Scheiße-Inszenierungen hilflos hinter dem Horrormovie her. Die platte Widerspiegelung gibt sich als ‚schonungslose Konfrontation' aus, die dem Zuschauer ‚nichts erspart', als ‚mutige Provokation' und ‚heilsamer Schock' – eine kritische Heuchelei, die das Publikum mühelos durchschaut. Unterdessen wartet die liebe alte Rockmusik in ihrer ewigen Jugend mit Gruppen auf, die Public Enemy oder Slayer, Kahlschlag, Endsieg und Brutal heißen; ein Verein, der sich Guns 'N' Roses nennt, hat sein ‚Debut-Album' ‚Appetite for Destruction' fünfzehn millionenmal verkauft."[409]

Enzensberger sieht einen „Terror der Bilder", und wen dieser Terror der Bilder „nicht zum Terroristen macht, den macht er zum Voyeur".[410] Am Ende stehen für ihn Bürgerkrieg und Weltbürgerkrieg, und beide werden zur Fernsehserie . . .

Zwischen Marktplatz und Gotteshaus

Die Überbetonung des Materiellen war die verständliche Reaktion auf zwei Weltkriege, die alles in Trümmer legten. Der Wiederaufbau in Europa forcierte im Einklang mit der Maslowschen Bedürfnispyramide die Priorität des Ökonomischen. Das „Schaffe, schaffe, Häusle baue" geriet zum Leitwert in den modernen Industriestaaten und setzte sich nach und nach durch, was an und für sich nichts Negatives bedeutet, wenn dadurch nicht andere, mindestens ebenso wichtige Werte unter die Räder gekommen wären.

Dem Wohlstand folgte alsbald die Wohlstandsverwahrlosung jener, deren Eltern mit ihnen kaum noch kommunizierten, weil sie fast ausschließlich mit dem Gelderwerb beschäftigt waren.

Weitsichtige Geister erkannten die Fehlentwicklung sehr bald.

Einer der Väter einer sozial und ethisch verpflichteten Marktwirtschaft, Wilhelm Röpke, klagte schon in den sechziger Jahren: „Was nützt aller materieller Wohlstand, wenn wir die Welt gleichzeitig immer häßlicher, lähmender, gemeiner und langweiliger machen und die Menschen den moralisch-geistigen Grund ihrer Existenz verlieren? Der Mensch lebt eben nicht nur von Radios, Autos und Kühlschränken, sondern von der ganzen unverkäuflichen Welt, jenseits des Marktes und der Umsatzziffern, von Würde, Schönheit, Poesie, Anmut, Ritterlichkeit, Liebe und Freundschaft, vom Unberechneten, über den Tag und seine Zwecke Hinausweisenden, von Gemeinschaft, Lebensgebundenheit, Freiheit und Selbstentfaltung."[411] Mittlerweile hat eine weitere Generation die materiell betonte Werteordnung als selbstverständlich akzeptiert, wenn nicht gar verinnerlicht. Das Spirituelle mußte seinen Rückzug antreten.

Nach dem italienischen Politologen Carlo Mongardini lebt die menschliche Gesellschaft in einem ständigen Spannungsfeld zwischen Gotteshaus und Marktplatz. Derzeit halten wir uns fast ausschließlich auf dem Marktplatz auf, den wir zu unserer heiligen Stätte erklärt haben. Nicht umsonst sprechen wir von „Konsumtempeln". Waren frühere Zeiten durch Kathedralen oder Universitäten symbolisiert, so sind das Charakteristikum der Gegenwart Supermärkte und Shopping-Centers.

Gleichzeitig leeren sich, wie bereits erwähnt, die Kirchen, und vielen der letzten Getreuen wird der Aufenthalt dort von fanatischen Glaubensfundamentalisten vergällt. Was an spirituellen Bedürfnissen, die zu Restposten degenerierten, noch umherirrt, wird gar nicht, nur noch traditionell-oberflächlich oder aber in obskuren Sekten und Glaubensgemeinschaften befriedigt.

Doch derzeit kriselt es im Gebälk des Systems – und es sieht so aus, als könnte dies andauern. Leere Haushaltskassen und düstere Arbeitsmarktziffern vor Augen, gehen den Regierungen innen- wie außenpolitisch „wirtschaftliche Interessen vor Moral", wie deutsche Medien angesichts des Besuches von Helmut Kohl und Klaus Kinkel in Peking feststellten.[412] Natürlich: Wie erklärt man dem deutschen (oder österreichischen, oder europäischen) Arbeitslosen, daß Milliardenaufträge abzulehnen sind, weil in China ein Massaker- und Unrechtsregime herrscht?

Der diskrete Charme des Zerfalls

Wir sind als Übermenschen Unmenschen geworden.
Albert Schweitzer

Verschuldete Staaten und Gemeinden sind nicht mehr imstande, die Infrastruktur intakt zu halten: In der Hauptstadt des mächtigsten Landes der Erde, das gleichzeitig eines der wohlhabendsten ist, riskiert seine Gesundheit, wer aus der öffentlichen Wasserleitung trinkt – Filter und Reinigungsanlagen sind kaputt, Reparaturen oder gar Neuinvestitionen kann sich niemand mehr leisten. Brücken, Schienen und Straßen werden zu Ruinen, denn Washington ist pleite. Eine ordnungsgemäße Müllabfuhr erwartet sich in den größeren Städten der USA ohnedies kaum noch jemand.

Die Zerfallserscheinungen dieser Zivilisation, die Alexis de Tocqueville einmal einen Leuchtturm der gesamten Menschheit nannte und die daranging, die ganze Welt zu amerikanisieren (und mittlerweile viele Länder zu einem „Little America" machte), stechen ins Auge.

Inzwischen sind Zukunftsbilder à la „1984" oder „Schöne neue Welt" eines George Orwell und Aldous Huxley fast schon idyllische Kindermärchen im Vergleich zu Horrorvisionen wie „Blade Runner" oder „Strange Days", die uns Hollywood unermüdlich entgegenproduziert.

Der britische Zeitgeschichtler Norman Stone von der Universität Oxford und der französische Spitzenmanager Alain Minc orten indessen unisono ein „neues Mittelalter", in dem wir uns befänden[413]: Die Autoritäten verfallen, die Korruption nimmt zu, mafiose Banden übernehmen in Teilbereichen ökonomische wie politische Macht. Antagonistische Fundamentalismen sind allenthalben auf dem Vormarsch und das einfach-schematische Denken der Populismen liefert vermeintliche Lösungen in einer orientierungslos gewordenen Welt-Un-Ordnung.

In einem „Taumel der Dekadenz" nimmt die „Zeit der Erschütterungen" verrückte Züge an: „Leben wir noch in einer rationalen Welt, wenn der Iran sich für 200 Dollar im Monat ausgehungerte russische Physiker leisten kann, die bereit sind, ihr Nuklear-Know-how weiterzugeben?"[414]

Da Einzelinteressen immer mehr vor Gesamt- und Gemeinschaftsinteressen gingen, konstatiert der Pariser Politikwissenschaftler Jean-Marie Guéhenno auch ein Ende der Politik und ein Ende der Demokratie.[415] Politik, die eigentlich auf Dauer ausgerichtet sein müßte, weil sie langfristig wirkt, erstirbt in Kurzlebigkeit, Institutionen trocknen aus. Guéhenno sieht eine Ähnlichkeit unserer Zeit mit jener gegen Ende des römischen Imperiums (und ist damit keineswegs der erste – die beiden Zeitalter haben vor ihm neben anderen schon Oswald Spengler, Michael Grant oder Hans Jonas verglichen). Er hat keine Patentrezepte zu bieten, aber er will die Menschen „zur Übernahme von Verantwortung bewegen – für die Freiheit in der Gesellschaft von morgen".[416]

In Asien wartet man indessen darauf, das ökonomische und politische Erbe des Westens anzutreten. Man wirft den westlichen Demokratien „Doppelmoral" vor und stellt fest, „daß der Niedergang des Westens dem Werteverfall zuzuschreiben ist".[417]

Doch daß die Welt auf keinen Fall mehr lang stünde und bald schon der Komet käme, ließ schon Nestroy auf der Bühne singen.

Mittlerweile hat die Apokalypse-Literatur überhandgenommen. Der Wissenschaftspublizist Theo Löbsack prophezeit uns „die letzten Jahre der Menschheit"[418], und Hoimar von Ditfurth meinte in Anlehnung an Martin Luther, das Ende sei nahe, „es ist soweit, so laßt uns denn ein Apfelbäumchen pflanzen".[419] Die Menschheit sei lernunfähig, und nach ihrem Ende würde ihr niemand im Kosmos auch nur eine Träne nachweinen.

Demgegenüber wirkt der Publizist Claus Jacobi mit seiner Vision „Uns bleiben 100 Jahre" beinah schon wieder wie ein unverbesserlicher Optimist . . .[420]

Aber verzichten wir jetzt auf weitere pessimistische Diagnosen wie die vorangegangenen oder etwa jene der „kühlen Gesellschaft", über die wir bereits berichtet haben.

Auf der Suche nach Auswegen in die Zukunft

Gegenbewegungen, die das Steuer herumreißen und die Horrortrends stoppen möchten, haben mit mehrerlei Schwierigkeiten zu rechnen: zunächst treten viele von ihnen als Tugendterroristen auf, die drakonische Maßnahmen „gegen den Verfall der Sitten" empfehlen. Sie sehen ihre Stunde gekommen, eine Reihe von Sanktionen zu fordern: eine Verschärfung der Strafgesetzgebung soll neben öffentlichen Stigmatisierungen und Disziplinierungen dafür sorgen, daß die Laissez-faire- und „Rüpelgesellschaft" wieder ins Lot kommt.[421] Private Tugendwächter unterstützen nach diesen Plänen die staatlichen Organe.

Weitere Gruppierungen werden der naiven Weltverbesserei bezichtigt und als „Gutmenschen" verhöhnt, die völlig unrealistisch zu solch altväterischen Begriffen wie dem des „Gewissens", das zu reaktivieren wäre, Zuflucht nehmen wollen.[422]

Auf der anderen Seite wiederum sehen viele, ganz dem Traditionellen verhaftet, die Dringlichkeit des Gegensteuerns überhaupt nicht. Sie halten die Warner für apokalyptische Hysteriker und für völlig überflüssige, unangenehme Störenfriede in einem Business-as-usual-Konzept. Wortreich verharmlosen sie jegliches Menetekel an der Wand.

In Wahrheit gibt es keine Patentrezepte. „Niemand hat heute eine Vision. Niemand sagt, was werden soll und wo es langgeht. Das geistige Leben ist durch Ratlosigkeit und beklemmende Leere charakterisiert", klagt etwa die deutsche Publizistin Marion Gräfin Dönhoff und fährt fort: „Es kann doch nicht sein, daß eine säkularisierte Welt notwendigerweise bar aller ethischen Grundsätze ist . . . Es muß doch möglich sein, die marktwirtschaftlichen Strukturen so zu ergänzen, daß die Menschen veranlaßt werden, sich menschlich zu verhalten und nicht wie Raubtiere nach Beute zu gieren."[423]

Medizinisch-soziologische Studien haben immer wieder ergeben, daß Kinder, die von ihren Eltern und ihrer Umgebung sehr geliebt wurden, ihr ganzes Leben lang über eine vergleichsweise robustere Gesundheit verfügen als andere. Die pervers-konsequente wirtschaftspolitische Empfehlung: Liebt eure Kinder aus ökonomischen Gründen, dann wird das Krankenversorgungssystem billiger ... Liebt eure Kinder, nicht der Kinder wegen, sondern aus Kostengründen! Trainiert vielleicht diese Zuwendung zu euren Kindern, das wäre ein ökonomisch empfehlenswertes Investment – ist das nicht verrückt?

In Summe sind die Zeichen an der Wand unverkennbar. Nur wer die soziale und die ökologische Warnung nicht sehen *will*, wird diese Zeichen wegzudiskutieren versuchen (was ohnedies nicht gelingt).

Dabei haben sich einige Konzepte entwickelt, die zukunftsträchtig erscheinen können. Da sich das künftige Schicksal der Menschen in Technik und Ökonomie entscheidet, beziehen sich diese Konzepte vor allem auf diese beiden Bereiche.

Das Prinzip Verantwortung

„Der endgültig entfesselte Prometheus ... ruft nach einer Ethik, die durch freiwillige Zügel seine Macht davor zurückhält, dem Menschen zum Unheil zu werden ... Die dem Menschenglück zugedachte Unterwerfung der Natur hat im Übermaß ihres Erfolges, der sich nun auch auf die Natur des Menschen selbst erstreckt, zur größten Herausforderung geführt, die je dem menschlichen Sein aus eigenem Tun erwachsen ist", formuliert der deutsch-amerikanische Philosoph Hans Jonas.[424]

Die Begründung einer solchen Ethik der freiwilligen Begrenzung der eigenen Macht gegenüber Mitmensch und Umwelt liegt, so Jonas, in der Metaphysik. Sie geht also über bloße Physik und Naturerkenntnis hinaus, denn „es werden die alten Fragen nach dem Verhältnis von Sein und Sollen, Ursache und Zweck, Natur und Wert neu aufgerollt, um die neu erschienene Pflicht des Menschen jenseits des Wertsubjektivismus im Sein zu verankern".[425]

Die eigene Macht wird aus Sorge um das andere und den anderen beschränkt, die als Pflicht anerkannt wird: Nicht alles, was machbar ist, wird auch in Angriff genommen. Voraussetzung hiefür ist allerdings auch der Mut zur Verantwortung.

Das ähnelt in etlichen Punkten der Forderung Ivan Illichs nach „Selbstbegrenzung" und auch jener Eugen Friedrich Schumachers nach einer „Rückkehr zum menschlichen Maß", die dieser in Anlehnung an Leopold Kohr erhoben hat.[426]

Ein Motiv für verantwortliches Handeln ist nach Jonas die Furcht vor dem, was der Mensch durch unverantwortliches Handeln anstellen könnte. Wer diese begründete, selbstlose Furcht (nicht Ängstlichkeit) vor den Folgen unverantwortlichen Handelns nicht besitzt, dem „ist unser Schicksal nicht anzuvertrauen".[427]

Jonas schaut dunkle Zeiten, die den Mut zur Verantwortung erfordern. „Die dunkelsten Zeiten aber sind die, wo . . . schon die einfache Anständigkeit ungewöhnlichen Opfersinn oder Mut erfordert und ihre Bewährung zur leuchtenden Ausnahme in der Flut der allgemeinen Erbärmlichkeit wird", schreibt er in einem „praktischen Teil" zu seinem Prinzip, der sich mit Technik, Medizin und Ethik befaßt.[428] Generell rät er zur Vorsicht, zu einem umfassenden „in dubio pro malo – wenn im Zweifel, gib der schlimmeren Prognose vor der besseren Gehör, denn die Einsätze sind zu groß geworden für das Spiel".[429]

Wirtschaftsethik und Weltethos

Hans Jonas behandelt einen – allerdings sehr wesentlichen – Aspekt einer Ethik, deren Erneuerung jetzt allenthalben gefordert wird. Der amerikanische Psychotherapeut M. Scott Peck erklärt die US-Gesellschaft für von „Materialismus, Egoismus, manipulativem Verhalten und Gefühllosigkeit" durchzogen, sie sei daher „krank", sie habe „schon fast den Glanz dessen, was es heißt, menschlich zu sein, vergessen. . . . Wir brauchen Heilung."[430] In Politik und Wirtschaft muß das Gemeinschaftsdenken die Konkurrenz ablösen, ebenso in der individuellen Arbeitswelt. Langfristig bietet Kooperation eine günstigere Kosten-Nutzen-Relation als ruinöse Konkurrenz.

Einen „Abschied von der Konkurrenzgesellschaft" fordert auch der deutsche Jesuit Friedhelm Hengsbach.[431] Das „krankhafte Konkurrenzfieber" müsse von einer Kombination aus „Wettstreit und Zusammenspiel" abgelöst werden.[432] Er bezieht sich dabei auch auf den Vorgänger an seinem Institut, Oswald von Nell-Breuning, und auf die katholische Soziallehre. Künftige Chancen lägen in Kooperationen: in Bündnissen auch zwischen miteinander wettstreitenden Unternehmen, gesellschaftlichen und politischen Gruppen.

Ein Gleichgewicht zwischen Kampf und Konsens auf Basis der Erkenntnisse der Evolutionstheorie fordert der Wiener Manager und Unternehmensberater Hans Haumer.[433]

Eine Moral des „Ich + Wir", die auf der Entwicklung des Selbst beruht, daher die Beziehung zum Du und zum Wir eröffnet, hält der amerikanische Soziologe Amitai Etzioni durchaus für möglich. Ziel – auch der Erziehung – sei die Förderung von Humanität und Solidarität.[434]

Mehr auf globaler Ebene propagiert der Tübinger Theologe Hans Küng sein „Projekt Weltethos".[435] Dabei beruft er sich auf die „goldene Regel" der Religionsstifter wie Moses, Buddha, Jesus oder Laotse, den kategorischen Imperativ, wonach man das, was man für sich selbst nicht wünscht, auch keinem anderen antun möge. Vor allem geht es um einen Bewußtseinswandel, um eine „Ethik der Verantwortung (Max Weber, Hans Jonas) statt einer kruden Erfolgsethik".[436]

Indem sich Küng auf Moses, Buddha und Jesus beruft, hat er natürlich den Finger auf eine offene Wunde gelegt: Ethische Normen sind so alt wie die Menschheit selbst, ebenso der Usus, sie nicht oder nicht konsequent genug zu befolgen. Der Jesuit und Managertrainer Rupert Lay stellt im Verlangen nach einer neuen Unternehmer- und Wirtschaftsethik immer wieder das Auseinanderklaffen von Theorie und Praxis und einen „schönen Schein" fest.[437] Der langjährige Generalsekretär der österreichischen Industriellenvereinigung und Publizist Herbert Krejci meint denn auch, „Der Mensch steht im Mittelpunkt!" sei „einer der verlogensten Sätze", verschiedenste einander auch widersprechende Managementprinzipien würden willig befolgt, „wie es gerade die jeweilige Guru-Meinung befiehlt". Er befindet, „der Manager der Zukunft wird einer sein müssen, der Wissen und Kraft mit Herz und einem Schuß Humanismus vereint. Jenen, die darüber jetzt noch lächeln, wird und muß das Lachen vergehen – im Interesse einer lebenswerten Welt."[438]

Kritik an Phraseologie und Verhalten von Unternehmern und Managern üben auch die Wirtschaftswissenschaftler Gary Hamel und C. K. Pralahad. Querdenker würden in Unternehmen erst gar nicht hochkommen, und immer neue Spar- und Schrumpfungsstrategien würden Firmen nicht „gesundschrumpfen", sondern „krankschrumpfen". Abspeckstrategien würden Mitarbeiter, das angeblich wichtigste Kapital, rascher abbauen als notwendig, dabei gingen Kreativität und Motivation zugrunde.[439] In dasselbe Horn bläst der Unternehmensberater Joachim Kath, wenn er warnt, Unternehmungen würden durch das „zwanghafte Zahlendenken" der „Kostenknechte" „zu Tode rationalisiert".[440]

Führungsethik

W. L. ist einer der Spitzenstars und Supermanager auf dem Sektor des chemischen Pflanzenschutzes. Die Eigentümer seines Unternehmens können sich über ständig wachsende Marktanteile freuen. „Auf meine eigenen 1237 Quadratmeter Garten kommt mir das Giftzeug nicht, das ich verkaufe!" erklärt W. L.

Ernst R.s Seminarinstitut für Managementtechniken geht glänzend. Er selbst ist ausgebucht, ständig unterwegs. Seine Familie kommt zu kurz. „Eigentlich ist das ein Wahnsinn, was ich da mache", gibt er hin und wieder zu: „Was habe ich eigentlich persönlich, ganz persönlich davon, wenn der Vorstandsdirektor X nach seinem Seminar bei mir ein besserer Rhetoriker ist, die Körpersprache glänzend interpretieren kann, damit er in seiner anzuzweifelnden Branche noch effizienter wird? Das bringt mir doch selbst außer Geld nichts. Das Ganze ist doch eine Illusion, ist ‚Maya', ist Selbsttäuschung!"

H. F., Technikmanager, hat sein Unternehmen aus der Krise geführt. Es schreibt jetzt wieder schwarze Zahlen, ist auf dem Weltmarkt Hecht im Karpfenteich. Nur selten sagt er im engeren

Freundeskreis, er sei zwar auf seine Leistungen und auf die seiner Mitarbeiter stolz, „im Grunde möchte ich aber doch wissen, was das alles letztlich soll. Kann der Verkauf von Stahlprodukten wirklich den Sinn meines Lebens ausmachen? Da muß doch mehr sein. Außerdem muß man viel zu oft über seinen Schatten springen. Das Geschäft ist nichts für Sensible . . ."

Nur drei wahre und zutreffende Beispiele aus dem Geschäftsleben. Sie zeigen eine spirituelle und ethische Lücke, eine Art Schizophrenie. Über diese Themen wird ungern gesprochen, sie könnten das Image als *cool* und *clever* geltender Manager gefährden, die *tough* ihrer Wege gehen. Da wirkt die Viktor-Franklsche Sinnfrage störend.

Wer allzu offen Nachdenklichkeit zeigt und wider den Mainstream löckt, gilt alsbald als Schrulli und Softi und wird seiner Rolle nicht gerecht.

Manager seien „zum Doppelleben gezwungen", meint der Psychologe Oswald Neuberger und zitiert „das Bild, das der Wirtschaftshistoriker Fritz Redlich von der dämonischen Unternehmerpersönlichkeit entworfen hat. Das, was die Leute nach oben bringt, bringt sie auch zu Fall. Durchsetzungsfähigkeit, Sendungsbewußtsein, Rücksichtslosigkeit und Monomanie . . . Wenn man zu allen lieb und nett ist, kommt man im Unternehmen nicht voran."[441]

Laut dem deutschen Unternehmensberater Roland Berger gelten für Manager „die gleichen Regeln des Anstands wie für jeden Menschen, und da würde ich bei den Zehn Geboten anfangen. Ein Manager speziell hat aber darüber hinaus eine besondere Verantwortung, weil er mit anderer Leute Geld – dem der Eigentümer, aber auch vieler Fremdkapitalgeber – wirtschaftet. Er hat zudem eine besondere Vorbildfunktion für seine Mitarbeiter und außerdem eine soziale und volkswirtschaftliche Verantwortung – um so mehr, je größer das Unternehmen ist . . . Es darf nicht der nur Erfolgreiche befördert werden, sondern nur der Erfolgreiche, der auch charakterliche Stärke bewiesen hat und für den Ethos und Moral keine Fremdwörter sind."[442]

Führungskräfte sehen sich demnach einer Art Mehrfachfront gegenüber:

- Anständigkeit kann ihre individuelle Karriere – siehe Oswald Neuberger – gefährden, sie
- kann ihrer Durchsetzung im externen Wettbewerb hinderlich sein, siehe Jonas, Hengsbach, Küng & Co.,
- sie handeln mitunter schizophren, wenn sie im Berufsleben Handlungen setzen, die sie privat ablehnen,
- schließlich stellt sich ihnen, aber nicht nur ihnen, verstärkt die Frage nach dem Lebenssinn.[443]

Die Diskussion über wirtschaftsethische Fragen ist in Mode gekommen. Eines der Konzepte (von Peter Kern) verlangt ein „Ökosophisches Management" und fordert:

- die *Person-Verträglichkeit:* die Würde des einzelnen ist zu respektieren;
- die *Sozial-Verträglichkeit:* Der Idee der Gerechtigkeit ist weltweit Rechnung zu tragen;
- die *Natur-Verträglichkeit:* Die Mitleidensfähigkeit mit allem Lebendigen ist zu kultivieren;
- die *Zukunfts-Verträglichkeit:* Produkte und Produktionsverfahren, die Leben überhaupt bedrohen, sind ethisch nicht zu legitimieren.

Eine „kopernikanische Wende unserer Einstellungen zum Leben" ist notwendig, „unserer Einstellungen

- zum eigenen Leben,
- zum Leben der anderen und
- zum Leben der Natur als ganzer,

und zwar im Blick auf Gegenwart und Zukunft".[444]

Aber Konzepte gibt es mehr als genug, Hauptproblem bleibt deren mangelnde Realisierung.

Ohne metaphysische Basis bleiben ethische Konzepte – hier ist Hans Jonas[445] zuzustimmen – meistens dürr, schal und im Reich der reinen Theorie. Es fehlt die ausreichende Motivation. Erst die spirituelle Grundlage verleiht ihnen Verwirklichungschancen. Und da die Welt noch niemals von Kommissionen oder Konferenzen wesentlich verändert wurde, sondern immer nur von einzelnen, ist auch der einzelne bei der notwendigen Wieder-Spiritualisierung gefragt und gefordert. Eine wegen der

Ökonomisierung der Gesellschaft zentrale Figur ist dabei der *spirituelle Unternehmer* und/oder *Manager.*

Eine Rückkehr des „Geistes der Solidarität und der Spiritualität" auch in die Politik fordert der polnische Expremierminister Tadeusz Mazowiecki.

Arbeit – die neue Religion

Die Mehrfachfront, denen sich manche Manager gegenübersehen, kann in einen Teufelskreis führen. Dies besonders dann, wenn Manager, wie der deutsche Unternehmensberater Harald Butzko diagnostiziert, als „Erfolgs-Junkies" „suchtkrank" geworden sind. „Karriere essen Seele auf", formuliert Butzko in Anlehnung an „Angst essen Seele auf". Erfolgsdruck und Versagensangst führen dazu, daß sich „hinter der Fassade des starken Mannes . . . viele verdammt arme Schweine" befänden.

Die Suchtmittel Arbeit, Erfolg und Anerkennung träten an die Stelle menschlicher Beziehungen, überhaupt seien „tiefgehende Störungen der Beziehungsfähigkeit" die Folge. Bei der Hetzjagd nach den Drogen Arbeit, Erfolg und Anerkennung bleibe schließlich die Gesundheit auf der Strecke. Beim anonymen Telefon-Notdienst Butzkos für gestreßte Manager in Köln gehen täglich 10 bis 25 Hilferufe ein.[446]

Einer Studie des Dortmunder Arbeitspsychologen Michael Kastner zufolge geht 85 Prozent von 6000 befragten Managern „die Last ihrer Verantwortung auf die Nerven. Sie bezahlen den Erfolgsstreß mit Kopfweh, Schweißausbrüchen und Schlafstörungen. Alkohol und Tabletten zählen mittlerweile auf jeder zweiten Chefetage zu den Hausmitteln."[447]

Das sind Tabuthemen, betonen Butzko und Kastner. Man weigert sich, derlei zuzugeben, darüber zu sprechen: „Zum Image des Troubleshooters passen keine Seelenqualen. Was sie vor Mitarbeitern verbergen, verheimlichen die Chefs meist auch vor Familie und Freunden."[448]

Von zunehmenden Ängsten, Depressionen und Sucht sprechen auch viele andere großangelegte Studien dieser Art. Die

„seelischen Kosten der Karriere“ nehmen zu, erklärt der deutsche Psychologe Werner Gross. Dazu zählen neben gesundheitlichen Problemen ein Schwinden der Sozialkontakte, das Scheitern von Ehen und Partnerschaften. Oft werden auch Hobbys geopfert, um für den Beruf mehr Zeit zu haben. Mittelfristige Arbeitserfolge ändern daran kaum etwas, weil der Workaholic „nicht die Notbremse zieht, wenn der Körper SOS-Signale sendet“.[449] Am Ende steht häufig das „Burnout-Syndrom“, das Gefühl des Ausgebranntseins, die totale Erschöpfung.

Wenn einmal „Lachseminare“ angeboten werden, in denen Manager, denen das Lachen vergangen ist, dieses wieder lernen sollen, dann weiß man, wieviel es geschlagen hat.[450]

Das sind unheilvolle Konsequenzen der Tatsache, daß Arbeit oft zur einzigen Sinnstiftung geworden ist. Dem Menschen ist die „Sehnsucht nach Sinn“ immanent, wie der große österreichische Psychotherapeut Viktor E. Frankl bewundernswert unermüdlich betont (leider hat er sich kaum der Sinnfrage im Management gewidmet, dieses Thema ist noch zuwenig untersucht). Dort, wo Spiritualität nicht mehr Sinn stiftet, sind Surrogate gefragt. Und so wurde aus einem Mittel zum Zweck ein L'art pour l'art: Viele arbeiten nicht mehr, um zu leben, sondern leben, um zu arbeiten.

Mit Recht haben Soziologen darauf hingewiesen, daß die Arbeit zur eigentlichen „Religion des 20. Jahrhunderts“ geworden ist.[451] Das war nicht immer so. In der Antike war Arbeit ungeliebt, in der Bibel gar ein Fluch als Konsequenz aus dem Sündenfall. Noch im Mittelalter wies man sie den bösen Andersgläubigen zu: „die heiden litten arebeit“ heißt es in der Kaiserchronik. Wortgeschichtlich bedeutet „Arbeit“ Mühsal, Plage; man ist dabei verwaist (Arbeit ist mit „Erbe“ verwandt). Aus dem deutschen Lehnwort im Slawischen wurde „robot“, als „Roboter“ wurde es von dorther rückimportiert. Noch im Mittelhochdeutschen war unter „arbeitsam“ „mühsam“, „beschwerlich“ zu verstehen.[452]

Der Arbeit positiv gegenübergestellt war die Eigentätigkeit, das Wirken. Luther hat diesen Unterschied eingeebnet. Der Reformator Calvin baute darauf seine Lehre auf, wonach sich im

Arbeitserfolg der Segen Gottes zeigt. Nach Max Weber begründete die protestantische Ethik damit den Kapitalismus.[453]

Bei Benedikt von Nursia heißt es in der Ordensregel der Benediktiner noch „ora et labora“ („bete und arbeite“), bei Thomas Carlyle bereits „laborare est orare“ („Arbeit ist Gebet“). Der liberale Nationalökonom Adam Smith und der Begründer des Marxismus, Karl Marx, waren sich darin einig, daß Arbeit „eine Quelle des Reichtums“ sei. Die Aufklärung benützte die Arbeit „als Waffe gegen eine müßiggehende und gelangweilte Aristokratie und . . . als Medizin gegen dumme Gedanken“, und Hegel legte „das Evangelium der Arbeit als Prozeß geschichtlicher Selbstwerdung“ aus.[454]

Wenn die Gesellschaft das Spirituelle in der Geschichte zurückgelassen und wenn das Materielle die Spitze der Wertehierarchie erklommen hat, so wird natürlich eine Ersatzreligion, die das Vakuum füllt, notwendig. Dann wird Arbeit tatsächlich zum Gebet.

Aber man muß ja nicht gleich ins andere Extrem verfallen. Zwischen dem Typus des Franziskus, der die Nachfolge im Kaufmannsunternehmen seines Vaters ablehnt und das Armutsgelübde ablegt, und dem Typus des Dauerarbeiters Stachanow gibt es ja noch etliche Zwischentöne. Zum Glück, denn das Stachanowsystem fordert seinen Tribut an Körper und Seele.

Auch zwischen dem Extrembild des Tao – des Nicht-Tuns, des „Brich ab Geschicklichkeit, verwirf den Nutzen“ – und einer schrankenlosen Gewinnmaximierung, die sich durch keine Sozial- und Umweltpflichtigkeit bremsen läßt, gibt es unzählige Stufen. Natürlich gibt es Rufer in der Wüste. „Arbeiten wir nur für materiellen Gewinn, so bauen wir uns selbst ein Gefängnis“, sagt Antoine de Saint-Exupéry.[455]

Der deutsche Managementberater Reinhard K. Sprenger erklärt die „Droge Arbeit“ zur „eitel-inszenierten Wichtigkeit“ und „atemlos-hechelnden Mobilmachung“. Er fordert ein „Leben, in dem auch Muße eine wichtige Rolle spielt“ und „Selbstverantwortung“ als Motivation statt „Entlohnung von außen“.[456]

Wir haben uns mit der esoterischen Frage beschäftigt, ob es ein Leben nach dem Tode gebe. Bei Betrachtung mancher Manager fragt man sich dagegen ganz unesoterisch, ob sie denn überhaupt *vor* dem Tode leben. Eine Renaissance der Spiritualität würde sie wieder ins Leben, in das wirkliche Leben zurückführen. Zum Nutzen in erster Linie für sich selbst, in der Folge auch für ihr Unternehmen, für ihr Umfeld und ihre Umwelt.

Manche leben so, als verließen sie sich auf ein Jenseits oder auf eine Wiedergeburt, an die sie wohl als allerletzte glauben ...

Vernetztes Denken, Nachhaltigkeit, visionäres Unternehmen

Derzeit besteht das „Erbe der Egoisten“[457] aus verschuldeten Haushalten und einer verschmutzten Umwelt, die wir den nächsten Generationen übergeben. Es gibt aber noch einige weitere Konzepte, die hoffen lassen, daß dies nicht so bleibt.

Der schweizerische Unternehmer und Industrielle Stephan Schmidheiny fordert mit dem Business Council for Sustainable Development einen „Kurswechsel“ unserer Wirtschafts- und Gesellschaftspolitik in Richtung einer „nachhaltigen Entwicklung“. Darunter wird eine Form von Fortschritt verstanden, die „die Bedürfnisse der Gegenwart deckt, ohne zukünftigen Generationen die Grundlage für deren Bedürfnisbefriedigung zu nehmen“.[458] Dies erfordert eine Neudefinition der Spielregeln der Wirtschaft, die Bescheidenheit inkludieren: „Es gilt, von Raubbau, Verschwendung, hohem Verbrauch und Umweltverschmutzung zur Bewahrung der Umwelt zu gelangen ... Die Unternehmer werden sich am Entwurf der neuen Spielregeln beteiligen wollen ... Niemand kann vernünftigerweise bezweifeln, daß ein grundlegender Wandel erforderlich ist ...“[459]

Eine dieser Spielregeln soll sein, den Preis der Umwelt in die volks- und betriebswirtschaftliche Kostenrechnung voll zu integrieren. Um der wachsenden Bedeutung der Umweltkomponente Rechnung zu tragen, ist ein detailliertes Umweltmanagement vonnöten, wie es der Nationalökonom und frühere Direktor des deutschen Umweltbundesamtes Lutz Wicke theoretisch und praktisch analysiert hat.[460] Mittlerweile hat dieses Thema auch in die Arbeit von Unternehmerverbänden Eingang gefunden, etwa wenn auch diese eine „Ökosoziale Marktwirtschaft" fordern, die der Umweltproblematik Rechnung trägt.[461]

Voraussetzung einer ökologischen Wirtschaftsordnung ist jenes „vernetzte Denken", das der Biokybernetiker Frederic Vester seit Jahren propagiert. Eine Fülle an Wechselbeziehungen vieler Parameter aus Umwelt, Wissenschaft, Wirtschaft und Kultur muß berücksichtigt werden. Ein isoliertes, eindimensionales Denken wird der Komplexheit, der Vernetztheit der Probleme nicht gerecht.

Auch Vester sieht einen esoterischen Hintergrund unserer Mißhandlung der Natur: „Der Gott, der in allem ist – warum wurde Naturgott Pan verteufelt?" fragt er. Gleichzeitig kritisiert er den anderen Mythos, der an die Stelle einer heiligen Natur getreten ist, das biblische „Macht euch die Erde untertan!"[462]

Unternehmensvisionen, die über die Gewinnmaximierung hinausgehen, sind unerläßlich für den Erfolg von Unternehmen, fanden die amerikanischen Managementtheoretiker und -praktiker James C. Collins und Jerry I. Porras von der Stanford-Universität in Kalifornien.[463] Der deutsche Unternehmensberater Rudolf Mann fordert – auf esoterisch-spiritueller Basis – ganzheitliche, „visionäre Unternehmen", die Ökonomie in Partnerschaft betreiben, mit der Natur verbunden sind und ihre Führung nach ethischen Grundsätzen ausrichten.[464]

Aus diesen nur kurz angeschnittenen Beispielen ersehen wir, daß das Angebot an theoretischen Konzepten und praktischen Beispielen für eine andere Art des Wirtschaftens und der Unternehmenskultur in den letzten Jahren erfreulicherweise rasch zugenommen hat und weiterwächst.[465]

Es geht hier nicht um eine naserümpfende Verteufelung des „schnöden Mammons". Worum es geht: Im Kleinen – individuell und mikroökonomisch – definierte Gewinnmaximierung kann im Großen, also in der Gemeinschaft und in der Makroökonomie, zu physischen, sozialen und ökologischen Kosten führen, die auch die Summe der Mikrogewinne nie aufwiegt.

Natürlich ist eine gesunde Portion Egoismus das Erbe unserer Evolution, aber dieses „Wissen um unsere ererbten Verhaltensneigungen macht uns nicht zu Sklaven unserer Gene, enthebt uns nicht des verantwortlichen Handelns", betont der Biologe Kurt Kotrschal und fährt dann fort: „Aus evolutionärer Sicht ist der Mensch nicht die ‚Krone der Schöpfung', sondern allenfalls als Primus inter pares eine von vielen Tierarten auf dieser Welt. Damit entfällt auch das selbstzuerkannte Recht, sich ‚die Erde untertan' zu machen, mit dem bekannten Ergebnis weitgehender Zerstörung.

Mehr Respekt vor den anderen Menschen, Tieren und Pflanzen ist sicherlich eine gute Basis für einen Neubeginn der letzten Chance."[466]

Mittlerweile artikuliert sich auch so etwas wie ein „geographischer Protest" gegen einen zerstörerischen Wirtschafts- und Lebensstil, wenn etwa der Wirtschaftswissenschaftler Luis Racionero schreibt: „Ich mache ... kein Hehl daraus, daß mein Ideal das Griechenland des Perikles, das Córdoba des Ibn Hazm oder das Florenz der Medici, ja sogar das Wien der Jahrhundertwende ist, keinesfalls aber das viktorianische London oder das heutige New York. Ich glaube weder an den materialistischen Konsum noch an die puritanische Unterdrückung, sondern an die Kunst zu leben und an die sinnliche Lust des Mittelmeerraums." Dann wirft er den „Barbaren des Nordens" „die Zerstörung des mediterranen Lebensgefühls" vor: „Sie halten sich für etwas Besseres, weil sie von der Technologie geblendet sind. Sie merken nicht, daß die Lebensqualität, die vitale Wärme des Mittelmeerraumes, seine humanistische Tradition vom Miteinander viel wertvoller sind als jede Technologie, ganz gleich, wie fortschrittlich sie auch sein mag."[467]

Literarisch hat Nikos Kazantzakis die Unterschiede des Lebensgefühls des Nordens und des Südens in seinem „Alexis Sorbas" packend dargestellt.[468] Tendenziell gesehen könnte diese Differenz auch auf religiöse Einflüsse, wie sie Max Weber analysierte, zurückzuführen sein: Das übertriebene Leistungsdenken scheint überwiegend in protestantischen und weniger in katholischen oder orthodoxen Ländern Kultstatus zu genießen und verehrt zu werden.

Im europäisch-amerikanischen Kulturimperialismus haben wir dann auch noch die Verquertheiten unserer Werteordnung exportiert und anderen Ländern unsere ökonomischen Widersinnigkeiten aufoktroyiert.

Im allgemeinen hat sich der Süden noch ein höheres Maß an Spiritualität erhalten können – und damit auch ein Maßhalten. Dort, wo dies nicht der Fall ist – man denke etwa an die Rodung der Regenwälder, an das Sterben des Mittelmeers –, wird auch er einen zu hohen Preis der Zivilisation bezahlen müssen.

Die Rolle der Marktwirtschaft

Im Rahmen der Betrachtung der Ökonomie bleibt die Frage offen, ob die Überbetonung des Materiellen und der Arbeit der Marktwirtschaft nicht systemimmanent ist.

Dagegen sprechen die weitblickenden Überlegungen der beiden geistigen (und politischen) Väter der Marktwirtschaft, Ludwig Erhard und Alfred Müller-Armack. Sie sahen die Marktwirtschaft in drei Phasen: in der ersten werden die ökonomischen Bedürfnisse erfüllt, in der zweiten die sozialen abgesichert. In einer dritten, ökologischen, würde sich die Marktwirtschaft der Umwelt- und der Sinnfrage stellen und beide lösen müssen.[469]

Diese Konzeption erinnert an die Maslowsche Bedürfnispyramide: Zunächst werden die Grundbedürfnisse befriedigt, danach kommt alles andere.

Das Konzept entstammt der Nachkriegszeit, also einer Periode ausgesprochenen Mangels. Es war selbstverständlich, daß man sich zunächst auf das Materielle konzentrierte, und es spricht für die Weitsicht Erhards und Müller-Armacks, daß sie das Ausmaß der durch die wirtschaftlichen Aktivitäten verursachten Umweltverschmutzungen voraussahen.

Leider sind wir allzulange in dieser ersten Phase der Marktwirtschaft gleichsam steckengeblieben. Allerdings wurde auch die Sozialkomponente ausreichend in Angriff genommen und die soziale Frage gelöst (möglicherweise zu weitgehend, wie manche Fehlentwicklungen in den Wohlfahrtsstaaten zeigen).

Derzeit befinden wir uns im Aufbau der dritten Phase, wobei

die Werteordnung der ersten Phase immer noch dominant ist. Theoretisch wie praktisch ist die Marktwirtschaft also noch unvollendet.

Jedes Erfolgskriterium muß vergleichbar gemacht, operationalisiert werden. Die Bilanzen unserer Unternehmen, der Staaten etc. sind in der „Religion des 20. Jahrhunderts“, dem „Geld“, ausgedrückt.[470] Verschiedentlich wurde auch versucht, „Sozialbilanzen“ sowie „Umweltbilanzen“ zu erstellen. Dabei berichten Unternehmen über ihre Leistungen im Sozialbereich und auf dem Sektor des Umweltschutzes.

Im Sinne Erhards und Müller-Armacks wird die dritte Phase der Marktwirtschaft jedoch erst dann zum Tragen kommen können, wenn der Preis (bzw. die Kosten) der Umwelt voll in die betriebs- und auch volkswirtschaftlichen Kostenrechnungen, Verlust- und Gewinnrechnungen einfließen werden.

Die Marktwirtschaft ist ein wirksames Mittel, um ökonomisch wie auch ökologisch zu wirken. Man muß sie nur entsprechend einsetzen.

Ihre Überlegenheit und ihr Sieg über das alternative, marxistische Wirtschaftssystem dürfen nicht dazu führen, daß Sinn- und Solidaritätswerte im Triumph über Bord geworfen werden. Das wäre eine falsch verstandene Marktwirtschaft, weil nur ihre erste Phase berücksichtigt würde.

Daß „Geld zum Selbstzweck“ wird, stößt mittlerweile sogar in Wirtschaftsredaktionen auf Kritik. Unter anderem wird gefragt, ob es denn tatsächlich sinnvoll sein kann, wenn Börsenkurse hinaufschnellen, weil Firmen Massenkündigungen bekanntgeben – und die Frage wird mit Nein beantwortet.[471]

Zum letzten Mal einige Fragen:

Sehen Sie zwischen Karriere und Anständigkeit
tatsächlich einen Widerspruch?
Leben wir wirklich in einer „Ellenbogengesellschaft“?
Handeln Politiker, Manager, Unternehmer,
handeln Sie nach dem „Prinzip Verantwortung“?
Wenn ja: warum? Wenn nein: warum nicht?

Wie stellt sich Ihnen die Frage nach Ihrem Lebenssinn,
nach dem Sinn Ihrer Tätigkeit?

So mancher Manager meint, bei sich eine Art Schizophrenie
zwischen Privatem und Beruflichem,
zwischen Berufs- und Lebenssinn zu konstatieren.
Kennen Sie jemanden, auf den dies zutreffen könnte?
Trifft das auf Sie zu?

Was sagt Ihnen der Begriff „Workaholic“?
Sind Sie ein solcher?
Wann ja: warum? Wenn nein: warum nicht?

Die Wiederkehr des Spirituellen

Die Religionen sind verschiedene Straßen,
die alle am selben Punkt zusammenkommen.
Mahatma Gandhi

Wir sind beinahe am Ende unserer langen Reise in das Land der Spiritualität und Esoterik angelangt. Wir haben einen Tour d'horizon durch die Naturwissenschaften, durch Physik, Kosmologie und Evolutionstheorie unternommen, durch östliche wie westliche Religionen, durch Raum und Zeit, durch Sektoren und Systeme. Wir sind Geheimgesellschaften, Geheimlehren und Okkultem und UFOs begegnet. Wir befaßten uns mit Astrologie, dem I Ging, mit Reinkarnation und außerkörperlichen Erfahrungen. Wir übten Kritik an Fehlentwicklungen der Gesellschaft und dachten zum Schluß sogar über Manager und über die soziale Marktwirtschaft nach.

Jetzt ist es Zeit, noch einmal zurückzublicken und ein Resümee zu ziehen.

Eine Rückkehr zur Mitte

Bei der Wiederkehr des Spirituellen geht es um nicht mehr und um nicht weniger als um unsere Rückkehr zum *Heiligen* im ursprünglichen Sinn. Das klingt natürlich in einer Gesellschaft, der kaum noch etwas heilig ist (außer dem Materiellen, wie wir gesehen haben), seltsam, bizarr, vielleicht sogar obszön. Es ist auch weniger das Heilige im Sinne intoleranter Dogmensysteme gemeint.

Das „Heilige" bedeutet ursprünglich das Glückliche, Gerettete, Gesunde, Unversehrte. Es ist mit dem englischen „whole" („ganz") stammverwandt. Spiritualität macht uns demnach glücklich, gesund, ganz. Sie heilt uns.

Vielleicht mag einiges an der vorgebrachten Kultur- und Gesellschaftskritik überzogen gewesen sein. Aber im wesentlichen trifft es zu, daß wir zunächst einmal aus der Natur den (göttlichen) Geist hinausgetrieben und sie damit entheiligt haben. Was uns nicht heilig ist, ist unserer Rücksichtnahme nicht würdig.

Dann haben wir unseren Verstand überhöht und bei all unserer daraus logisch folgenden Kopflastigkeit unsere Mitte verloren: in der Kultur, wie uns Hans Sedlmayr zeigte, im Menschsein, wie uns Karlfried Graf Dürckheim vor Augen hielt. In seiner Selbstvergötzung hat unser Verstand den (göttlichen) Geist auch aus uns selbst herausgetrieben. Die herrschende philosophische Weltanschauung im naturwissenschaftlichen Zeitalter war bis vor gar nicht langer Zeit der Materialismus: der Geist, das Geistige, das Göttliche waren kaum noch Glaubensgegenstand. Auch an diesen Nachwirkungen leiden wir heute noch: Nur in einem philosophisch-materialistischen Zeitalter kann die Materie und damit das Materielle an der Spitze der Wertepyramide stehen.

In unserem Hang zum Perfektionismus haben wir schließlich den Geist sogar aus unserer Religion ausgetrieben. Nietzsche war der erste, der den Tod Gottes verkündete, und er spürte hellsichtig den Nihilismus heraufdämmern. Dann kam die Gott-ist-tot-Theologie. Auch die Kirchen wurden ent-spiritualisiert, und jene, die zu einer Wiederkehr des Spirituellen in der Kirche aufrufen, sind Rufer in der Wüste, wie Eugen Drewermann, wie Hans Küng, wie Rupert Lay. Allesamt stehen sie mit einer Kirche in Konflikt, die sich nicht über heimgekehrte verlorene Söhne freut, sondern ihre Kinder verstößt und in die Fremde schickt.

Wir haben die Welt und uns ent-geistigt und ent-heiligt. Damit waren dem Un-Geist und dem Un-Heil Tür und Tor geöffnet.

Zeichen der Hoffnung

Es ist ein Zeichen der Hoffnung, daß jetzt, offenbar auf dem Tiefpunkt dieser Entwicklung, so viele Menschen ihre Sehnsucht nach dem Spirituellen entdecken und sich auch im weiten

Land der Esoterik kundig machen wollen. Der Ungeist und das Unheil haben uns orientierungslos gemacht, und wir gehen auf die Suche nach neuen Fixpunkten und neuen Kompassen.

Diese Suche braucht Zeit. Wir können sie nicht in unsere zur Gewohnheit gewordene Hektik-, Streß- und Checklistenphilosophie hineinzwängen. Der Papalagi, der Weiße, der Fremde, habe keine Zeit, erkennt scharfsinnig der Südseehäuptling Tuaivii, und er hält das für eine Krankheit. Die Papalagi „tun geradeso, als ob ein Mensch, der schnell geht, mehr wert sei und tapferer als der, welcher langsam geht".[472] Auch wenn der Papalagi lediglich eine literarische Fiktion ist: Das ist gut beobachtet, denn natürlich ist der Schnellere mehr wert, weil Zeit Geld ist.

Wir brauchen wieder Mut zur Langsamkeit und Mut zur Muße. Das hängt mit Maßhalten zusammen. Wir brauchen Mut zu Maß und Muße.

Diese Suche also braucht Zeit, ja sie braucht das ganze Leben. Dabei mögen wir uns von der Vorstellung freimachen, daß die Erreichung des Ziels unter allen Umständen nötig ist. Mit Ehrgeiz und Leistungsdruck wird diese Suche konterkariert. Wir brauchen dabei keine Hektik, sondern Gelassenheit, Loslassenkönnen. Es gibt keinen Schnellkurs auf diesem Gebiet.

Auf diese Suche sollten wir auch nicht allzu kopflastig gehen. Erst dann können wir unsere Mitte wiederfinden. Lassen wir auch unsere Gefühlsseite mitreden. Auch wenn es (und manches andere auf den kommenden Seiten) ein wenig pathetisch klingen mag: Der richtige Weg muß ein Weg des Herzens sein.

Um mich nicht mißverständlich auszudrücken: Wenn wir uns auf die Suche begeben, sollten wir natürlich unseren Verstand mit dabeihaben. Ein guter Schuß Skepsis ist bei den vielen Sackgassen, Einbahnen, Labyrinthen und Scharlatanen auf unserem Weg durchaus angebracht. Wir sollen nur unsere Kopflastigkeit abbauen, nicht sanft verblöden.

Es geht also nicht darum, einem neuen Irrationalismus im Sinne eines verschwommenen *New Age* Vorschub zu leisten[473], sondern es geht neben der Rückverbindung – Re-ligio – zum Geistig-Göttlichen auch um eine Re-ligio zwischen Ratio und Emotio, zwischen Gefühl und Verstand.

Eine Art „Einweihungsweg"

Denn der Weisheit Anfang ist: Erwirb Weisheit!
Bibel, Sprüche 4, 7

Diese Suche ist, wenn sie ernst genommen wird, eine Art „Einweihungsweg". Das ist ein ebenso altertümlicher Ausdruck wie jener der „Geheimlehren". Gemeint ist ein Weg der „ewigen Philosophie", der Philosophia perennis, der den Sukkus der Wahrheiten vieler Religionen, Mystiker und Esoteriker enthält. Er besteht aus vielen teilweise unterschiedlichen, teilweise parallelen Strecken. Aber diese Wege kommen alle, sagt Mahatma Gandhi, an einem Punkt zusammen.

Am besten ist es, verschiedene Wege zu versuchen und auszuprobieren. Für jeden gibt es ein Vehikel, aber manches paßt dem einen, dem anderen jedoch nicht. Dem ersten liegen phantastische Yoga-Übungen (oder Verrenkungen wie in André Hellers Zirkus der begnadeten Körper), der zweite versucht autogenes Training, der dritte bevorzugt das stille Za-Zen. Es gibt tausend Wege, ganz nach dem chinesischen „Laßt tausend Blumen blühen" ...

Diese tausend verschiedenen Systeme der Philosophia perennis, die spirituell-esoterischen Erkenntnisse und Berichte der vielen, die diesen Weg nach innen vor uns gegangen sind, sind wertvoll, weil sie uns helfen. Und sie sind gar nicht so weit voneinander entfernt. Auch daß es zwischen östlicher und westlicher Spiritualität sehr viele Gemeinsamkeiten gibt, haben wir auf unserer Reise immer wieder erfahren.[474]

Diese Suche, dieser Einweihungsweg läßt uns in uns das Geistige, das Absolute entdecken und somit heimkehren. Es führt uns zum Spirituellen in uns selbst und zu unserem höheren Selbst. In dem, der voll von sich ist, hat Gott keinen Platz, sagt ein chassidisches Sprichwort. Diese Suche, dieser Einweihungsweg reduziert das Ich und macht für das Selbst Platz, und wenn wir weitergehen, begegnen wir in uns dem „göttlichen Fünklein" Meister Eckharts. In einer „Schau", in einer transrationalen Form der Erkenntnis.

Der Weg nach innen läßt uns wieder hören und horchen, eine Fähigkeit, die viele in dem Lärm um uns schon weitgehend verloren haben. Es wird und es soll Stille sein, so still, daß diese Stille schreit.

Das Gehen auf dem Weg schärft unsere Sinne. Es verbessert unsere Beziehung zur Natur, die wir mit anderen Augen sehen. Unser Lohn ist eine bessere Achtsamkeit, Gewahrheit, Bewußtheit. Askese ist nicht notwendig, aber Disziplin. Ein Tagebuch wäre wichtig.

Gurus braucht man nicht, ja sie können sogar gefährlich sein, denn es verheißen zu viele falsche Gurus das falsche Heil. Wenn Macht ausgeübt wird, wenn Dinge oder Handlungen eingefordert werden, die einem innerlich widerstreben, ist es ratsam, die Finger davon zu lassen. Esoterisch-spirituell lernen kann man jedoch von jedem. Von Menschen, von Situationen, von „echten Gurus", die sich ja nicht als solche bezeichnen. Wenn wir – und die Zeit – reif dafür sind, verbirgt sich die Wahrheit nicht vor uns.

Heiliges und Profanes

Wir brauchen nicht unseren Charakter beim Portier abzugeben, wenn wir durchs Firmentor treten. Es braucht auch keine Kluft zu sein zwischen dem Alltag und dem Spirituellen, zwischen dem Alltag und dem „Heil". Man kann auch den Alltag stufenweise (etwa mit Hilfe von Ritualen) spiritualisieren und braucht auch keinen Heimaltar, dessen Renaissance Trendforscher festzustellen glauben[475] (und der offenbar den „Herrgottswinkel" agrarischer Lebensmodelle ablösen soll).

Es gibt verschiedenste Systeme und Wege zur Spiritualisierung des Berufes wie des Alltags, sogar Anregungen wie etwa „das Einkaufen als spirituelle Übung".[476] Damit schließt sich die Kluft zwischen „Heiligem" und „Profanem", die Mircea Eliade festgestellt hat.[477]

Auch das ist ein weiterer Schritt zur Einheit, zur Ganzheit. Stufen hinauf geht man schrittweise, sonst ist die Gefahr des

Stolperns um so größer. Es gibt auch keinen Königsweg, den man mit der Sänfte hinaufgetragen wird, nicht einmal dann, wenn man begnadet ist.

Dieser Weg zeigt uns auch unsere Schattenseiten, die uns nicht bewußt sind, die wir nicht mögen, die in uns Schuldgefühle wachsen lassen (und die wir deshalb so gerne verdrängen). Wir sollten uns unserer Schattenseiten bewußt werden und sie annehmen, denn auch sie gehören zu uns. Das ist ein weiterer Schritt zur Selbstakzeptanz, und ohne diese ist die Akzeptanz des anderen, „Fremden", nicht möglich. Die Gefahr bei der Suche nach der Wahrheit ist immer, daß man sie tatsächlich findet. Unser Weg lehrt uns, damit umzugehen.

Die Selbstakzeptanz ist auch notwendig, wenn wir immer wieder straucheln. Nobody is perfect. Wer immer strebend sich bemüht, den können wir erlösen. Alles hat seinen Sinn.

Wenn uns Jesus auffordert, den Nächsten wie uns selbst zu lieben, so setzt er unsere Selbstliebe voraus. Damit sind aber nicht Selbstüberhöhung, Egomanie und übertriebene Eigenliebe gemeint ...

Distanz und Transzendenz

Der Weise genießt es, Teil der mächtigen Kräfte zu sein, die das Universum durchströmen und die sich vorübergehend in der uns bekannten Realität manifestieren, in dem Körper, den wir für kurze Zeit bewohnen ...

Mihaly Csikszentmihaly

Die Suche, der Einweihungsweg führt uns zu uns zurück, und er führt uns über uns selbst hinaus, er transzendiert uns. Es ist kein Widerspruch, wenn er auch unsere Distanz zu uns selbst erhöht – das ist gut so. Die Erde sieht man so, wie sie ist, als Kugel, erst und am besten vom Weltraum aus. Wir sehen uns am besten, wenn wir zu uns gekommen und über uns hinausgegangen sind. Auch das bedeutet eine Art von Transzendenz.

Distanz läßt uns lächeln.

Vieles von dem, was uns auf unserem Weg begegnet, ist neu, vieles ist uns schon bekannt. Marcel Proust bemerkt dazu: „Die wahre Entdeckungsreise besteht nicht darin, neue Landschaften zu suchen, sondern mit neuen Augen zu sehen.“[478]

Unterwegs erkennen wir die Einheit der Dinge, von der schon öfter die Rede war. Mit dem Bewußtsein der Einheit können wir mit-leiden und helfen. (Auch Erlagscheinhilfe ist Hilfe, wenn sie für viele auch den Freikauf vom Selbsttun bedeutet.) Tue Gutes und rede nicht darüber ... Die Erkenntnis der Einheit lehrt uns Toleranz. Wir alle sind aus demselben Stoff gemacht. Intoleranz ist das untrügliche Kennzeichen von falschen Wegen und von Hochmut. Wo Unduldsamkeit ist, ist Un-Heil.

Eine rührende Art von Toleranz begegnet uns in der Franziskanerregel aus dem Jahre 1225, in der alle aufgerufen sind, billige Kleider zu tragen, jedoch niemanden zu verachten oder zu verurteilen, der „in weichen, farbenfrohen Kleidern lebt und Delikatessen liebt“.[479]

Auch Albert Einstein erkannte: Unser Bewußtsein, sich als getrennt vom anderen zu erleben, ist eine Art optischer Täuschung. Er forderte, unser Mitgefühl auf alle Mitgeschöpfe und alles Mitgeschaffene auszudehnen. Wir erinnern uns an Herbert Tichy, der uns die neue Einstellung der Naturwissenschaften nahebrachte: Früher waren Naturwissenschaftler gleichsam zwangsläufig Atheisten, heute sind sie zum Glauben an das Geistige, Göttliche zurückgekehrt.

Auf dem Weg wachsen in uns Dankbarkeit und Liebe, weil wir selbst wachsen und werden. Wir verändern uns. Veränderung beginnt innen.

Wenn Sie diesen Weg gehen wollen, stoßen Sie sich nicht daran, wenn man Sie vielleicht scheel ansieht oder sogar für sonderbar oder spleenig hält. Da noch zu wenige Menschen auf diese Weise unterwegs sind, sind sie nicht alltäglich. Sie können sich ja, wenn Sie wollen, mit anderen, die sich ähnlich auf den Weg gemacht haben, verbünden und mit ihnen eine „sanfte Verschwörung“ bilden.[480]

Sieben Schritte

1. Unsere Ratio mußte anerkennen, daß sie sich täuscht, so wie uns unsere Sinne täuschen, so daß wir die Realität konstruieren. Das ist eine neue Aufklärung. Sie nimmt die Vergötzung der Vernunft durch die vorangegangene Aufklärung zurück.

2. Unsere Ratio mußte erkennen, daß Materie und Energie, Stoff und Geist zwei Seiten einer Medaille sind. Der Geist hat Priorität. Das ist eine neue Aufklärung. Sie nimmt die Vergötzung der Materie durch die erste Aufklärung zurück.

3. Der Weg nach innen schärft unseren Sinn für die Natur und für das Maß.

4. Der Weg nach innen entwickelt unser höheres Selbst.

5. Der Weg nach innen läßt uns die Einheit erkennen. Er ist eine Rückkehr und eine Heimkehr.

6. Der Weg nach innen läßt uns dem Absoluten, Geistigen, Göttlichen, Wunderbaren, läßt uns unserem höheren Selbst begegnen.

7. Trotz aller Vorsicht beim Umgang mit mythischen Symbolen:
   Das künftige Zeitalter wird spirituell sein, oder es wird die Hölle sein. Der künftige Mensch wird spirituell sein, oder er wird eine Bestie sein.
   Es geht um eine Wiederkehr des Spirituellen. Die Esoterik gibt uns dabei Hoffnung.

Anstelle eines Nachwortes

Wie jede Blüte welkt und jede Jugend
Dem Alter weicht, blüht jede Lebensstufe
Blüht jede Weisheit auch und jede Tugend
Zu ihrer Zeit und darf nicht ewig dauern.
Es muß das Herz bei jedem Lebensrufe
Bereit zum Abschied sein und Neubeginne,
Um sich in Tapferkeit und ohne Trauern
In andre, neue Bindungen zu geben.
Und jedem Anfang wohnt ein Zauber inne,
Der uns beschützt und der uns hilft zu leben.

Wir sollen heiter Raum um Raum durchschreiten,
An keinem wie an einer Heimat hängen,
Der Weltgeist will nicht fesseln uns und engen,
Er will uns Stuf' um Stufe heben, weiten.
Kaum sind wir heimisch einem Lebenskreise
Und traulich eingewohnt, so droht Erschlaffen,
Nur wer bereit zu Aufbruch ist und Reise,
Mag lähmender Gewöhnung sich entraffen.

Es wird vielleicht auch noch die Todesstunde
Uns neuen Räumen jung entgegensenden,
Des Lebens Ruf an uns wird niemals enden . . .
Wohlan denn, Herz, nimm Abschied und gesunde!

Hermann Hesse: „Stufen“[481]

Anmerkungen/Quellen

1 Diese und die meisten folgenden Daten sind dem Harenberg Lexikon der Gegenwart – aktuell 96 entnommen. Dortmund 1995 (Harenberg Lexikon Verlag).
2 Salzburger Nachrichten, 7. 9. 1994.
3 Die Welt, 15. 2. 1994.
4 Salzburger Nachrichten, 22. 1. 1994.
5 Kurier, 5. 2. 1994.
6 TV-Sendung „Nightline", ORF 2, 21. 5. 1993, 23.50 Uhr.
7 Die Presse, 31. 8. 1994.
8 Harenberg: Gegenwart.
9 Die Bilanz des 20. Jahrhunderts. Dortmund 1991 (Harenberg).
10 Konrad Lorenz: Die acht Todsünden der zivilisierten Menschheit. München 1973 (Piper).
11 Claudia Szczesny-Friedmann: Die kühle Gesellschaft. Von der Unmöglichkeit der Nähe. München 1994 (Knaur, TB Nr. 77084).
12 Ebenda.
13 Konrad Lorenz: Der Abbau des Menschlichen. München 1983 (Piper). Rupert Riedl: Der Wiederaufbau des Menschlichen. München 1988 (Piper).
14 Marianne Gronemeyer 1996 in „Sternstunde Philosophie" des Schweizer Fernsehens DRS am 1. 1. 1996. Siehe dazu: dies.: Das Leben als letzte Gelegenheit. Sicherheitsbedürfnisse und Zeitknappheit. Darmstadt 1993 (Wissenschaftliche Buchgesellschaft).
15 Platon: Sämtliche Werke, Bd. 2. Politeia. Reinbek bei Hamburg 1994 (Rowohlt).
16 Paul Watzlawick: Wie wirklich ist die Wirklichkeit? Wahn, Täuschung, Verstehen. München 1979 (Piper).
17 Antoine de Saint-Exupéry: Der Kleine Prinz. In: Gesammelte Schriften, Bd. 1. München 1978 (dtv).
18 Hoimar von Ditfurth: Der Geist fiel nicht vom Himmel. Die Evolution unseres Bewußtseins. Hamburg 1976 (Hoffmann und Campe).
19 G. W. F. Hegel: Phänomenologie des Geistes. Frankfurt 1970 (Reclam).
20 Das Beispiel wird ausführlich diskutiert bei Hans-Peter Dürr: Das Netz des Physikers. Naturwissenschaftliche Erkenntnis in der Verantwortung. München 1990 (dtv). Bezüglich des zweiten Gesetzes, das nur so lange gilt, als es nicht widerlegt, „falsifiziert" wird, siehe Karl R. Popper: Die Logik der Forschung, Tübingen 1976 (Mohr).
21 FORVM Nr. 342, 1982.
22 Wolfgang Stegmüller: Metaphysik, Skepsis, Wissenschaft. Berlin, Heidelberg, New York 1969 (Springer).
23 Kurt Gödel: Über formal unentscheidbare Sätze der Prinicipia Mathematica und verwandter Systeme. In: Monatshefte für Mathematik und Physik Nr. 38, Wien 1931. Dazu siehe auch Paul Kruntorad (Hg.): Jour fixe der Vernunft. Der Wiener Kreis und die Folgen. Wien 1991 (hpt).
24 Ludwig Wittgenstein: Tractatus logico-philosophicus. Frankfurt am Main 1960 (Suhrkamp).
25 de Saint-Exupéry: Prinz.
26 Rudolf Haller: Grenzen der Sprache – Grenzen der Welt. Wittgenstein, der Wiener Kreis und die Folgen. Franz Kreuzer im Gespräch mit Rudolf Haller. Wien 1982 (Deuticke).
27 Henry Lincoln, Michael Baigent, Richard Leigh: Das Vermächtnis des Messias. Auftrag und geheimes Wirken der Bruderschaft vom Heiligen Gral. Bergisch Gladbach 1987 (Lübbe).
28 Dürr: Netz.

29 Herbert Pietschmann: Die Spitze des Eisberges. Von dem Verhältnis zwischen Realität und Wirklichkeit, Stuttgart, Wien 1994 (Weitbrecht).
30 Immanuel Kant: Was ist Aufklärung? Aufsätze zu Geschichte und Philosophie. Göttingen 1994 (Vandenhoeck & Ruprecht).
31 Dürr: Netz.
32 Thomas S. Kuhn, Die Struktur wissenschaftlicher Revolutionen. Frankfurt am Main 1973 (Suhrkamp).
33 Gerald Kahan: $E = mc^2$. Köln 1987 (DuMont).
34 Eine genauere Orientierung kann man sich etwa bei Kahan: $E = mc^2$, holen, oder aber auch bei Steven Weinberg: Der Traum von der Einheit des Universums. München 1993 (Bertelsmann). Auch Nigel Calder: Einsteins Universum. Frankfurt am Main 1980 (Umschau). Harald Fritzsch: Eine Formel verändert die Welt. München, Zürich 1988 (Piper).
35 Calder: Universum.
36 Max Planck in: Kahan: $E = mc^2$.
37 Zitiert nach: Fritjof Capra: Das Tao der Physik. Bern, München, Wien 1983 (Barth).
38 Die verrückte Welt der Quantenphysiker. In: Bild der Wissenschaft. März 1996.
39 Dürr: Netz.
40 Roger G. Newton: Sternstunden der Physik. Basel, Boston, Berlin 1995 (Birkhäuser).
41 Fritjof Capra: Wendezeit. Bern, München, Wien 1986 (Scherz).
42 David Bohm: Die implizite Ordnung. Grundlagen eines dynamischen Holismus. München 1987 (Goldmann).
43 Dazu etwa: Henning Genz: Symmetrie – Bauplan der Natur. München 1987 (Piper).
44 Werner Heisenberg: Physik und Philosophie. Berlin 1973 (Ullstein).
45 Einen Überblick bieten: Newton: Sternstunden, sowie Yuval Ne'man, Yoram Kersh: Die Teilchenjäger. Berlin, Heidelberg, New York 1995 (Springer).
46 Roman U. Sexl: Was die Welt zusammenhält. Physik auf der Suche nach dem Bauplan der Natur. Stuttgart 1983 (DVA).
47 Siehe dazu Demetri Psaltis, Fai Mok: Holographische Datenspeicher. In: Spektrum der Wissenschaft, Januar 1996.
48 Zitiert nach: Capra: Tao.
49 Siehe dazu Bohm: Ordnung. Ken Wilber (Hg.): Das holographische Weltbild. Bern, München, Wien 1986 (Barth).
50 Susanne Hansen (Hg.): Mythen vom Anfang der Welt. Das verborgene Wissen vom Ursprung und Werden der Welt und der Menschen. Augsburg 1991 (Pattloch).
51 Pierre Grimal (Hg.): Mythen der Völker. Frankfurt am Main 1977 (Fischer).
52 Die Zahlen-Buchstaben-Mythen samt ihren darin betrachteten biblischen Bildern sind zu finden bei: Friedrich Weinreb: Der göttliche Bauplan der Welt – Der Sinn der Bibel nach der ältesten biblischen Überlieferung. Bern 1978 (Origo).
53 Zitate nach: Lexikon der östlichen Weisheitslehren. Bern, München, Wien 1986 (Barth), sowie René Bütler: Mystik der Welt. Quellen und Zeugnisse aus vier Jahrtausenden. Bern, München, Wien 1992 (Barth).
54 Verwiesen sei dazu nur beispielhaft auf Bernulf Kanitscheider: Kosmologie. Geschichte und Systematik in philosophischer Perspektive. Stuttgart 1984 (Reclam), sowie auf Rudolf Simek: Erde und Kosmos im Mittelalter. München 1992 (Beck).
55 In: Reinhard Breuer (Hg.): Immer Ärger mit dem Urknall. Das kosmologische Standardmodell in der Krise. Reinbek bei Hamburg 1993 (Rowohlt).
56 Andrei Linde: Das selbstreproduzierende inflationäre Universum. In: Spektrum der Wissenschaft, Januar 1995.
57 Jorge Luis Borges: Werke, Erzählungen 1. München 1981 (Hanser).
58 Hans-Ulrich Keller: Superstrings und Kosmische Strings: Was die Welt im Innersten zusammenhält. In: Breuer: Ärger. Siehe dazu auch: F. David Peat: Superstrings – Kosmische Fäden. Die Suche nach der Theorie, die alles erklärt. Hamburg 1989 (Hoffmann und Campe).

59 Zitiert nach: Bütler: Mystik.
60 Beispiel entnommen aus: James Trefil: Fünf Gründe, warum es die Welt nicht geben kann. Die Astrophysik der Dunklen Materie. Reinbek bei Hamburg 1990 (Rowohlt).
61 Zitiert nach: Michio Kaku, Jennifer Trainer: Jenseits von Einstein. Die Suche nach der Theorie des Universums. Frankfurt am Main, Leipzig 1993 (Insel).
62 Weinberg: Traum.
63 Roman Sexl in: Wo der Markstein der Schöpfung steht. In: Franz Kreuzer im Gespräch mit Thomas Gold, Roman U. Sexl, Rudolf Albrecht. Wien 1984 (Deuticke).
64 Beispiel aus: Trefil: Gründe.
65 Siehe auch: Grimal: Mythen. Und Olga Rinne (Hg.): Der neue Entwurf der Welt. Ursprungsmythen. Darmstadt 1985 (Luchterhand).
66 Dazu: Joachim-Ernst Berendt: Nada Brahma – Die Welt ist Klang. Reinbek bei Hamburg 1994 (Rowohlt).
67 George Leonhard: Der Rhythmus des Kosmos. Reinbek bei Hamburg 1986 (Rowohlt).
68 Georges Ifrah: Die Zahlen. Die Geschichte einer großen Erfindung. Frankfurt am Main, New York 1992 (Campus).
69 Karlfried Graf Dürckheim: Hara. Die Erdmitte des Menschen. Bern, München, Wien 1986 (Barth).
70 Fred Hoyle: Mensch und Materialismus. Frankfurt/M. 1956 (Ullstein).
71 Jacques Monod: Zufall und Notwendigkeit. Philosophische Fragen der modernen Biologie. München 1975 (dtv).
72 Henning Engeln: Wie das Leben auf die Erde kam. In: Geo, Januar 1996.
73 Leslie E. Orgel, Salk Institute San Diego: Der Ursprung des Lebens. In: Leben und Kosmos. Spektrum der Wissenschaft special. Heidelberg o. J.
74 Manfred Eigen: Stufen zum Leben. Die frühe Evolution im Visier der Molekularbiologie. München 1987 (Piper).
75 Peter Coveney, Roger Highfield: Anti-Chaos. Der Pfeil der Zeit in der Selbstorganisation des Lebens. Reinbek bei Hamburg 1994 (Rowohlt).
76 Karl Toifl: Chaos im Kopf. Chaostheorie – ein nichtlinearer Weg für Medizin und Wissenschaft. Wien, München, Bern 1995 (Maudrich).
77 Einen guten Überblick bieten etwa: James Gleick: Chaos – die Ordnung des Universums. Vorstoß in Grenzbereiche der modernen Physik. München 1988 (Droemer Knaur). M. Mitchel Waldrop: Inseln im Chaos. Die Erforschung komplexer Systeme. Reinbek bei Hamburg 1993 (Rowohlt). Bernd-Olaf Küppers (Hg.): Ordnung aus dem Chaos. Prinzipien der Selbstorganisation und Evolution des Lebens. München 1987 (Piper). Grégoire Nicolis, Iliya Prigogine: Die Erforschung des Komplexen. München 1987 (Piper). Robert Wesson: Die unberechenbare Ordnung. München o. J. (Artemis). David Peak, Michael Frame: Komplexität. Das gezähmte Chaos. Berlin 1995 (Birkhäuser).
78 Siehe dazu Bernd-Olaf Küppers: Der Ursprung biologischer Information. Zur Naturphilosophie der Lebensentstehung. München 1986 (Piper).
79 Stephen J. Gould: Zufall Mensch. Das Wunder des Lebens als Spiel der Natur. München 1994 (dtv).
80 John Horgan: Ist das Bewußtsein erklärbar? In: Spektrum der Wissenschaft, September 1994.
81 Siehe dazu etwa: Valentin Braitenberg, Inga Hosp (Hg.): Evolution. Entwicklung und Organisation in der Natur. Reinbek bei Hamburg 1994 (Rowohlt). Karl R. Popper, John Eccles: Das Ich und sein Gehirn. München 1982 (Piper). v. Ditfurth: Geist. Rupert Riedl: Biologie der Erkenntnis. Die stammesgeschichtlichen Grundlagen der Vernunft. Berlin und Hamburg 1980 (Parey).
82 William H. Calvin: Die Entstehung von Intelligenz. In: Spektrum, Leben.

83 Rüdiger Braun: Das Tierbewußtsein. In: Geo wissen Nr. 3, August 1992.
84 Horgan: Bewußtsein.
85 Mihaly Csikszentmihaly: Dem Sinn des Lebens eine Zukunft geben – Eine Psychologie für das 3. Jahrtausend. Stuttgart 1995 (Klett-Cotta).
86 Francis Crick. In: Spektrum der Wissenschaft, Februar 1996.
87 Alfred Gierer: Die Physik, das Leben und die Seele. München 1985 (Piper).
88 Doreen Kimura: Weibliches und männliches Gehirn. In: Spektrum der Wissenschaft, November 1992.
89 Gerry Edelman. In: Bild der Wissenschaft, Februar 1996.
90 Marvin Minsky: Mentopolis. Stuttgart 1990 (Klett-Cotta).
91 Siehe Peak, Frame: Komplexität.
92 Joseph Weizenbaum: Die Macht der Computer und die Ohnmacht der Vernunft. Frankfurt/M. 1978 (Suhrkamp).
93 Hans Jonas. In: Geo wissen.
94 Riedl: Biologie.
95 F. David Peat: Der Stein der Weisen. Chaos und verborgene Weltordnung. München 1994 (dtv).
96 Siehe Benjamin Lee Whorf: Sprache, Denken, Wirklichkeit. Beiträge zur Metalinguistik und Sprachphilosophie. Reinbek bei Hamburg 1963 (Rowohlt).
97 Robert Lawlor: Am Anfang war der Traum. Die Kulturgeschichte der Aborigines. München 1993 (Droemer Knaur). Bruce Chatwin: Traumpfade. München, Wien 1990 (Hanser).
98 Josef F. Blumrich: Kasskara und die Sieben Welten. Weißer Bär erzählt den Erdmythos der Hopi-Indianer. Wien, Düsseldorf 1979 (Econ). Frank Waters: Das Buch der Hopi. Düsseldorf, Köln 1982 (Diederichs). Harold Courlander, Stephan Dömke (Hg.): Hopi – Stimmen eines Volkes. Köln 1986 (Diederichs).
99 Julius T. Fraser: Die Zeit. Auf den Spuren eines vertrauten und doch fremden Phänomens. München 1991 (dtv).
100 Ernst Schrödinger: Geist und Materie. Wien, Hamburg 1986 (Zsolnay).
101 Thorwald Dethlefsen: Das Erlebnis der Wiedergeburt. Heilung durch Reinkarnation. München 1976 (Bertelsmann).
102 Dazu: Stephen W. Hawking: Eine kurze Geschichte der Zeit. Die Suche nach der Urkraft des Universums. Reinbek bei Hamburg 1988 (Rowohlt). Ders.: Einsteins Traum. Expeditionen an die Grenzen der Raumzeit. Reinbek bei Hamburg 1994 (Rowohlt). Paul Halpern: Wurmlöcher im Kosmos. Modelle für Reisen durch Zeit und Raum. München 1994 (List). David Deutsch, Michael Lockwood: Die Quantenphysik der Zeitreise. In: Spektrum der Wissenschaft, November 1994.
103 Berendt: Nada Brahma.
104 Jean Gebser: Ursprung und Gegenwart. München 1992 (dtv).
105 Gronemeyer: Leben.
106 Rupert Sheldrake: Das Gedächtnis der Natur. Das Geheimnis der Entstehung der Formen in der Natur. Bern, München, Wien 1990 (Scherz).
107 Popper: Logik.
108 Popper, Eccles: Ich. Rupert Sheldrake: Sieben Experimente, die die Welt verändern könnten. Anstiftung zur Revolutionierung des wissenschaftlichen Denkens. Bern, München, Wien 1994 (Scherz). Zur Kritik siehe Hansjörg Hemminger: Über Glaube und Zweifel: Das New Age in der Naturwissenschaft. In: Hansjörg Hemminger (Hg.): Die Rückkehr der Zauberer. New Age – Eine Kritik. Reinbek bei Hamburg 1988 (Rowohlt).
109 Zitiert nach: Robert Jungk: Heller als tausend Sonnen. Bern, Stuttgart 1963 (Scherz). Die Bhagavadgita. Baden-Baden o. J. (Diederichs).
110 Capra: Tao. Gary Zukav: Die tanzenden Wu Li Meister. Der östliche Pfad zum Verständnis der modernen Physik: Vom Quantensprung zum Schwarzen Loch. Reinbek bei Hamburg 1981 (Rowohlt).

111 Luigi Stringa: Eine kurze Geschichte der Hirnevolution. In: Braitenberg, Hosp: Evolution.
112 Friedrich Dürrenmatt. In: Die Welt als Labyrinth. Die Unsicherheit unserer Wirklichkeit. Franz Kreuzer im Gespräch mit Friedrich Dürrenmatt, Paul Watzlawick. Wien 1982 (Deuticke).
113 Antoine de Saint-Exupéry: Der Flug nach Arras. In: Schriften, Bd. 1.
114 Ken Wilber: Halbzeit der Evolution. Bern, München, Wien 1984 (Scherz).
115 Zitiert nach: Ken Wilber: Spektrum des Bewußtseins. Bern, München, Wien 1987 (Scherz).
116 Siehe dazu: Alan Watts: Die Illusion des Ich. Westliche Wissenschaft und Zivilisation in der Krise – Versuch einer Neuorientierung. München 1980 (Kösel).
117 Fritjof Capra: Das Neue Denken. Die Entstehung eines ganzheitlichen Weltbildes im Spannungsfeld zwischen Naturwissenschaft und Mystik. Begegnungen und Gespräche mit führenden Geistes- und Naturwissenschaftlern der Wendezeit. Bern, München, Wien 1987 (Scherz).
118 Zitiert nach: Wilber: Spektrum.
119 James Jeans: In unerforschtes Gebiet. In: Hans-Peter Dürr (Hg.): Physik und Transzendenz. Die großen Physiker unseres Jahrhunderts über ihre Begegnung mit dem Wunderbaren. Bern, München, Wien 1986 (Scherz).
120 Sir Arthur Eddington: Wissenschaft und Mystizismus. In: Dürr: Physik.
121 Siehe dazu: P. C. W. Davies, J. R. Brown (Hg.): Der Geist im Atom. Eine Diskussion der Geheimnisse der Quantenphysik. Frankfurt am Main, Leipzig 1993 (Insel).
122 Jean E. Charon: Tod, wo ist dein Stachel? Die Unsterblichkeit des Bewußtseins. Frankfurt am Main, Berlin, Wien 1983 (Ullstein). Ders.: Der Geist der Materie. Frankfurt/M., Berlin, Wien 1982 (Ullstein). Siehe auch: Amit Goswani: Das bewußte Universum. Wie Bewußtsein die materielle Welt erschafft. Freiburg i. Br. 1995 (Luchow).
123 Frank J. Tipler: Die Physik der Unsterblichkeit. Moderne Kosmologie, Gott und die Auferstehung der Toten. München 1994 (Piper).
124 James E. Lovelock: Das Gaia-Prinzip. Die Biographie unseres Planeten. Zürich, München 1991 (Artemis). Elisabet Sahtouris: Gaia. Vergangenheit und Zukunft der Erde. Frankfurt am Main 1993 (Insel).
125 Dazu John Gribbin: Am Anfang war . . . Neues zum Urknall und der Evolution des Kosmos. Basel, Boston, Berlin 1995 (Birkhäuser), sowie Paul Davies, John Gribbin: Auf dem Weg zur Weltformel. München 1995 (dtv).
126 Ervin Laszlo: Kosmische Kreativität. Neue Grundlagen einer einheitlichen Wissenschaft von Materie, Geist und Leben. Frankfurt am Main, Leipzig 1995 (Insel).
127 Morris Berman: Wiederverzauberung der Welt. Am Ende des Newtonschen Zeitalters. München 1984 (dianus trikont).
128 Hoimar von Ditfurth: Wir sind nicht nur von dieser Welt. Naturwissenschaft, Religion und die Zukunft des Menschen. Hamburg 1981 (Hoffmann und Campe).
129 Richard Dawkins: Gottes Nutzenfunktion. In: Spektrum der Wissenschaft, Januar 1996.
130 Raymond Ruyer: Jenseits der Erkenntnis. Die Gnostiker von Princeton. Wien, Hamburg 1977 (Zsolnay).
131 Dazu: Pierre Teilhard de Chardin: Der Mensch im Kosmos. München 1994 (Beck).
132 Focus Nr. 52/1995.
133 Siehe dazu beispielsweise: Bruno Martin: Handbuch der spirituellen Wege. Reinbek bei Hamburg 1985 (Rowohlt). Caitlin und John Matthews: Der östliche Weg, Der westliche Weg (zwei Bände). Reinbek bei Hamburg 1989 (Rowohlt). Paul Brunton: Augenblicke der Wahrheit. Einsichten und Reflexionen eines Wanderers auf dem Weg nach innen. Bern, München, Wien 1987 (Barth). Ders.: Der Weg liegt vor deinen Füßen. Reflexionen über den Pfad der Selbsterkenntnis. Bern, München, Wien 1990 (Barth).

134 Brunton: Weg.
135 Mehrere herkunftsgeschichtliche Deutungen finden sich bei Paul Uccusic: Der Schamane in uns. Schamanismus als neue Selbsterfahrung, Hilfe und Heilung. Genf 1991 (Ariston).
136 Werner Müller: Indianische Welterfahrung. Frankfurt/Main, Berlin, Wien 1981 (Klett-Cotta/Ullstein).
137 Siehe dazu: Uccusic: Schamane, Müller: Welterfahrung, Mircea Eliade: Schamanismus und archaische Ekstasetechnik. Frankfurt/Main 1982 (Suhrkamp). Harald Braem: Die magische Welt der Schamanen und Höhlenmaler. Köln 1994 (DuMont). Michael Harner: Der Weg des Schamanen. Reinbek bei Hamburg 1984 (Rowohlt). Joan Halifax: Die andere Wirklichkeit der Schamanen. Erfahrungsberichte von Magiern, Medizinmännern und Visionären. Bern und München 1981 (Barth). Sowie die Bücher von Carlos Castaneda im Fischer Taschenbuch-Verlag. Adressen für Schamanen-Seminare in: Gerhard T. Schindler: Wegweiser Esoterik. München 1995 (Knaur).
138 Platon: Kritias. In: Werke. Band 4.
139 Mary Ellen Carter: Das neue Zeitalter. Authentische Visionen des Edgar Cayce. Genf, München 1971 (Ariston). Allgemein: Charles Berlitz: Der 8. Kontinent. Wiege alter Kulturen. München 1984 (Knaur).
140 Alexander und Edith Tollmann: Und die Sintflut gab es doch. Vom Mythos zur historischen Wahrheit. München 1993 (Droemer Knaur).
141 Siehe dazu etwa: Frankfurter Allgemeine Zeitung vom 15. 11. 1995, Simulation des Erdmagnetfeldes. Werner Müller: Amerika – die neue oder die alte Welt? Berlin 1982 (Reimer).
142 Robert Bauval, Adrian Gilbert: Das Geheimnis des Orion. München 1994 (List).
143 Der Spiegel Nr. 52/1995.
144 Die Welt, 25. 4. 1994, 21. 9. 1994 und 15. 8. 1995, Spiegel-TV-Reportage auf SAT 1 vom 15. 8. 1995.
145 Time Magazine Nr. 22/1995.
146 Zu Ägypten siehe u. a.: Paul Brunton: Geheimnisvolles Ägypten. Pyramiden, Sphinxe, Pharaonen – Magie und Mystik im alten Ägypten. Bergisch Gladbach 1979 (Bastei-Lübbe). Peter Tompkins: Cheops. München, Zürich 1973 (Knaur). Albert Champdor: Das Ägyptische Totenbuch. München, Zürich 1980 (Knaur). Walter Beltz: Die Mythen der Ägypter. Düsseldorf 1982 (claassen). Robert Brier: Zauber und Magie im alten Ägypten. München 1984 (Heyne). Karlheinz Schüssler: Die ägyptischen Pyramiden. Köln 1983 (DuMont). Naomi Ozaniec: Ägyptische Mysterien. Braunschweig 1995 (Aurum).
147 Siehe dazu: Sibylle von Reden, Jan G. P. Best: Auf der Spur der ersten Griechen. Woher kamen die Mykener? Neue archäologische Erkenntnisse über die Herkunft der Griechen. Köln 1981 (DuMont). Sowie Martin Bernal: Schwarze Athene. Die afroasiatischen Wurzeln der griechischen Antike. Wie das klassische Griechenland „erfunden“ wurde. München, Leipzig 1992 (List).
148 Zu beiden Themenkreisen – Religion in Griechenland und im Römischen Imperium – siehe etwa: Marion Giebel: Das Geheimnis der Mysterien. Antike Kulte in Griechenland, Rom und Ägypten. Zürich, München 1990 (Artemis). B. L. van der Waerden: Die Pythagoreer. Religiöse Bruderschaft und Schule der Wissenschaft. Zürich, München 1979 (Artemis). Edouard Schuré: Die großen Eingeweihten. Geheimlehren der Religionen. Bern, München, Wien 1976 (Barth).
149 Siehe dazu: Sibylle von Reden: Die Megalith-Kulturen. Zeugnisse einer verschollenen Urreligion. Köln 1982 (DuMont). Helmut Tributsch: Die gläsernen Türme von Atlantis. Erinnerungen an Megalith-Europa. Frankfurt/M., Berlin 1986 (Ullstein).
150 Zu den Kelten siehe: Jean Markale. Die Druiden. Gesellschaft und Götter der Kelten. München o. J. (C. Bertelsmann). Zu ursprünglich „matriarchalischen“ Religionen und Gesellschaften: Hans Biedermann: Die großen Mütter. Die schöpferi-

sche Rolle der Frau in der Menschheitsgeschichte. Graz, Wien 1987 (Böhlau). In bezug auf die Bibel: Friedrich Weinreb: GottMutter. Die weibliche Seite Gottes. Weiler im Allgäu 1990 (Thauros).

151 Zu ersterem siehe etwa René Freund: Braune Magie? Okkultismus, New Age und Nationalsozialismus. Wien 1995 (Picus). Zu letzterem etwa Richard van Dülmen (Hg.): Hexenwelten. Magie und Imagination. Frankfurt am Main 1987 (Fischer). Gisela Graichen: Die neuen Hexen. Hamburg 1986 (Hoffmann und Campe). Dort jeweils ausführliche Bibliographie.

152 Zu Zarathustra siehe etwa: Emma Brunner-Traut: Die Stifter der großen Religionen. Freiburg 1994 (Herder). Bernfried Schlerath: Zarathustra. Darmstadt 1970 (Wissenschaftliche Buchgesellschaft).

153 Miriam Magall: Archäologie und Bibel. Wissenschaftliche Wege zur Welt des Alten Testaments. Köln 1986 (DuMont).

154 Siehe dazu: Weinreb: Bauplan.

155 Dazu nur etwa: Helmut Werner: Lexikon der Numerologie und Zahlenmystik. München 1995 (Knaur). Christa Zettel: Geheimnis der Zahl. Wien 1988 (hpt). Weinreb: Bauplan. Ifrah: Zahlen.

156 Zur Kabbala siehe etwa: Johann Maier: Die Kabbalah. Einführung, Klassische Texte, Erläuterungen. München 1995 (Beck). Gershom Scholem: Die jüdische Mystik in ihren Hauptströmungen. Frankfurt am Main 1980 (Suhrkamp). Papus: Die Kabbalah. Einführung in die jüdische Geheimlehre. Wiesbaden o. J. (fourier). Z'ev ben Shimon Halevi: Der Weg der Kabbalah. München 1993 (Knaur). Rolph Gail: Magische Kabbalah. Der westliche Weg. München 1995 (Knaur).

157 Holger Kersten: Jesus lebte in Indien. Sein geheimes Leben vor und nach der Kreuzigung. München 1993 (Langen Müller). Siegfried Obermeier: Starb Jesus in Kaschmir? Das Geheimnis seines Lebens und Wirkens in Indien. Holzminden 1993 (Hennig, Econ). Dagegen: Josef Dirnbeck: Die Jesus-Fälscher. Ein Original wird entstellt. Augsburg 1994 (Pattloch). Günter Grönbold: Jesus in Indien. Das Ende einer Legende. München 1985 (Kösel).

158 Micha Brumlik: Die Gnostiker. Der Traum von der Selbsterlösung des Menschen. Frankfurt/Main 1992 (Eichborn).

159 Auf dem Wiener Kulturkongreß der Österreichischen Kulturvereinigung und des Forum Schwarzenbergplatz am 1. Dezember 1995 in Wien.

160 Zur Gnosis siehe: Bernard McGinn: Die Mystik im Abendland, Band 1: Ursprünge. Freiburg, Basel, Wien 1994 (Herder). Brumlik: Gnostiker. Stuart Holroyd: Gnostizismus. Braunschweig 1995 (Aurum). Benjamin Walker: Gnosis. Vom Wissen göttlicher Geheimnisse. München 1992 (Diederichs). Werner Hörmann (Hg.): Gnosis. Das Buch der verborgenen Evangelien. Augsburg 1990 (Pattloch). Alfred Pfabigan (Hg.): Die andere Bibel. Frankfurt/Main 1990 (Eichborn). Erich Weidinger: Die Apokryphen. Verborgene Bücher der Bibel. Aschaffenburg 1985 (Pattloch). Gerhard Wehr: Esoterisches Christentum. Aspekte – Impulse – Konsequenzen. Stuttgart 1975 (Klett). Paulus Gordan: Der Christ der Zukunft – ein Mystiker. Graz, Wien, Köln 1992 (Styria). Johann Maier, Kurt Schubert: Die Qumran-Essener. Texte der Schriftrollen und Lebensbilder der Gemeinde. München, Basel 1992 (UTB). Norman Golb: Qumran. Wer schrieb die Schriftrollen vom Toten Meer? Hamburg 1994 (Hoffmann und Campe). Hartmut Stegemann: Die Essener, Qumran, Johannes der Täufer und Jesus. Freiburg, Basel, Wien 1993 (Herder). Otto Betz, Rainer Riesner: Jesus, Qumran und der Vatikan. Klarstellungen. Gießen 1993 (Brunnen). Albert Schweitzer: Geschichte der Leben-Jesu-Forschung. Tübingen 1906/1986 (UTB). J. D. Crossan: Der historische Jesus. München 1994 (C. H. Beck). Dirnbeck: Jesusfälscher. Hermann Kissener (Hg.): Wer war Jesus? Der Essäer Brief. München, Engelberg 1968 (Drei Eichen) etc.

161 Idries Shah: Die Sufis. Botschaft der Derwische, Weisheit der Magier. München 1990 (Diederichs).

162 Dazu: Bertrand Russell: Philosophie des Abendlandes. Ihr Zusammenhang mit der politischen und der sozialen Entwicklung. Wien 1975 (Europaverlag).

163 Zum Sufismus: Shah: Sufis. Ders.: Das Geheimnis der Derwische. Sufigeschichten. Freiburg, Basel, Wien 1995 (Herder). William Stoddart: Das Sufitum. Geistige Lehre und mystischer Weg. Freiburg im Breisgau 1979 (Aurum). Reishad Field: Ich ging den Weg des Derwisch. Frankfurt/M. 1980 (Fischer). Ders.: Das Siegel des Derwisch, Köln 1982 (Diederichs). Ders.: Schritte in die Freiheit – Die Alchemie des Herzens. Südergellersen 1984 (Bruno Martin).

164 Siehe dazu: Arno Borst: Die Katharer. Freiburg, Basel, Wien 1991 (Herder). Jean Markale: Die Katharer von Montségur. Das geheime Wissen der Ketzer. München 1990 (Goldmann).

165 Siehe dazu: Graham Hancock: Die Wächter des Heiligen Siegels. Auf der Suche nach der Bundeslade. Bergisch Gladbach 1992 (Lübbe).

166 Dazu Michael Baigent, Richard Leigh: Der Tempel und die Loge. Das geheime Erbe der Templer in der Freimaurerei. Bergisch Gladbach 1990 (Lübbe).

167 Zu den Templern siehe etwa: Alain Demurger: Die Templer. Aufstieg und Untergang 1118–1314. München 1991 (Beck). Andreas Beck: Der Untergang der Templer. Größter Justizmord des Mittelalters? Freiburg, Basel, Wien 1992 (Herder). Louis Charpentier: Macht und Geheimnis der Templer. Bundeslade, Abendländische Zivilisation, Kathedralen. Herrsching 1986 (Pawlak). Baigent, Leigh: Loge. Freund: Magie. Wilfried Daim: Der Mann, der Hitler die Ideen gab. Jörg Lanz von Liebenfels. Wien 1994 (Ueberreuter). E. R. Carmin: „Guru" Hitler. Die Geburt des Nationalsozialismus aus dem Geiste von Mystik und Magie. Zürich 1985 (SV Schweizerisches Verlagshaus). Hancock: Wächter. Zu den Kreuzzügen: Steven Runciman: Geschichte der Kreuzzüge. München 1989 (Beck). Peter Milger: Die Kreuzzüge. Krieg im Namen Gottes. München 1988 (C. Bertelsmann). Robert Payne: Die Kreuzzüge. Zweihundert Jahre Kampf um das heilige Grab 996–1270. Bergisch Gladbach 1988 (Bastei Lübbe). Hans Wollschläger: Die bewaffneten Wallfahrten gen Jerusalem. Geschichte der Kreuzzüge. Zürich 1973 (Diogenes). Jonathan Riley-Smith (Hg.): Großer Bildatlas der Kreuzzüge. Freiburg im Breisgau 1992 (Herder). Allgemeine Thematik siehe auch: Adolf Holl (Hg.): Die Ketzer. Hamburg 1994 (Hoffmann und Campe). *Für den Schlachtruf „Deus lo volt" gibt es mehrere Schreibweisen.*

168 Dazu Dieter Kühn: Der Parzival des Wolfram von Eschenbach. Frankfurt am Main 1987 (Insel).

169 Siehe dazu Hancock: Wächter.

170 Die Welt, 12. 8. 1995.

171 Siehe dazu: Michael Baigent, Richard Leigh, Henry Lincoln: Der Heilige Gral und seine Erben. Ursprung und Gegenwart eines geheimen Ordens. Sein Wissen und seine Macht. Bergisch Gladbach 1984 (Lübbe). Dies.: Vermächtnis.

172 Siehe dazu Freund: Magie. Roel Oostra (Hg.): Die großen Rätsel. Mythen und Mysterien. Köln, Motovun 1994 (vgs).

173 Spindler: Wegweiser.

174 Blendkraft der Sterne. In: Focus Nr. 52/1993.

175 Planeten und Moneten. In: WirtschaftsWoche Nr. 1/2, 4. 1. 1996. Mars macht mobil. In: WirtschaftsBlatt, 5. 1. 1996.

176 Johanna Paungger, Thomas Hoppe: Vom richtigen Zeitpunkt. Die Anwendung des Mondkalenders im täglichen Leben. München 1991 (Hugendubel).

177 Focus Nr. 52/1993.

178 Ebenda. Kurier, 4. 12. 1995.

179 Analyse von 100 Prognosen durch die Gesellschaft zur wissenschaftlichen Untersuchung von Parawissenschaften (GWUP) in Roßdorf/Hessen. Salzburger Nachrichten vom 29. 12. 1994.

180 Klaus Schönbach, Wolfram Speiser: Die Sterne lügen nicht. Sternzeichen und Gemüt. In: Bild der Wissenschaft Nr. 6/1994.

181 Thorwald Dethlefsen: Schicksal als Chance. Das Urwissen zur Vollkommenheit des Menschen. München 1987 (Goldmann).

182 Siehe dazu Dethlefsen: Schicksal. Werner Wanschura: Astrologie. Wien 1989 (hpt). Laura Foreman: Die Astrologie. London, New York 1992 (Time/Life). Nicolaus Klein, Rüdiger Dahlke: Das senkrechte Weltbild. Symbolisches Denken in astrologischen Urprinzipien. München 1986 (Hugendubel). B. A. Mertz: Das Grundwissen der Astrologie (Heyne). Ders.: Das Goldmann-Handbuch der Astrologie. München 1989 (Goldmann).

183 Ronald P. Vaughan, Martin Brennan: Die Steine der Weisen. Gablitz 1992 (Aquarius).

184 Siehe dazu etwa: Ralph Tegtmeier: Magie und Sternenzauber. Okkultismus im Abendland. Köln 1995 (DuMont). Mária Szepes: Academia Occulta. Die geheimen Lehren des Abendlandes. München 1994 (Heyne. Bd. 1: Die Grundlagen, und Bd. 2: Die Praxis). Gershom Sholem: Alchemie und Kabbala. Frankfurt am Main 1994 (Suhrkamp). Mária Szepes: Der rote Löwe. München 1984 (Heyne) (Roman um den Stein der Weisen). Elie Wiesel: Das Geheimnis des Golem. Freiburg i. Brsg. 1985 (Herder) (Roman um die Legende des Golem).

185 C. G. Jung: Psychologie und Alchemie. Olten, Freiburg i. Breisgau 1972 (Walter).

186 Oberösterreichische Nachrichten, 21. 11. 1995.

187 Die Welt, 30. 4. 1994.

188 Neue Zürcher Zeitung, 30. 6. 1994.

189 TV-Sendung „Ilona Christen", RTL 9. 3. 1995.

190 Der Spiegel Nr. 51/1995.

191 Focus Nr. 48/1995.

192 Josef Dvorak: Satanismus und Sexualmagie. In: Adolf Holl (Hg.): Die zweite Wirklichkeit. Wien 1987 (Ueberreuter).

193 Siehe dazu: Guido und Michael Grandt: Schwarzbuch Satanismus. Innenansicht eines religiösen Wahnsystsms. Augsburg 1995 (Pattloch).

194 So die Bezeichnung des Lehrstuhls an der Universität Freiburg im Breisgau, den zunächst Hans Bender innehatte. Sein Nachfolger ist Johannes Mischo.

195 Harald Wiesendanger: Zwischen Wahn und Wissenschaft. In: Esoterik – Kampfansage an die Wissenschaft. In: Bild der Wissenschaft Nr. 6/1994.

196 Harald Wiesendanger: Die Jagd nach Psi. Über neue Phänomene an den Grenzen unseres Wissens. Frankfurt am Main 1992 (Fischer).

197 Die Suche nach dem Übersinnlichen. Neue Forschungsergebnisse angesehener Institute zeigen: Psi-Phänomene gibt es wirklich. Doch eine wissenschaftliche Erklärung fehlt. In: Focus Nr. 52/1995.

198 Etliche Fälle sind angeführt in: Grandt: Schwarzbuch, aber auch in: Wiesendanger: Psi, sowie bei Rudolf Passian: Licht und Schatten der Esoterik. München 1991 (Knaur). Ein ehemaliges Mitglied des „magischen Ordens" Golden Dawn des Aleister Crowley, Dion Fortune, hat ein Buch mit dem Titel „Selbstverteidigung mit Psi. Sicherheit und Schutz durch geistige Kraft" geschrieben (Interlaken 1995, Ansata).

199 Zitiert nach: Wiesendanger: Psi.

200 Siehe dazu etwa: Morton Smith: Jesus der Magier. München 1981 (List). Weidinger: Apokryphen. Sowie F. F. Bruce (herausgegeben von Eberhard Güting): Außerbiblische Zeugnisse über Jesus und das frühe Christentum. Gießen, Basel 1993 (Brunnen).

201 Nevill Drury: Lexikon esoterischen Wissens. München 1988 (Knaur).

202 Hans-Dieter Leuenberger: Sieben Säulen der Esoterik. Grundwissen für Suchende. Freiburg im Breisgau 1989 (Bauer).

203 Zitiert nach: Beatrix Prüwasser: Der Geist herrscht über die Materie. In: Die Furche Nr. 38/1994.

204 Zitiert nach: Wiesendanger: Psi.

205 Siehe dazu (und auch allgemein): Marvin Harris: Fauler Zauber. Unsere Sehnsucht nach der anderen Welt. Stuttgart 1993 (Klett-Cotta).

206 Zitiert nach: Wiesendanger: Psi.
207 Ebenda.
208 Harald Haarmann: Die Gegenwart der Magie. Kulturgeschichtliche und zeitkritische Betrachtungen. Frankfurt, New York 1992 (Campus).
209 Ebenda.
210 Sigmund Freud: Animismus, Magie und Allmacht der Gedanken. In: Totem und Tabu. Kulturtheoretische Schriften. Frankfurt am Main 1974 (Fischer).
211 Szepes: Academia, Bd I.
212 Tegtmaier: Magie.
213 Zum Thema Engel siehe z. B. Uwe Wolff: Der gefallene Engel. Von den Dämonen des Lebens. Freiburg, Basel, Wien 1995 (Herder). Malcolm Godwin: Engel. Eine bedrohte Art. München 1995 (Heyne).
214 Siehe dazu etwa Tegtmaier: Magie. Szepes: Academia. Leuenberger: Säulen. Grandt: Schwarzbuch. Haarmann: Gegenwart. Passian: Licht. Dazu und weiterführend etwa auch: Eliphas Lévi: Geschichte der Magie. Basel 1985 (Sphinx). Richard Kieckhefer: Magie im Mittelalter. München 1992 (Beck). Julius Evola, Gruppe von Ur: Magie als Wissenschaft vom Ich. Interlaken 1985 (Ansata). Franz Bardon: Der Weg zum wahren Adepten. Freiburg im Breisgau 1991 (Bauer). Colin Wilson: Das Okkulte. Berlin und Schlechtenwegen 1982 (März). Katja Wolff: Magie – Kunst des Wollens, Macht des Willens. München 1992 (Knaur). Korra Deaver: Magische Kräfte und Spiritualität. München 1993 (Knaur) etc.
215 Dazu etwa: Adam Seigfried: Das Christentum und das Geheimnis des Bösen. In: Grandt: Schwarzbuch. Gustav Roskoff: Geschichte des Teufels. Eine kulturhistorische Satanologie von den Anfängen bis ins 18. Jahrhundert. Nördlingen 1987 (Greno). Gerald Messadié: Teufel, Satan, Luzifer. Eine Universalgeschichte des Bösen. Frankfurt am Main 1995 (Eichborn). Leszek Kolakowski: Gespräche mit dem Teufel. Acht Diskurse über das Böse. München, Zürich 1986 (Piper).
216 Siehe dazu: Dvorak: Satanismus. In: Holl: Wirklichkeit. Tegtmaier: Magie. Passian: Licht. Grandt: Schwarzbuch.
217 Margit und Rüdiger Dahlke: Die spirituelle Herausforderung. Eine Einführung in die zeitgenössische Esoterik. München 1994 (Heyne).
218 Dazu beispielsweise: Geoffrey Parrinder: Sexualität in den Religionen der Welt. Freiburg im Breisgau 1991 (Walter).
219 Dahlke: Herausforderung.
220 Nikos Kazantzakis: Rechenschaft vor El Greco, Frankfurt/Main, Berlin 1993 (Ullstein).
221 George Steiner bei einem Vortrag vor dem Forum Schwarzenbergplatz in Wien am 15. 2. 1993.
222 Grandt: Schwarzbuch; und andere Quellen.
223 „Black Metal", „Black Sabbath" seien nur stellvertretend für viele andere genannt. Dazu Grandt: Satanismus, aber auch Bastian: Licht.
224 Tegtmaier: Magie.
225 Michael Murphy: Der Quanten-Mensch. Wessobrunn 1994 (Integral).
226 Dazu etwa: Hans Biedermann: Knaurs Lexikon der Symbole. München 1989 (Droemer Knaur). Wolfgang Bauer, Irmtraud Dümotz, Sergius Golowin: Lexikon der Symbole. München 1987 (Heyne). Gerd Heinz Mohr: Lexikon der Symbole. Bilder und Zeichen der christlichen Kunst. Freiburg, Basel, Wien 1991 (Herder). Diane von Weltzien: Die Welt der Rituale. München 1994 (Goldmann).
227 Dazu beispielsweise Derek Walters: Feng-Shui. Die Kunst des Wohnens. Bauen, Gestalten, Einrichten nach der alten chinesischen Harmonielehre. München 1995 (Goldmann):
228 Gerhard Kunze: Tiergarten Schönbrunn. Bilder, Geschichte, Geschichten. Wien 1993 (Ueberreuter).
229 Siehe dazu Wiesendanger: Psi, mit ausführlichem Literaturverzeichnis. Passian:

Licht. Schindler: Wegweiser. Aber etwa auch: Milan Ryzl, Parapsychologie. Tatsachen und Ausblicke. München o. J. (Knaur). Hans Bender: Verborgene Wirklichkeit. München, Zürich 1985 (Piper). Rainer Holbe: Phantastische Phänomene. München 1993 (Herbig).

230 So der Titel eines Buches von Hans A. Pestalozzi über New Age, den er allerdings anders gemeint hat: Weil das New Age nicht die Frage nach der Macht in der Gesellschaft stellt, ist es keine „sanfte Verschwörung" (Marilyn Ferguson), sondern eben eine „sanfte Verblödung". Hans A. Pestalozzi: Die sanfte Verblödung. Gegen falsche New-Age-Heilslehren und ihre Überbringer. Ein Pamphlet. Düsseldorf 1985 (Hermes).

231 Siehe dazu etwa Passian: Licht. Sowie: Gregor Eisenhauer: Scharlatane. Zehn Fallstudien. Frankfurt/M. 1994 (Eichborn). Dolf Lindner: Aberglaube. Wien 1990 (hpt). Gero von Randow (Hg.): Mein paranormales Fahrrad und andere Fälle von Skepsis, entdeckt im „Skeptical Inquirer", Reinbek bei Hamburg 1994 (Rowohlt). Ders.: Der Fremdling im Glas und weitere Anlässe zur Skepsis, entdeckt im „Skeptical Inquirer". Reinbek bei Hamburg 1996 (Rowohlt).

232 Charles Berlitz: Weltuntergang 1999. Wien, Hamburg 1981 (Zsolnay).

233 Dazu: Gerda Hagenau: Verkünder und Verführer. Prophetie und Weissagung in der Geschichte. Wien, Düsseldorf 1976 (Econ).

234 Siehe dazu etwa Szepes: Academia. Anonymus d'Outre-Tombe: Die großen Arcana des Tarot. Meditationen. Basel 1984 (Herder). Rachel Pollack: Tarot. 78 Stufen der Weisheit. München 1985 (Knaur). Alexandra Fuzinski: Tarot für Manager. Düsseldorf 1995 (Econ). Akron, Hajo Banzhaf: Der Crowley-Tarot. München 1991 (Hugendubel).

235 Elie Wiesel: Von Gott gepackt. Prophetische Gestalten. Freiburg, Basel, Wien 1983 (Herder).

236 Peter Andreas: Was morgen wahr sein kann. Prophezeiungen für die nächsten zwanzig Jahre. Düsseldorf, Wien 1981 (Econ). Waters: Hopi. Blumrich: Kasskara.

237 A. T. Mann: Prophezeiungen zur Jahrtausendwende. Eine Gesamtschau der Voraussagen von Propheten, Weisen, Sehern, Schamanen und Astrologen für das neue Jahrtausend. Bern, München, Wien 1992 (Scherz).

238 Die Nostradamus-Literatur ist unüberschaubar. Als Beispiele – mit weiterer Bibliographie – seien nur genannt: N. Alexander Centurio: Die großen Weissagungen des Nostradamus. München 1981 (Goldmann). Max de Fontbrune: Was Nostradamus wirklich sagte. Wien 1981 (Molden). Ernst R. Ernst: Nostradamus – Vom Mythos zur Wahrheit. Wien, Köln, Graz 1986 (Böhlau). Reinhard Mussik: Das Geheimnis der großen Seher. Nostradamus auf der Spur. München 1995 (Herbig).

239 Janet P. Cave, Laura Foreman: Wahrsagungen und Prophezeiungen. London, New York 1993 (Time-Life).

240 Kurt Allgeier: Morgen soll es Wahrheit werden. Prophezeiungen über unser Schicksal in den 80er Jahren und vor der Jahrtausendwende. München 1981 (Heyne).

241 Berlitz: Weltuntergang.

242 Siehe dazu: Edgar Cayce: Offenbarung des neuen Zeitalters. Das Atlantis-Geheimnis. München 1994 (Heyne). Ders.: Die Geheimnisse des Bewußtseins. München 1994 (Goldmann). Ders.: Die tausend Leben deiner Seele. Karma und Reinkarnation. München 1993 (Goldmann). Ders.: Über das höhere Selbst. Die verborgene Kraft der menschlichen Seele. München 1995 (Goldmann). Doris Agee: Edgar Cayce und außersinnliche Wahrnehmung. Freiburg im Breisgau 1980 (Bauer). Lytle W. Robinson: Rückschau und Prophezeiung. Edgar Cayces Bericht von Ursprung und Bestimmung des Menschen. München 1979 (Goldmann).

243 Im April 1995 haben 5000 Juden in einem Stadion in Tel Aviv die Wiederkehr des im Juni 1994 verstorbenen Rabbiners Menachem Mendel Schneerson als Messias erwartet. In: Die Welt, 4. 4. 1995.

244 Bis der Mahdi kommt. 100 Millionen Menschen suchen einen neuen Seelenführer. In: Frankfurter Allgemeine Zeitung, 5. 1. 1995.

245 Berlitz: Weltuntergang. Siehe auch: Wolfgang Johannes Bekh: Bayerische Hellseher. Mühlhiasl, Irlmaier und andere. München 1985 (Knaur).

246 Dazu allgemein auch: Endzeit-Angst. Countdown zur Jahrtausendwende. In: Der Spiegel Nr. 1/1996.

247 Hans Bender: Telepathie, Hellsehen und Psychokinese. München, Zürich 1989 (Piper). Allgemein: Wiesendanger: Psi; Lawrence LeShan: Von Newton zu Psi. Neue Dimensionen im Umgang mit der Wirklichkeit. Reinbek bei Hamburg 1986 (Rowohlt)

248 Stuart Holroyd: Wörterbuch der neuen Perspektiven. Frankfurt/Main 1991 (Zweitausendeins).

249 Gerald L. Eberlein: Kleines Lexikon der Parawissenschaften. München 1995 (Beck).

250 Ebendort. Sowie Holroyd: Wörterbuch.

251 Siehe dazu etwa: Rudolf Passian: Wiedergeburt. Ein Leben oder viele? München 1985 (Knaur).

252 Luigi Moraldi: Nach dem Tode. Jenseitsvorstellungen von den Babyloniern bis zum Christentum. Bergisch Gladbach 1989 (Bastei-Lübbe).

253 Siehe dazu: Gerhard Adler: Seelenwanderung und Wiedergeburt. Leben wir nicht nur einmal? Freiburg, Basel, Wien 1980 (Herder).

254 Dazu etwa: Erik Hornung: Die Unterweltsbücher der Ägypter. Zürich, München 1992 (Artemis). Albert Champdor: Das Ägyptische Totenbuch. München 1980 (Knaur). Das Ägyptische Totenbuch. Bern und München 1970 (Barth). Lati Rinpoche, Jeffrey Hopkins: Stufen zur Unsterblichkeit. Tod, Zwischenzustand und Wiedergeburt im tibetischen Buddhismus. Köln 1983 (Diederichs). Lama Anagarika Govinda: Das Tibetische Buch der Toten. Bern, München 1977 (Barth).

255 Paul Arnold: Das Totenbuch der Maya. Der Kreislauf von Leben und Tod aus der Sicht der Maya. München o. J. (Knaur).

256 Die Welt, 19. 7. 1994.

257 Proteste gegen Chinas Pantschen Lama. In: Neue Zürcher Zeitung, 12. 12. 1995.

258 Battle of the Future Buddhas. In: Time Magazine, April 4, 1994.

259 Erlendur Haraldsson: Stichwort Reinkarnation. In: Eberlein: Parawissenschaften.

260 Peter Sloterdijk: Eurotaoismus. Zur Kritik der politischen Kinetik. Frankfurt am Main 1989 (Suhrkamp).

261 Ebenda. Siehe außerdem: Ian Stevenson: Reinkarnation – Der Mensch im Wandel von Tod und Wiedergeburt. 20 überzeugende und wissenschaftlich bewiesene Fälle. Braunschweig 1994 (Aurum). Ders.: Reinkarnation – Kinder erinnern sich an frühere Erdenleben. Grafing 1989 (Aquamarin). Auch: Leuenberger: Säulen. Wiesendanger: Psi. Helen Wambach: Leben vor dem Leben. München 1980 (Heyne).

262 Stevenson: Reinkarnation. Wiesendanger: Psi.

263 Joanne Klink: Früher, als ich groß war. Reinkarnationserinnerungen von Kindern. Grafing 1992 (Aquamarin).

264 Morey Bernstein: Protokoll einer Wiedergeburt. Der Bericht über die wissenschaftlich untersuchte Rückführung in ein früheres Leben. Bern, München, Wien 1990 (Scherz).

265 Dethlefsen: Wiedergeburt.

266 Paul Brunton: Das Ich und die Wiedergeburt. Grafing 1993 (Aquamarin). Analytisch: Passian: Wiedergeburt. Siehe auch: Cayce: Leben.

267 Wiesendanger: Psi.

268 Mehrere Astronautenäußerungen in der Nachtsendung „space night" des TV-Programms Bayern 3 des Bayerischen Rundfunks.

269 Siehe dazu – nur beispielhaft: Wiesendanger: Psi. Carol Zaleski: Nah-Todeserleb-

nisse und Jenseitsvisionen. Frankfurt am Main, Leipzig 1993 (Insel). Elisabeth Kübler-Ross: Interviews mit Sterbenden. Gütersloh 1992 (Gütersloher Verlagshaus). Raymond A. Moody, Paul Perry: Leben nach dem Tod. Reinbek bei Hamburg 1977 (Rowohlt). Charles T. Tart: Das Übersinnliche. Forschungen über einen Grenzbereich psychischen Erlebens. Stuttgart 1986 (Klett-Cotta). Karlis Osis/Erlendur Haraldsson: Der Tod – ein neuer Anfang. Visionen und Erfahrungen an der Schwelle des Seins. Freiburg im Breisgau 1994 (Bauer, esotera). Jean-Baptiste Delacour: Aus dem Jenseits zurück. Berichte von Totgeglaubten. München 1982 (Knaur).

270 Siehe dazu Holroyd: Wörterbuch. Stichwort Außerkörperliche Erfahrungen. Tart: Das Übersinnliche. Robert A. Monroe: Der Mann mit den zwei Leben. Reisen außerhalb des Körpers. München 1986 (Knaur). Katja Wolff: Salomos Kunst. Astralreisen außerhalb des Körpers. München 1990 (Knaur).

271 Siehe dazu etwa Wolff: Kunst. Bardon: Weg.

272 Dazu: Mircea Eliade: Schamanismus und archaische Ekstasetechnik. Frankfurt/M. 1982 (Suhrkamp). Berühmt geworden sind die Berichte des amerikanischen Anthropologen Carlos Castaneda, wonach er von einem mexikanischen Schamanen in dessen Praktiken der Bewußtseinsreisen und Magie eingeführt worden ist. Einige der Castaneda-Titel sind: Die Lehren des Don Juan, Eine andere Wirklichkeit, Reise nach Ixtlan, Der Ring der Kraft, Die Kunst des Pirschens, Der zweite Ring der Kraft, Das Feuer von innen, Die Kraft der Stille, Die Kunst des Träumens, alle bei Fischer/Frankfurt am Main, großteils als Taschenbuch. Siehe dazu auch: Hans-Peter Dürr: Traumzeit. Über die Grenze zwischen Wildnis und Zivilisation. Frankfurt/M. 1982 (Syndikat). Diskussion über Castaneda: Auf den Spuren Carlos Castanedas. Studien zu einer anderen Ansicht der Welt. Rheinberg 1981 (Zero).

273 Holroyd: Wörterbuch.

274 Dazu: Sheldrake: Experimente.

275 Dürr: Traumzeit.

276 Dazu: Brunton: Wiedergeburt. Rinpoche, Hopkins: Unsterblichkeit. Evans-Wentz: Geheimlehren aus Tibet. Yoga und der Pfad des Mahayana-Buddhismus. Basel 1987 (Sphinx). Dalai Lama: Das Auge der Weisheit. Grundzüge der buddhistischen Lehre für den westlichen Leser. Bern, München, Wien 1975 (Barth). Govinda: Buch. Siehe auch: Murphy: Quantenmensch.

277 Szepes: Academia. Bardon: Weg. Stuart Holroyd: Reisen der Psyche. Frankfurt, Berlin, Wien 1979 (Ullstein). Mehrere Titel der Time/Life-Bücher, New York, London, Amsterdam: Seelenreisen; Die Suche nach der Seele; Wege zur Unsterblichkeit.

278 Bericht in der Fernsehserie „terra australis" von Joachim Fuchsberger. ZDF, 21. 5. 1993.

279 Lawlor: Traum.

280 Siehe Blumrich: Kasskara. Waters: Hopi. Courländer, Dömpke: Stimmen.

281 Jungk: Sonnen.

282 Bauval, Gilbert: Geheimnis. Ein Erklärungsversuch bei Dieter B. Herrmann: Rätsel um Sirius. Berlin 1994 (Paetec Gesellschaft für Bildung und Technik).

283 So ein jüngerer Buchtitel Dänikens. Erich von Däniken: Raumfahrt im Altertum. München 1993 (Bertelsmann). Ders.: Auf den Spuren der Allmächtigen. München 1993 (Bertelsmann). Beide Begleitbücher zur SAT 1-TV-Serie „Auf den Spuren der Allmächtigen". Ders.: Der jüngste Tag hat längst begonnen. München 1995 (Bertelsmann). Ulrich Dopatka: Lexikon der Prä-Astronautik. Wien, Düsseldorf 1981 (Moewig), dort jeweils ausführliche Literaturangaben. Siehe auch Louis Pauwels, Jacques Bergier: Aufbruch ins dritte Jahrtausend. München 1979 (Goldmann).

284 Leben die Außerirdischen? Regen auf neuen Planeten. In: Salzburger Nachrichten, 19. 1. 1996.

285 Ebendort sowie Der Spiegel Nr. 45/6. 11. 95 (Titelgeschichte); Time Magazine February 5, 1996 (Titelgeschichte).

286 Siehe dazu etwa Der Spiegel Nr. 32/1995; Focus Nr. 45/1995. Der Film wurde von RTL am 28. August 1995 im Magazin „extra" gesendet. Zum Roswell-Zwischenfall auch: Wiesendanger: Psi. Charles Berlitz, William L. Moore: Der Roswell-Zwischenfall. Die UFOs und die CIA. München 1995 (Knaur).

287 Dazu: Eberlein: Stichwort „UFOlogie". In: Parawissenschaften.

288 C. G. Jung: Geheimnisvolles am Horizont. Von Ufos und ähnlichen Phänomenen. Freiburg im Breisgau 1992 (Olten).

289 Beide Zitate aus: Focus Nr. 45/1995.

290 Focus Nr. 35/1995.

291 John E. Mack: Entführt von Außerirdischen. Essen, München 1995 (Bettendorf, Heyne).

292 Joseph Campbell: Lebendiger Mythos. Wissenschaft, Musik, Poesie. Gedanken über die inneren Horizonte. München 1991 (Goldmann).

293 Hans Biedermann: Das verlorene Meisterwort. Bausteine zu einer Kultur- und Geistesgeschichte des Freimaurertums. Wien, Köln, Graz 1986 (Böhlau).

294 Dazu: Biedermann: Mütter.

295 Biedermann: Meisterwort.

296 Frans B. M. de Waal: Die Bonobos und ihre weiblich bestimmte Gemeinschaft. Sozialer Friede durch Sex? In: Spektrum der Wissenschaft, Mai 1995.

297 Dazu: Ingeborg Clarus: Du stirbst, damit du lebst. Die Mythologie der alten Ägypter in tiefenpsychologischer Sicht. Fellbach 1979 (Bonz).

298 Campbell: Mythos.

299 Ebenda.

300 Siehe dazu etwa: Dolf Lindner: Geheimbünde Europas. Wien 1988 (hpt). Tegtmeier: Magie. Biedermann: Meisterwort. Schindler: Wegweiser (mit Adressen). Roland Edighoffer: Die Rosenkreuzer. München 1995 (Beck). Gerhard Wehr (Hg.): Die Bruderschaft der Rosenkreuzer. Esoterische Texte. München 1991 (Diederichs). Hans Schlick: Das ältere Rosenkreuzertum. Ein Beitrag zur Entstehungsgeschichte der Freimaurerei. Struckum o. J. (Verlag für ganzheitliche Forschung und Kultur. – *Ein Nachdruck aus dem Jahr 1942, daher ideologisch mit Vorsicht zu genießen, aber als Quellenschrift eine Fundgrube.*)

301 Baigent, Leigh: Loge.

302 Siehe dazu: Biedermann: Meisterwort.

303 Lindner: Geheimbünde.

304 Paul von Naredi-Rainer, mit einem Beitrag von Cornelia Limpricht: Salomos Tempel und das Abendland. Monumentale Folgen historischer Irrtümer. Köln 1994 (DuMont). Siehe auch: Rolf Beyer: König Salomo. Vom Brudermörder zum Friedensfürsten. Bergisch Gladbach 1993 (Lübbe).

305 Siehe Lindner: Geheimbünde. Biedermann: Meisterwort. Alexander Giese: Die Freimaurer. Wien 1991 (hpt). Dieter A. Binder: Die diskrete Gesellschaft. Geschichte und Symbolik der Freimaurerei. Graz, Wien, Köln 1988 (Styria).

306 Dazu: Lindner: Geheimbünde, mit weiterer Bibliographie.

307 Passian: Licht.

308 Z. B.: Helena P. Blavatsky: Die Geheimlehre. Graz 1984 (Adhyar).

309 Passian: Licht.

310 Ebenda.

311 Über ihn siehe Horst E. Miers: Lexikon des Geheimwissens, München 1986 (Goldmann). Passian: Licht. Von ihm selbst: Jiddu Krishnamurti: Du bist die Welt. Reden und Gespräche. Frankfurt am Main 1993 (Fischer). Dort weitere Bibliographie.

312 Ganzseitiges Inserat in der Frankfurter Allgemeinen Zeitung vom 24. 4. 1982, in der Neuen Zürcher Zeitung, der Welt und in zahlreichen internationalen Medien.

313 Zu Creme und seinem Christus-Buddha-Maitreya: Passian: Licht.
314 Siehe dazu: Rudolf Steiner: Die Geheimwissenschaften im Umriß. Ausgewählte Werke, Band 5. Frankfurt am Main 1985 (Fischer).
315 Siehe dazu Rudolf Steiner: Werke Bd. 4: Wie erlangt man Erkenntnisse höherer Welten? Frankfurt 1985 (Fischer).
316 Dazu Schindler: Wegweiser.
317 Zu esoterischen Vereinigungen allgemein: Tegtmeier: Magie. Wilson: Okkulte. Miers: Lexikon. Martin: Handbuch. Dort jeweils weitere (umfangreiche) Bibliographie.
318 Siehe dazu: Tegtmeier: Magie. James Moore: Georg Iwanowitsch Gurdjieff. Magier, Mystiker, Menschenfänger. Eine Biografie. Bern 1992 (Scherz). J. G. Bennett: Gurdjieff. Ursprung und Hintergrund seiner Lehre. Basel 1989 (Sphinx). Zum Gesamtkapitel siehe auch: Gerd-Klaus Kaltenbrunner (Hg.): Geheimgesellschaften und der Mythos der Weltverschwörung. München 1987 (Herder).
319 Passian: Licht.
320 Campbell: Mythos.
321 So der bereits mehrfach zitierte Buchtitel von Marianne Gronemeyer.
322 Günter K. Kodek: Eine „Allgemeine Erklärung zur menschlichen Verantwortung". In: Conturen, Das Magazin zur Zeit. Nr. I/1993.
323 Campbell: Mythos.
324 Ebenda.
325 So der Untertitel des Buches von Walter Weiss: Östliches und westliches Denken. Wien 1990 (hpt).
326 Samuel P. Huntington: Im Kampf der Kulturen. In: Die Zeit, Nr. 33/1993. Dazu: Jakob Augstein: Kampf der Zivilisationen? Samuel P. Huntingtons Kultur-Knall-Theorie. In: Süddeutsche Zeitung, München, 21./22. 1. 1995; Imogen Seger: Eine Welt oder keine? Der Aufstieg anderer Weltzentren muß nicht den Untergang des Abendlandes bedeuten. In: Die politische Meinung, Nr. 304/März 1995.
327 Allan Watts: Der Lauf des Wassers. Eine Einführung in den Taoismus. Frankfurt/Main 1983 (Suhrkamp).
328 Zum Taoismus und zu Konfuzius etwa: Watts: Lauf (dort ausführliche Bibliographie). Lexikon östlicher Weisheitslehren. Campbell: Mythos. John Blofeld: Der Taoismus oder die Suche nach Unsterblichkeit. Köln 1986 (Diederichs). Laotse: Tao-te-king. Das Buch von Sinn und Leben. Düsseldorf, Köln 1978 (Diederichs). Dschuang-Dsi: Das wahre Buch vom südlichen Blütenland. Düsseldorf, Köln 1969 (Diederichs). Peter Antes: Große Religionsstifter. München 1992 (Beck). Emma Brunner-Traut: Die Stifter der großen Religionen. Freiburg, Basel, Wien 1994 (Herder). Karl Jaspers: Die maßgebenden Menschen. München 1964 (Piper). Albert Schweitzer: Das Christentum und die Weltreligionen. München 1992 (Beck). Konfuzius: Gespräche des Meisters Kung (Lun Yü). München 1985 (dtv Klassik).
329 Siehe obige Fußnoten. Weiters: I Ging. Das Buch der Wandlungen. Düsseldorf, Köln 1956 (Diederichs). Bibliographie bei Martin: Handbuch. Adressen mit Seminarangeboten: Schindler: Wegweiser.
330 Lexikon der östlichen Weisheitslehren.
331 Herbert Ellinger: Hinduismus. Wien 1989 (hpt).
332 Siehe, wie erwähnt, Kersten: Jesus. Sowie: Elmar R. Gruber, Holger Kersten: Der Ur-Jesus. Die buddhistischen Quellen des Christentums. München 1994 (Langen Müller Herbig).
333 Campbell: Mythos.
334 Hermann Hesse: Siddharta. Frankfurt am Main 1974 (Suhrkamp).
335 Lexikon der östlichen Weisheitslehren.
336 Ebenda.
337 Einteilung nach Swami Vivekananda: Vedanta. Der Ozean der Weisheit. Eine Ein-

führung in die spirituellen Lehren und die Praxis des geistigen Yoga in der indischen Vedanta-Tradition. Bern, München, Wien 1989 (Barth).

338 Literaturangaben im Kapitel über ASW. Besonders: Szepes: Academia. Bardon: Adept.

339 Die Sai-Baba-Literatur beginnt langsam unübersichtlich zu werden. Dazu etwa: Erlendur Haraldsson: Sai Baba – ein modernes Wunder. Die paranormalen Fähigkeiten des spirituellen Meisters Sai Baba. Freiburg im Breisgau 1993 (esotera). Karin Lanz, Narashima Rao: Sai Baba. Mensch, Heiliger, Gott. München 1994 (Knaur). Stephan von Stepski-Doliwa: Sai Baba spricht zum Westen. 1994 (Govinda Sai). Howard Murphet: Sai Baba. Der indische PSI-Meister. Frankfurt am Main 1978 (Fischer). Dort jeweils weitere Bibliographie, auch über Sai Baba als Autor.

340 Paul Brunton: Augenblicke der Wahrheit. Siehe auch: Paul Brunton: Von Yogis, Magiern und Fakiren. Begegnungen in Indien. München o. J. (Knaur).

341 Herbert Tichy: Was ich von Asien gelernt habe. Wege, in Weisheit glücklich zu leben. Wien 1984 (Orac).

342 Ajit Mookerjee, Madhu Khanna: Die Welt des Tantra in Bild und Deutung. Bern, München, Wien 1987 (Barth).

343 Zitert nach: Lexikon der östlichen Weisheitslehren.

344 Dazu: Mookerjee: Tantra. Weiters auch Gopi Krishna: Die verborgene Kraft des Bewußtseins. Die Schlangenkraft als Schlüssel zu den Geheimnissen der alten Kulturen. Bern, München 1980 (Barth).

345 Ulrich Arndt: Die Potentiale der Erleuchtung. Freiburg im Breisgau 1996 (Bauer). Siehe auch: Gerhard H. Eggetsberger: Power für den ganzen Tag. Wien 1995 (Orac).

346 Dahlke: Herausforderung. Zu Hinduismus, Yoga und Tantra neben dem bisher Zitierten weiters u. a. Misore Hiriyanna: Vom Wesen der indischen Philosophie. München 1990 (Diederichs). Heinrich Zimmer: Indische Mythen und Symbole. Vishnu, Shiva und das Rad der Wiedergeburten. München 1993 (Diederichs). Mahatma Gandhi: Die Religion der Wahrheit. Wörgl o. J. (Perlinger). S. Radhakrishnan: Die Bhagavadgita. Gütersloh o. J. (Bertelsmann). Upanishaden. Die Geheimlehre der Inder. Düsseldorf/Köln 1981 (Diederichs). John Blofeld: Der Weg zur Macht. Praktische Einführung in Mystik und Meditation des Tantrischen Buddhismus. Frankfurt/M., Berlin, Wien 1981 (Ullstein) etc.

347 Bede Griffiths: Rückkehr zur Mitte. Das Gemeinsame östlicher und westlicher Spiritualität. Mit einem Vorwort von Hugo Enomiya-Lassalle. München 1987 (Kösel).

348 Helmuth von Glasenapp: Buddha. Pfad zur Erleuchtung. Buddhistische Grundtexte. Düseldorf, Köln 1981 (Diederichs) *(geringfügig geänderte Übersetzung).*

349 Brunton: Augenblicke.

350 Brunton: Weg. Tichy: Asien. Jaspers: Menschen. Brunner-Traut: Stifter. Antes: Religionsstifter. Alan Watts: Zeit zu leben. Erinnerungen eines „heiligen Barbaren". München 1984 (Heyne). Wulfing von Rohr: Indien, Geburtsland von Mystik, Magie und Meditation. München 1991 (Goldmann). Daisaku Ikeda: Buddhismus. Das erste Jahrtausend. München 1986 (Nymphenburger). Lama Anagarika Govinda: Lebendiger Buddhismus im Abendland. Bern, München, Wien 1986 (Barth). Edward Conze: Eine kurze Geschichte des Buddhismus. Frankfurt am Main 1984 (Insel). Udo Tworuschka (Hg.): Der Weg zum Heil: Buddha. Gütersloh 1987 (Gütersloher Verlagshaus Gerd Mohn, GTB Siebenstern).

351 Zum Buddhismus überdies: Lexikon östlicher Weisheitslehren. Brunton. Glasenapp: Pfad der Erleuchtung. Herbert Ellinger: Buddhismus. Wien 1988 (hpt). Zum Diamantfahrzeug: Hannah und Ole Nydahl: Diamantweg. Wien 1979 (Octopus).

352 Die beste Schilderung des tibetischen Buddhismus bietet immer noch Heinrich Harrer: Sieben Jahre in Tibet. Mein Leben am Hofe des Dalai Lama. Frankfurt am Main, Berlin 1986 (Ullstein). Siehe auch: Ders.: Wiedersehen mit Tibet. Frank-

furt 1986 (Ullstein). Helmut Uhlig: Tibet. Ein verbotenes Land öffnet seine Tore. Bergisch Gladbach 1986 (Lübbe). Alexandra David-Néel: Mein Weg durch Himmel und Höllen. Das Abenteuer meines Lebens. Bern, München, Wien 1986 (Scherz). Dies.: Liebeszauber und Schwarze Magie. Basel 1992 (Sphinx). Lama Anagarika Govinda: Grundlagen tibetischer Mystik. Bern, München, Wien 1982 (Scherz). Dalai Lama: Das Auge der Weisheit. Grundzüge der buddhistischen Lehre für den westlichen Leser. Bern, München, Wien 1978 (Barth). Claude B. Levenson: Dalai Lama. Die autorisierte Biographie des Nobelpreisträgers. Zürich 1990 (Benziger). Dalai Lama: Mein Leben und mein Volk. Die Tragödie Tibets. München 1962 (Knaur). Dalai Lama: Logik der Liebe. München 1986 (dianus-trikont). P. Mathias Hermanns SVD: Mythen und Mysterien der Tibeter. Stuttgart o. J. (Magnus).

353 Siehe: Das tibetische Buch der Toten. Eingeleitet von Lama Anagarika Govinda. Bern, München 1977 (Barth). Rinpoche, Hopkins: Stufen. Dort genaue Beschreibung und Literaturverzeichnis. Siehe auch: Evans-Wentz: Geheimlehren.

354 Dazu nur beispielhaft: Egbert Asshauer: Heilkunst vom Dach der Welt. Tibets sanfte Medizin. Freiburg 1993 (Herder). Gerson Scott: Ayurveda. Eine Einführung in die indische Gesundheitslehre. Frankfurt/M. 1996 (Fischer). Birgit Heyn: Die sanfte Kraft der indischen Naturheilkunde. Ayurveda – die Wissenschaft vom langen Leben. Bern, München 1992 (Barth).

355 Watts: Illusion.

356 Erich Fromm: Zen-Buddhismus und Psychoanalyse. Frankfurt am Main 1979 (Suhrkamp).

357 Francisco Varela, Evan Thompson mit Eleanor Rosch: Der Mittlere Weg der Erkenntnis. Die Beziehung von Ich und Welt in der Kognitionswissenschaft – der Brückenschlag zwischen wissenschaftlicher Theorie und menschlicher Erfahrung. Bern, München, Wien 1992 (Scherz).

358 Auch die Zen-Literatur ist mittlerweile unüberschaubar geworden, deshalb nur einige Hinweise: Hugo M. Enomiya-Lassalle: Zen-Unterweisung. München 1987 (Kösel). Daisetz T. Suzuki: Leben aus Zen. Bern, München, Wien 1987 (Barth). Shunryu Suzuki: Zen-Geist, Anfänger-Geist. Zürich 1975 (Theseus). Benjamin und Amy Radcliff: Zen denken. Freiburg, Basel, Wien 1995 (Herder). Allan Watts: Dies ist ES. Reinbek 1985 (Rowohlt). Dürckheim: Hara. Ders.: Meditieren – wozu und wie. Freiburg 1983 (Herder). Philip Kapleau (Hsg): Die drei Pfeiler des Zen. Bern, München, Wien 1979 (Barth). Rupert Lay: Meditationstechniken für Manager. Reinbek bei Hamburg 1979 (Rowohlt).

359 Aldous Huxley: Die minimale Arbeitshypothese. In: Aldous Huxley: Gott ist. Essays. Herausgegeben von Jacqueline Bridgeman. Bern, München, Wien 1993 (Barth).

360 So der Titel des exzellenten Werkes von Karen Armstrong: Nah ist und schwer zu fassen der Gott. 3000 Jahre Glaubensgeschichte von Abraham bis Albert Einstein. München 1993 (Droemer Knaur).

361 Leszek Kolakowski: Falls es keinen Gott gibt. München, Zürich 1982 (Piper).

362 Zitiert nach: Der Spiegel Nr. 5/1987.

363 Tichy: Asien.

364 Campbell: Mythos.

365 Brunton: Weg.

366 Siehe dazu M. D. Chenu: Thomas von Aquin. Reinbek bei Hamburg 1981 (Rowohlt).

367 Watts: Illusion.

368 Siehe dazu Charles Tart: Hellwach und bewußt leben. Wege zur Entfaltung des menschlichen Potentials – die Anleitung zum bewußten Sein. Bern, München, Wien 1988 (Barth/Scherz).

369 Siehe dazu etwa Wilber: Halbzeit.

370 Siehe Szepes: Academia. Bardon: Weg.

371 Siehe dazu: Bütler: Mystik. Peter Sloterdijk (Hg.): Mystische Zeugnisse aller Zeiten und Völker, gesammelt von Martin Buber. München 1993 (Diederichs). Otto Karrer: Der mystische Strom. Salzburg 1986 (Müller). Aldous Huxley: Die ewige Philosophie. Texte aus drei Jahrtausenden. München 1987 (Piper), sowie andere Sammlungen.

372 Siehe Wilber: Halbzeit. Außerdem: Wilber: Spektrum. Daniel C. Dennett: Philosophie des menschlichen Bewußtseins. Hamburg 1994 (Hoffmann und Campe).

373 Mehrfach in Brunton: Augenblicke und Brunton: Weg.

374 Sekretariat der Deutschen Bischofskonferenz (Hg.): Johannes Paul II., Enzyklika „Dominum et vivificantem“ über den Heiligen Geist im Leben und in der Welt, Bonn 1986.

375 Günther Schiwy: Der Geist des neuen Zeitalters. New-Age-Spiritualität und Christentum. München 1987 (Kösel).

376 Eine Darstellung der Ergebnisse der Meditationsforschung findet sich beispielsweise bei: Patricia Carringon: Das große Buch der Meditation. Bern, München, Wien 1980 (Scherz). Lutz Schwäbisch, Martin Siems: Selbstentfaltung durch Meditation. Reinbek bei Hamburg 1981 (Rowohlt).

377 Siehe dazu etwa: Lay: Meditationstechniken. Reverend Radha: Der Zen-Weg des effektiven Managers. München 1990 (Wirtschaftsverlag Langen Müller Herbig) etc.

378 David Harp, Nina Feldman: Meditieren in drei Minuten. Meditationstechniken für moderne Menschen. Reinbek bei Hamburg 1994 (Rowohlt).

379 Karl Guido Rey: Gotteserlebnisse im Schnellverfahren. Suggestion als Gefahr und Charisma. München 1985 (Kösel).

380 Murphy: Quantenmensch.

381 Siehe ebenda. Bardon: Weg. Szepes: Academia. Zur Meditation allgemein außer den angegebenen Werken etwa Johannes F. Boeckel: Meditationspraxis. Techniken und Methoden. München 1981 (Goldmann). Udo Reiter (Hg.): Meditation – Wege zum Selbst. München 1981 (Goldmann). Ian Gawler: Die Mitte finden. Meditation leicht gemacht. Bern, München, Wien 1990 (Barth/Scherz). Brunton: Weg. Ders.: Das Überselbst. Freiburg i. Br. 1980 (Bauer). Rüdiger Dahlke: Reisen nach innen. Geführte Meditationen auf dem Weg zu sich selbst. München 1995 (Hugendubel/Irisiana). Lawrence LeShan: Meditation als Lebenshilfe. Rüschlikon-Zürich, Stuttgart, Wien 1977 (Müller).

382 Brunton: Weg.

383 Pierre Teilhard de Chardin: Die menschliche Energie. Olten 1966 (Walter).

384 Saint-Exupéry: Die Stadt in der Wüste. In: Schriften, Bd. 2.

385 Näheres siehe etwa: Abraham H. Maslow: Motivation und Persönlichkeit. Reinbek bei Hamburg 1981 (Rowohlt). Ders.: Psychologie des Seins. Ein Entwurf. Frankfurt 1994 (Fischer).

386 Dazu etwa: Kurt R. Leube (Hg.): Die Österreichische Schule der Nationalökonomie, Texte Bd. I u. Bd. II. The International Library of Austrian Economics des IIAE (International Institute „Austrian School of Economics“, in Wien und Stanford), Wien 1995 und 1996 (Manz).

387 Roger N. Walsh, Frances Vaughan (Hg.): Psychologie in der Wende. Grundlagen, Methoden und Ziele der Transpersonalen Psychologie – Eine Einführung in die Psychologie des Neuen Bewußtseins. Bern, München, Wien 1985 (Scherz).

388 Siehe dazu u. a.: Stanislav Grof: Topographie des Unbewußten. LSD im Dienst der tiefenpsychologischen Forschung. Stuttgart 1993 (Klett-Cotta). Ders.: Das Abenteuer der Selbstentdeckung. Heilung durch veränderte Bewußtseinszustände. Reinbek bei Hamburg 1994 (Rowohlt). Ders.: Geburt, Tod und Transzendenz. Neue Dimensionen in der Psychologie. Reinbek bei Hamburg 1991 (Rowohlt). Ders. (Hg.): Alte Weisheit und modernes Denken. Spirituelle Traditionen in Ost

und West im Dialog mit der neuen Wissenschaft. München 1986 (Kösel). Aldous Huxley: Die Pforten der Wahrnehmung. Himmel und Hölle. Erfahrungen mit Drogen. München, Zürich 1981 (Piper).

389 Zitiert nach Michael Schneider: Esoterik und New Age. Das Zeitalter des Wassermanns. Analyse einer Bewegung. Augsburg 1995 (Weltbild/Pattloch).

390 Siehe Stanislav Grof: Vorstoß ins Unbewußte. In: Walsh, Vaughan: Psychologie.

391 Dazu: Eggetsberger: Power.

392 Csikszentmihaly: Sinn.

393 Schiwy: Geist.

394 de Chardin: Energie.

395 Erich Fromm: Haben oder Sein. Die seelischen Grundlagen einer neuen Gesellschaft. Stuttgart 1976 (Deutsche Verlags-Anstalt).

396 Ebenda.

397 Ebenda.

398 Schiwy: Geist.

399 Fromm: Haben.

400 Csikszentmihaly: Sinn.

401 Christopher Lasch: Zeitalter des Narzißmus. München 1982 (Steinhausen). Sibylle Fritsch: ICH: das Maß aller Dinge. In: Profil Nr. 51/1989. Ich, ich, ich: Auf dem Ego-Trip. In: Focus Nr. 27/1995.

402 Wolfhart Berg: Mit den Wölfen heulen. Tips und Tricks für die Karriere auf die „fiese" Art. München, Landsberg 1995 (mvg).

403 M. P. Basiliankov: Macchiavelli im Management. Erfolg und Karriere durch Bewußtsein. Berlin 1995 (Frieling).

404 Focus Nr. 34/1995.

405 Ebenda.

406 Salzburger Nachrichten, 7. 11. 1995.

407 Interview mit Peter Sloterdijk in der deutschen Wirtschaftswoche, Nr. 45/1995.

408 Die Woche, 17. 11. 1995.

409 Hans Magnus Enzensberger: Aussichten auf den Bürgerkrieg. Frankfurt/Main 1993 (Suhrkamp).

410 Ebenda.

411 Wilhelm Röpke: Jenseits von Angebot und Nachfrage. Bern 1979 (Haupt).

412 Die Woche Nr. 47/1995.

413 Norman Stone in den Salzburger Nachrichten vom 29. 4. 1994. Alain Minc: Das neue Mittelalter. Hamburg 1994 (Hoffmann und Campe).

414 Ebenda.

415 Jean-Marie Guéhenno: Das Ende der Demokratie. München 1994 (Artemis).

416 Interview mit dem Spiegel Nr. 2/1995.

417 Malaysias Premierminister Mahathir Mohamad in einem Interview mit dem Spiegel Nr. 34/1995.

418 Theo Löbsack: Die letzten Jahre der Menschheit. Vom Anfang und Ende des Homo sapiens. München 1983 (Bertelsmann).

419 Hoimar von Ditfurth: So laßt uns denn ein Apfelbäumchen pflanzen. Es ist soweit. Hamburg, Zürich 1985 (Rasch und Röhring).

420 Claus Jacobi: Uns bleiben 100 Jahre. Ursachen und Auswirkungen der Bevölkerungsexplosion. Frankfurt/Main, Berlin 1986 (Ullstein).

421 Focus Nr. 45/1995.

422 Dazu: Henryk M. Broder: Im Chor der Gutmenschen. In: Der Spiegel Nr. 39/1995. Gleichsam als Antwort darauf Mathias Greffrath: Vom Gewissensbiß zur Politik. In: Die Zeit Nr. 45/1995.

423 Marion Gräfin Dönhoff: Gier nach Beute. Das Streben nach Gewinnmaximierung zerstört die Solidarität. Zwölf Thesen gegen die Maßlosigkeit. In: Die Zeit Nr. 48/1995.

424 Hans Jonas: Das Prinzip Verantwortung. Versuch einer Ethik für die technologische Zivilisation. Frankfurt/M. 1984 (Suhrkamp).
425 Ebenda.
426 Ivan Illich: Selbstbegrenzung. Eine politische Kritik der Technik. Reinbek bei Hamburg 1975 (Rowohlt). E. F. Schumacher: Die Rückkehr zum menschlichen Maß. Alternativen für Wirtschaft und Technik. „Small is beautiful". Reinbek bei Hamburg 1977 (Rowohlt).
427 Jonas: Verantwortung.
428 Hans Jonas: Technik, Medizin und Ethik. Praxis des Prinzips Verantwortung. Frankfurt/M. 1987 (Suhrkamp).
429 Ebenda.
430 M. Scott Peck: Eine neue Ethik für die Welt. Grundwerte für eine menschlichere Gesellschaft. München 1995 (Goldmann).
431 Friedhelm Hengsbach: Abschied von der Konkurrenzgesellschaft. Für eine neue Ethik in Politik, Wirtschaft und Gesellschaft. München 1995 (Knaur).
432 Ebenda.
433 Hans Haumer: Das Wildentenprinzip. Die Strategie von Kampf und Konsens im Management. Wien 1994 (Orac).
434 Amitai Etzioni: Jenseits des Egoismus-Prinzips. Ein neues Bild von Wirtschaft, Politik und Gesellschaft. Stuttgart 1994 (Schäffer/Poeschel). Ders.: Die Entdeckung des Gemeinwesens. Ansprüche, Verantwortlichkeiten und das Programm des Kommunitarismus. Stuttgart 1995 (Schäffer/Poeschel).
435 Siehe dazu: Hans Küng: Projekt Weltethos. München 1990 (Piper). Dort weitere Bibliographie.
436 Hans Küng: Weltfrieden – Weltreligionen – Weltethos. In: Conturen Nr. 4/1993.
437 Rupert Lay: Die Macht der Moral. Unternehmenserfolg durch ethisches Management. Düsseldorf, Wien, New York 1990 (Econ). Siehe auch: Ders.: Ethik für Wirtschaft und Politik. München 1983 (Wirtschaftsverlag Langen Müller/Herbig).
438 Herbert Krejci: Die Torheit der Manager. In: Gewinn, Nr. 9/1995.
439 Gary Hamel, C. K. Pralahad: Wettlauf um die Zukunft. Wien 1995 (Ueberreuter).
440 Joachim Kath: Die Kostenknechte. Nieten ohne Innovation. Unternehmen zu Tode rationalisiert. München 1994 (Wirtschaftsverlag Langen Müller/Herbig).
441 Oswald Neuberger: Zum Doppelleben gezwungen. Interview in der Zeit Nr. 32/1995.
442 Roland Berger: Härte und Moral gefragt. Interview in der Zeit Nr. 32/1995.
443 Siehe dazu etwa: Horst. W. Opaschowski: Arbeit, Freizeit, Lebenssinn? Orientierungen für eine Zukunft, die längst begonnen hat. Opladen 1983 (Leske + Budrich). Ders.: Freizeit 2001. Projektstudie zur Freizeitforschung. Hamburg 1992 (BAT-Institut). Elisabeth Noelle-Neumann, Burkhard Strümpel: Macht Arbeit krank? Macht Arbeit glücklich? München 1984 (Piper). Hannelore Hamberger: Arbeitsentfremdung und Freizeitqualität. Eine psychologische Studie zum Arbeits- und Freizeiterlebnis österreichischer Führungskräfte. Wien 1993 (WdF-Edition, Wirtschaftsforum der Führungskräfte). Dort weitere Literaturhinweise.
444 Zitiert nach: Matthias Karmasin: Ethik als Gewinn. Zur ethischen Rekonstruktion der Ökonomie. Konzepte und Perspektiven von Wirtschaftsethik, Unternehmensethik, Führungsethik. Wien 1996 (Linde).
445 Kurier, 12. 3. 1996.
446 I bin g'sund. In: Der Spiegel Nr. 30/ 1995.
447 Ebenda.
448 Ebenda.
449 Werner Gross: Von den Leiden der Führungskräfte beim Erklimmen der Karriereleiter. In: Frankfurter Allgemeine Zeitung, 20. 1. 1996.
450 Manager sollen wieder das Lachen lernen. In: Die Welt, 13. 11. 1995. Traurige Fakten über das Lachen. In: Die Presse, 15. 11. 1995.

451 Siehe dazu: Rainer Hank: Arbeit – Die Religion des 20. Jahrhunderts. Auf dem Weg in die Gesellschaft der Selbständigen. Frankfurt/M. 1995 (Eichborn).
452 Etymologie nach dem Herkunftswörterbuch Duden Bd. 7, Mannheim 1963 (Dudenverlag).
453 Max Weber: Die protestantische Ethik und der Geist des Kapitalismus. Bd I der Gesammelten Aufsätze zur Religionssoziologie. Tübingen 1972 (Mohr/Siebeck).
454 Hank: Religion. Der kurze historische Abriß folgt diesem Werk.
455 Antoine de Saint-Exupéry: Wind, Sand und Sterne. In: Gesammelte Schriften, Bd. 1.
456 Reinhard K. Sprenger: Das Prinzip Selbstverantwortung. Wege zur Motivation. Frankfurt/M., New York 1995 (Campus).
457 So der Titel einer Analyse von Günter und Peer Ederer: Das Erbe der Egoisten. Wie unsere Generation die Zukunft Deutschlands verspielt. München 1995 (Bertelsmann).
458 Stephan Schmidheiny mit dem Business Council for Sustainable Development: Kurswechsel. Globale unternehmerische Perspektiven für Wirtschaft und Umwelt. München 1992 (Artemis).
459 Ebenda.
460 Siehe dazu: Lutz Wicke: Umweltökonomie. München 1991 (Vahlen). Ulrich Steger: Umweltmanagement. Erfahrungen und Instrumente einer umweltorientierten Unternehmensstrategie. Wiesbaden 1988 (FAZ/Gabler). Ders. (Hg.): Handbuch des Umweltmanagements. München 1992 (Beck). Brunner, Gutwinski, Kroiss, List, Stiegler: Umwelt und Unternehmen. Erfolgreiches Umweltmanagement: Strategien, Lösungen. Wien 1995 (Signum).
461 Siehe dazu: Österreichische Industriellenvereinigung: Welt im Wandel. Gesellschaftspolitik für die Zukunft. Wien 1995 (Eigenverlag).
462 Frederic Vester: Leitmotiv vernetztes Denken. Für einen besseren Umgang mit der Welt. München 1991 (Heyne).
463 James C. Collins, Jerry I. Porras: Visionary Companies. Visionen im Management. München 1995 (Artemis).
464 Rudolf Mann: Das ganzheitliche Unternehmen. Die Umsetzung des Neuen Denkens in der Praxis zur Sicherung von Gewinn und Lebensfähigkeit. Bern, München, Wien 1988 (Scherz). Ders.: Das visionäre Unternehmen. Der Weg zur Vision in zwölf Stufen. Wiesbaden 1990 (Gabler).
465 Siehe dazu etwa auch: Wolfgang Lusak: Der All-Einige Manager. Wien 1990 (Signum). Roswita Königswieser, Christian Lutz (Hg.): Das systemisch-evolutionäre Management. Wien 1990 (Orac). Richard Matheis (Hg.): Leadership Revolution. Aufbruch zur Weltspitze mit neuem Denken. Wiesbaden 1995 (FAZ/Gabler). Ervin Laszlo: Evolutionäres Management. Komplex Denken, gezielt Handeln. Wien, Fulda 1992 (Bronner, PAIDIA).
466 Kurt Kotrschal: Im Egoismus vereint? Tiere und Menschentiere – das neue Weltbild der Verhaltensforschung. München, Zürich 1995 (Piper). Siehe dazu auch: Franz M. Wuketits: Verdammt zur Unmoral? Zur Naturgeschichte von Gut und Böse. München, Zürich 1993 (Piper).
467 Luis Racionero: Die Barbaren des Nordens. Die Zerstörung des mediterranen Lebensgefühls. Düsseldorf, Wien 1986 (Econ).
468 Nikos Kazantzakis: Alexis Sorbas. Abenteuer auf Kreta. Reinbek bei Hamburg o. J. (Rowohlt).
469 Siehe dazu beispielsweise: Alfred Müller-Armack: Genealogie der Sozialen Marktwirtschaft. Frühschriften und weiterführende Konzepte. Bern 1974 (Haupt). Ludwig Erhard: Wohlstand für alle. Düsseldorf 1990 (Econ).
470 Mathias Horx/Trendbüro: Trendbuch 2. Megatrends für die späten neunziger Jahre. Düsseldorf 1995 (Econ).
471 Reinhard Göweil: Willkommen im größten Casino der Welt. In: Kurier, 12. 3. 1996.

472 Der Papalagi. Die Reden des Südseehäuptlings Tuaivii aus Tiavea. Zürich 1977 (Tanner + Staehelin).

473 Siehe dazu: Michael Schneider: Esoterik.

474 Beispielsweise bei Griffiths: Rückkehr.

475 Horx: Trendbuch.

476 Ronald S. Miller: Handbuch der Neuen Spiritualität. Eine zusammenfassende Darstellung aller Strömungen des Neuen Bewußtseins. Bern, München, Wien 1994 (Barth). Rudolf Mann: Bewußt-Sein im Beruf. Lebenssinn und Erfüllung in zehn Stufen. Düsseldorf, München 1995 (Metropolitan). Hans Endres: Das spirituelle Menschenbild und seine Verwirklichung im täglichen Leben. München 1988 (Knaur). Sven Jaeggi: Das neue Weltbild. Spirituelle und geistige Perspektiven des kommenden Zeitalters. München 1995 (Knaur). Karlfried Graf Dürckheim: Der Alltag als Übung. Bern 1972 (Huber).

477 Mircea Eliade: Das Heilige und das Profane. Vom Wesen des Religiösen. Frankfurt/M. 1990 (Suhrkamp).

478 Zitiert nach: Miller: Handbuch.

479 Zitat bei: Günther Nenning: Vorwärts zum Menschen zurück. Wien 1983 (Bundesverlag).

480 So die Bibel des New Age: Marilyn Ferguson: Die sanfte Verschwörung. Persönliche und gesellschaftliche Transformation im Zeitalter des Wassermanns. Basel 1982 (Sphinx).

481 Hermann Hesse: Gesammelte Dichtungen. © Suhrkamp Verlag, Frankfurt am Main 1952. Abdruck mit freundlicher Genehmigung des Verlags.

Register

Literaturauswahl

(Kurztitel; Volltitel und Ortsangabe bei Anmerkungen und Quellen)

Anonymus d'Outre-Tombe: Die großen Arcana des Tarot. Meditationen. 1984 (Herder)
Franz Bardon: Der Weg zum wahren Adepten. 1991 (Bauer)
Morris Berman: Wiederverzauberung der Welt. 1984 (dianus trikont)
Hans Biedermann: Das verlorene Meisterwort. 1986 (Böhlau)
John Blofeld: Weg zur Macht. Mystik, Meditation d. Tantr. Buddhismus. 1981 (Ullstein)
David Bohm: Die implizierte Ordnung. 1987 (Goldmann)
Emma Brunner-Traut: Die Stifter der großen Religionen. 1994 (Herder)
Paul Brunton: Augenblicke der Wahrheit. 1987 (Barth)
Paul Brunton: Der Weg liegt vor deinen Füßen. 1990 (Barth)
René Bütler: Mystik der Welt. 1992 (Barth)
Joseph Campbell: Lebendiger Mythos. 1991 (Goldmann)
Fritjof Capra: Das Tao der Physik. 1983 (Barth)
Fritjof Capra: Wendezeit. 1986 (Scherz)
Patricia Carrington: Das große Buch der Meditation. 1980 (Scherz)
Edward Conze: Eine kurze Geschichte des Buddhismus. 1984 (Insel)
Mihaly Csikszentmihaly: Dem Sinn des Lebens eine Zukunft geben. 1995 (Klett-Cotta)
Margit und Rüdiger Dahlke: Die spirituelle Herausforderung. 1994 (Heyne)
Dalai Lama: Das Auge der Weisheit. 1978 (Barth)
Thorwald Dethlefsen: Schicksal als Chance. 1987 (Goldmann)
Hoimar von Ditfurth: Wir sind nicht nur von dieser Welt. 1981 (Hoffmann und Campe)
Karlfried Graf Dürckheim: Hara. Die Erdmitte des Menschen. 1986 (Barth)
Hans-Peter Dürr (Hg.): Physik und Transzendenz. 1986 (Scherz)
Hans-Peter Dürr: Das Netz des Physikers. 1990 (dtv)
Gerald L. Eberlein: Kleines Lexikon der Parawissenschaften. 1995 (Beck)
Albert Einstein: Mein Weltbild. 1964 (Ullstein)
Mircea Eliade: Das Heilige und das Profane. 1990 (Suhrkamp)
Hans Endres: Das spirituelle Menschenbild und seine Verwirklichung im täglichen Leben. 1988 (Knaur)
Hugo M. Enomiya-Lassalle: Zen-Unterweisung. 1987 (Kösel)
Marilyn Ferguson: Die sanfte Verschwörung. 1982 (Sphinx)
Erich Fromm: Haben oder Sein. 1976 (Deutsche Verlags-Anstalt)
Mahatma Gandhi: Die Religion der Wahrheit. O. J. (Parlinger)
Lama Anagarika Govinda: Das Tibetische Buch der Toten. 1977 (Barth)
Bede Griffiths: Rückkehr zur Mitte. 1987 (Kösel)
Stanislav Grof (Hg.): Alte Weisheit und modernes Denken. 1986 (Kösel)
Heinrich Harrer: Sieben Jahre in Tibet. 1986 (Ullstein)
Stephen W. Hawking: Einsteins Traum. 1994 (Rowohlt)
Werner Heisenberg: Physik und Philosophie. 1973 (Ullstein)
Hansjörg Hemminger (Hg.): Die Rückkehr der Zauberer. 1988 (Rowohlt)
Adolf Holl (Hg.): Die zweite Wirklichkeit. 1987 (Ueberreuter)
Stuart Holroyd: Wörterbuch der neuen Perspektiven. 1991 (Zweitausendeins)
Aldous Huxley: Die ewige Philosophie. Texte aus drei Jahrtausenden. 1987 (Piper)
Aldous Huxley: Gott ist. Essays. 1993 (Barth)
Karl Jaspers: Die maßgebenden Menschen. 1964 (Piper)
Hans Jonas: Das Prinzip Verantwortung. 1984 (Suhrkamp)
C. G. Jung: Geheimnisvolles am Horizont. 1992 (Olten)
Leszek Kolakowski: Falls es keinen Gott gibt. 1982 (Piper)
Konfuzius: Gespräche des Meisters Kung (Lun Yü). 1985 (dtv)
Hans Küng: Projekt Weltethos. 1990 (Piper)
Rupert Lay: Meditationstechniken für Manager. 1979 (Rowohlt)

Lawrence LeShan: Von Newton zu Psi. 1986 (Rowohlt)
Lexikon der östlichen Weisheitslehren. 1986 (Barth)
Hans-Dieter Leuenberger: Sieben Säulen der Esoterik. 1989 (Bauer)
Dolf Lindner: Geheimbünde Europas. 1988 (hpt)
Konrad Lorenz: Die acht Todsünden der zivilisierten Menschheit. 1973 (Piper)
Rudolf Mann: Das visionäre Unternehmen. 1990 (Gabler)
Rudolf Mann: Bewußt-Sein im Beruf. 1995 (Metropolitan)
Bruno Martin: Handbuch der spirituellen Wege. 1985 (Rowohlt)
Caitlin und John Marthews: Der östliche Weg, der westliche Weg. 2 Bde. 1989 (Rowohlt)
Barnard McGinn: Die Mystik im Abendland. 2 Bde. 1994 (Herder)
Gerald Messadié: Teufel, Satan, Luzifer. 1995 (Eichborn)
Horst E. Miers: Lexikon des Geheimwissens. 1986 (Goldmann)
Ronald S. Miller: Handbuch der neuen Spiritualität. 1994 (Barth)
Michael Murphy: Der Quanten-Mensch. 1994 (Integral)
Horst W. Opaschowski: Arbeit, Freizeit, Lebenssinn? 1983 (Leske-Budrich)
Rudolf Passian: Licht und Schatten der Esoterik. 1991 (Knaur)
Karl R. Popper: Die Logik der Forschung. 1976 (Mohr)
Iliya Prigogine: Vom Sein zum Werden. 1992 (Piper)
Hugo Rahner: Griechische Mythen in christlicher Deutung. 1993 (Herder)
Rupert Riedl: Biologie der Erkenntnis. 1980 (Parey)
Lytle W. Robinson: Rückschau und Prophezeiung. Egar Cayce. 1979 (Goldmann)
Raymond Ruyer: Jenseits der Erkenntnis. Die Gnostiker von Princeton. 1977 (Zsolnay)
Gerhard T. Schindler: Wegweiser Esoterik. 1995 (Knaur)
Günther Schiwy: Der Geist des neuen Zeitalters. New-Age-Spiritualität und Christentum. 1987 (Kösel)
Michael Schneider: Esoterik und New Age. 1995 (Weltbild/Pattloch)
Erwin Schrödinger: Geist und Materie. 1986 (Zsolnay)
Erwin Schrödinger: Was ist Leben? 1987 (Piper)
Albert Schweitzer: Das Christentum und die Weltreligionen. 1992 (Beck)
Peter Sloterdijk (Hg.): Mystische Zeugnisse aller Zeiten und Völker. 1993 (Diederichs)
Rudolf Steiner: Die Geheimwissenschaften im Umriß. 1985 (Fischer)
Daisetz Suzuki: Zen-Geist, Anfänger-Geist. 1975 (Theseus)
Maria Szepes: Academia Occulta. Die geheimen Lehren des Abendlandes. 1994 (Heyne)
Charles T. Tart: Hellwach und bewußt leben. 1988 (Barth)
Ralph Tegtmeier: Magie und Sternenzauber. 1995 (DuMont)
Pierre Teilhard de Chardin: Der Mensch im Kosmos. 1994 (Beck)
Herbert Tichy: Was ich von Asien gelernt habe. 1984 (Orac)
Roger N. Walsh, Frances Vaughan (Hg.): Psychologie in der Wende. 1985 (Scherz)
Allan Watts: Die Illusion des Ich. 1980 (Kösel)
Allan Watts: Der Lauf des Wassers. Taoismus. 1983 (Suhrkamp)
Paul Watzlawick: Wie wirklich ist die Wirklichkeit? 1979 (Piper)
Gerhard Wehr: Esoterisches Christentum. 1975 (Klett)
Friedrich Weinreb: Der göttliche Bauplan der Welt. 1978 (Origo)
Carl Friedrich von Weizsäcker: Die Einheit der Natur. Studien. 1995 (dtv)
Harald Wiesendanger: Die Jagd nach Psi. 1992 (Fischer)
Ken Wilber (Hg.): Das holographische Weltbild. 1986 (Barth)
Ken Wilber: Spektrum des Bewußtseins. 1987 (Scherz)
Colin Wilson: Das Okkulte. 1982 (März)